아이슬란드와 헬싱키

아이슬란드가 출간된 지 8년을 넘어서 새롭게 아이슬란드에 관련된 여행정보를 더 보강하기로 마음을 먹었다. 그러다가 많은 아이슬란드 여행자가 헬싱키를 경유해 빠르게 아이슬란드와 헬싱키를 여행하므로 헬싱키에 대한 정보를 추가하기로 했다.

아이슬란드를 가는 가장 빠른 방법은 핀 에어(Finn air)로 핀란드의 헬싱키를 경유해 아이슬란드의 케플라비크 국제공항으로 가는 것이다. 인천 ~ 헬싱키 노선의 비행시간은 약 9시간 35분으로 최단 시간에 유럽에 갈 수 있다. 이어서 헬싱키에서 아이슬란드의 케플라비크 국제공항으로 약 3시간 50분이 지나면 도착한다. 비행시간만 13시간 25분으로 멀게만 느끼는 아이슬란드가 가깝게 다가오는 느낌의 항공노선이다.

헬싱키는 동북아에서 유럽으로 향하는 길목에 위치하고 있어 지리적 접근성이 좋다. 헬싱키 공항 환승을 통해서 100여개 유럽 주요 도시로 경유하는 노선은 짧은 비행시간으로 항상 인기가 높다. 하지만 비행시간은 짧지만 헬싱키에서 스탑오버(Stopover)를 하게 되어 헬싱키에서 약 1일 이내로 머무르게 되는 경우가 많으므로 헬싱키에서 하루여행을 하고 이동하는 여행자도 상당수이다. 그래서 헬싱키에서 하루정도 머무르면서 여행하는 정보를 추가하게 되었다. 그렇다고 헬싱키 정보는 날림이 아닌 꽤나 충실하게 보강하였으니 헬싱키 여행에 도움이 될 것으로 생각한다. 앞으로도 아이슬란드 여행에 필요한 정보는 지속적으로 업그레이드 할 것을 약속한다.

KB027510

아이슬란드 사계절

아이슬란드는 북위 63~66°에 상당히 높은 위도에 위치해 있지만 날씨는 온화하다. 멕시코 난류와 남서풍이 차가운 북극기류와 만나 변화가 심한 기후를 나타낸다. 남서부 지방에는 비가 오거나 폭풍이 부는 일이 많다. 디르홀레이, 레이니스피아라, 비크는 연평균 강수량 400㎜로 황량한 북부지방보다 더 많은 비가 온다. 아이슬란드 남부, 동부지방을 여행할 때는 특히 강한 바람을 만날 것이기 때문에 우산을 써도 흠뻑 젖기 때문에 거의 우산을 쓰지 않는다.

봄 | 4~5월

봄이지만 4월의 아이슬란드는 겨울이 끝나지 않은 시기로 도로 곳곳에 눈이 보인다. 5월은 본격적으로 여름으로 넘어가는 시기로 퍼핀이나 바다갈매기 등의 새를 구경하기에 좋은 달이다. 봄에는 날씨의 변동이 심하고, 비가 자주 온다. 내륙에는 아직 눈을 자주 볼 수 있고 여행복장도 겨울복장이 때때로 필요하다.

Global Blue
TAX FREE
VÍSIR
Global Blue
TAX FREE

여름 | 6~8월

아이슬란드의 성수기 관광시기로 맑은 날씨를 자주 만날 수 있다. 기온은 섭씨12~16도 정도이다. 1년 중에서 쾌청한 날씨가 많고, 뜨거운 여름날씨가 싫은 여행자에게 여름날씨는 매우 쾌적하게 느껴진다. 6월 중순 이후부터 태양이 24시간 떠있는 백야가 7월 말까지 지속되고 8월에도 밤 12시 정도에 해가 진다. 눈이 녹는 시기에 따라 다르지만, 하이랜드 루트는 7월에 열려 8월이면 닫히기 때문에 4륜차를 타고 아이슬란드의 내륙을 여행할 수 있는 유일한 시기이다.

가을 | 9월

아이슬란드인들은 9월 1일을 여름의 마지막으로 생각한다. 수도인 레이캬비크와 근교를 제외하고 레스토랑과 숙소들이 문을 닫기 시작한다. 하지만 여름 성수기의 북적이는 관광객을 피하고 싶다면 9월 여행을 추천한다.

9월의 날씨는 봄 날씨처럼 좋을 수도 있고, 가을 색채에 눈자락은 가장 아름다운 자연을 만끽할 수 있다. 많은 숙소와 항공권 가격은 여름 성수기가 끝나면 상당히 많이 떨어진다.

겨울 | 10~4월

아이슬란드의 겨울 평균기온은 섭씨 영하 5도 정도로 생각보다 춥지 않다. 밤이 길고 어두운 날들이 춥다고 느껴지게 만든다. 9월 말에는 낮 시간이 12시간이었지만 12월에 4시간으로 줄어들고, 1월부터 점차 길어진다. 밤이 길지만 하늘에서 넘실대며 춤추는 오로라를 9~4월까지 볼 수 있다. 많은 여행사와 숙소, 렌트카 회사가 할인행사를 하기 시작한다.

Contents

아이슬란드 한 달 살기, 겨울일기

한때 가수 '장나라'의 노래를 즐겨 들었던 적이 있다. 그때 '겨울일기'라는 노래를 들으면서 나에게도 겨울에 낭만적인 기억을 더듬을 수 있을까? 걱정스러웠던 때가 있었다. 겨울일기라는 설레임이 가득한 노래리듬을 들었다. 가사는 귀에 들어오지 않았다. 새해를 희망하면서 기대감에 새해를 기다리는 나를 기억하고 싶었지만 나이가 들어가면서 더욱 겨울에는 한해가 지나가는 것이 두려워졌지만 낭만적인 겨울을 즐기고 싶었다.

겨울일기라는 뮤직비디오에 나오는 새하얀 공해도 없는 투명한 눈사람에 뽀뽀를 하는 사진이 항상 눈에 그려졌다. 그 기억이 사라졌고 나이가 든 나는 겨울, 아이슬란드에 있었다. 공해가 없는 아이슬란드의 주택을 빌려 2일을 있을 예정이었다. 천천히 하루를 시작해 주변의 게이시르를 보고 온천을 즐기고 나면 일찍 지는 해에 커피 한잔을 마시면서 집 주위의 호수를 산책했다. 안전한 아이슬란드에서 밤이든 저녁이든 언제나 마음 편하게 나를 돌아보고 새로운 희망을 가져볼 수 있었다.

2일차에 마트에 가서 어떤 고기를 골라야하나 고민하던 때에 마트 주인이 와서 한 고기를 집더니 이 고기를 오븐에 어떻게 요리하면 정말 맛있다는 말을 하면서 자신이 보장하니 구입하라고 하였다. 나는 마트 주인과 대화를 나누었고 그의 따뜻한 말투에 두말하지 않고 구입해와서 요리를 하였다. 나는 요리를 못해서 설명을 들었지만 요리를 하는 데에 시간이 오래걸렸다. 1시간을 씨름하면서 그의 설명대로 요리를 하려고 노력하였다.

오븐에 나온 고기를 잘라서 입에 넣었을 때에 나는 깜짝 놀랐다. 너무도 살살 녹는 고기에, 나의 요리 솜씨에 감탄하였기 때문이다. 그날 나는 행복한 저녁시간을 보냈다. 대화는 대단한 대화가 아니었지만 즐거웠고 호수 근처의 눈 덮인 길가에서 힘들게 걸었지만 넘어지면서도 행복하였다. 그날 나는 어떤 것이 행복이라는 것을 알았다. 서로 도와주고 소박한 대화와 음식재료에 행복을 담아 가는 과정이라는 것을….

나는 그 이후에 오랜 시간 더 머물렀다. 요즈음 유행한다는 한 달 살기 여행을 아이슬란드에서 해보았다. 마트 주인과는 더욱 친해졌고 집 주인과도 친해져 그녀가 운영하는 아이스크림 가게에서 자주 아이스크림을 먹으면서 대화를 나누었다. 삼시세끼를 먹고 요리하고 생각하고 대화하는 하루의 일과들이 행복했다.

특히 공해가 없고 눈이 자주 오는 아이슬란드에서 매일 눈사람을 만들었다. 호수의 근처에 있어서 수분을 머금은 눈은 금방 뭉쳐졌고 눈사람은 30분도 안되어 만들었고 매일 다양한 눈사람을 만들고 눈사람에 뽀뽀도 하고 사진도 찍으면서 즐거웠다. 눈이 녹아도 공해가 없어서 하얀 물로 다시 변하는 눈을 보면서 추운 겨울이 이토록 행복해질 수 있다는 사실이 놀라웠다.

행복에 돈과 물질이 다인 것처럼 행동하는 대한민국에서 벗어나 덜 벌고 덜 가지고 행복한 시간을 보낸 내가 자랑스러웠다. 아이슬란드처럼 물가가 비싼 아이슬란드에서 돈도 많았겠다는 이야기도 들었지만 삼시세끼를 먹는 아이슬란드에서의 물가는 대한민국과 별반 다르지 않았다. 요리를 해먹고 만들어서 놀러가는 생활을 하기 때문에 현지의 물가는 문제가 되지 않았다.

눈이 오면 저녁을 먹고 온천을 하러 갔다. 집 근처의 노천 온천에서 눈을 맞으며, 저녁에 밤하늘을 바라보며 따뜻한 온천물에서 맞는 몸의 느낌은 너무 좋았다. 다른 표현을 찾을 수 없을 정도로 눈 맞으며 온천을 하는 내가 너무 행복했다. 집으로 돌아와 커피 한잔을 하고 자면 숙면을 취할 수 있었다.

한 달 살기에서 여러 곳을 보지 않았다. 겨울의 아이슬란드는 3시면 해가 지기 때문에 관광지 구경도 일찍 끝났다. 더 많이 보러 다니는 여행은 할 수 없는 아이슬란드, 밤이 길어서 할 게 없어서 겨울의 아이슬란드는 심심할 수 있었지만 바쁘게 살았던 나의 뇌에는 새로운 생명을 불어넣었다. 심심해도 너무 심심한 아이슬란드의 기억은 나에게 행복한 나날의 연속이었다. 대화를 나누고 요리를 하고 마을 주민들과 대화하는 기억에 아이슬란드의 때가 끼지 않은 눈은 내가 아이슬란드를 기억하는 모티브가 되었다.

Hornbjarg
볼룽가르비크
Bolungarvík
Suðureyri
이사피요르
Ísafjörður
Dranga-
jökull
Flateyri
Súða-
vík
수다비크
Þingeyri
60
빌두달루르로
Bíldudalur
딘얀디
Gláma
글라마
61
Tálknafjörður
Patreksfjörður
63
Hólmavík
Látrabjarg
62
60
Húnaflói
Skagaströnd
스카가스트론드
74
Blöndu-
ós
블론두오스
호프소스
Hofsós
76
Sauðár-
krókur
글라움베어
Glaumbær
시그루
Siglu
Hvamms-
tangi
72
61
바르마흘리드
Varmahlíð
Flatey
브레이다피요르
Breiðafjörður
스티키스홀뮈르
Stykkis-
hólmur
Búðar-
dalur
Blöndulón
블로두론
올라프스비크
Ólafsvík
Grundar-
fjörður
Hellissandur
Snæfellsnes
Þjóðgarður - National Park
Snæfells-
jökull
56
55
60
1
F578
F35
54
그라브록
Arnarvatns-
heiði
바튼쉘리르
헬라르
아르나르스타피
Hveravellir
54
Lang-
jökull
랑요쿨
Kjölur
퀄루르
50
Borgar-
nes
보르가네스
Faxaflói
52
F550
F35
F338
47
52
아크라네스
게이시르
Geysir
싱벨리어국립공원
Þingvellir
터널
Þingvellir
National Park
로가바튼
Laugarvatn
굴포스
Gullfoss
Þjórsá
쏘르사
Reykjavík
레이캬비크
36
37
30
홀라스코구르
Mosfellsbær
흐바라게르디
Garður
Sandgerði
Keflavík
Njarðvík
41
케플라비크
1
Hvera-
gerði
35
32
Hekla
헤클라
F225
크리쉬비크
43
블루라군
42
Landmanna-
laugar
란드만나라우
Selfoss
셀포스
헬라
Hella
F210
Grindavík
Þorlákshöfn
25
Hvols-
völlur
F21
1
쏘르스모르크
Þórsmörk
Mýrda
jöku
셀랴란즈포스
Seljarlandfoss
베스트만내야르
Vestmanna-
eyjar
스코가포스
Skógafoss
디르홀레이
Dyrholeay

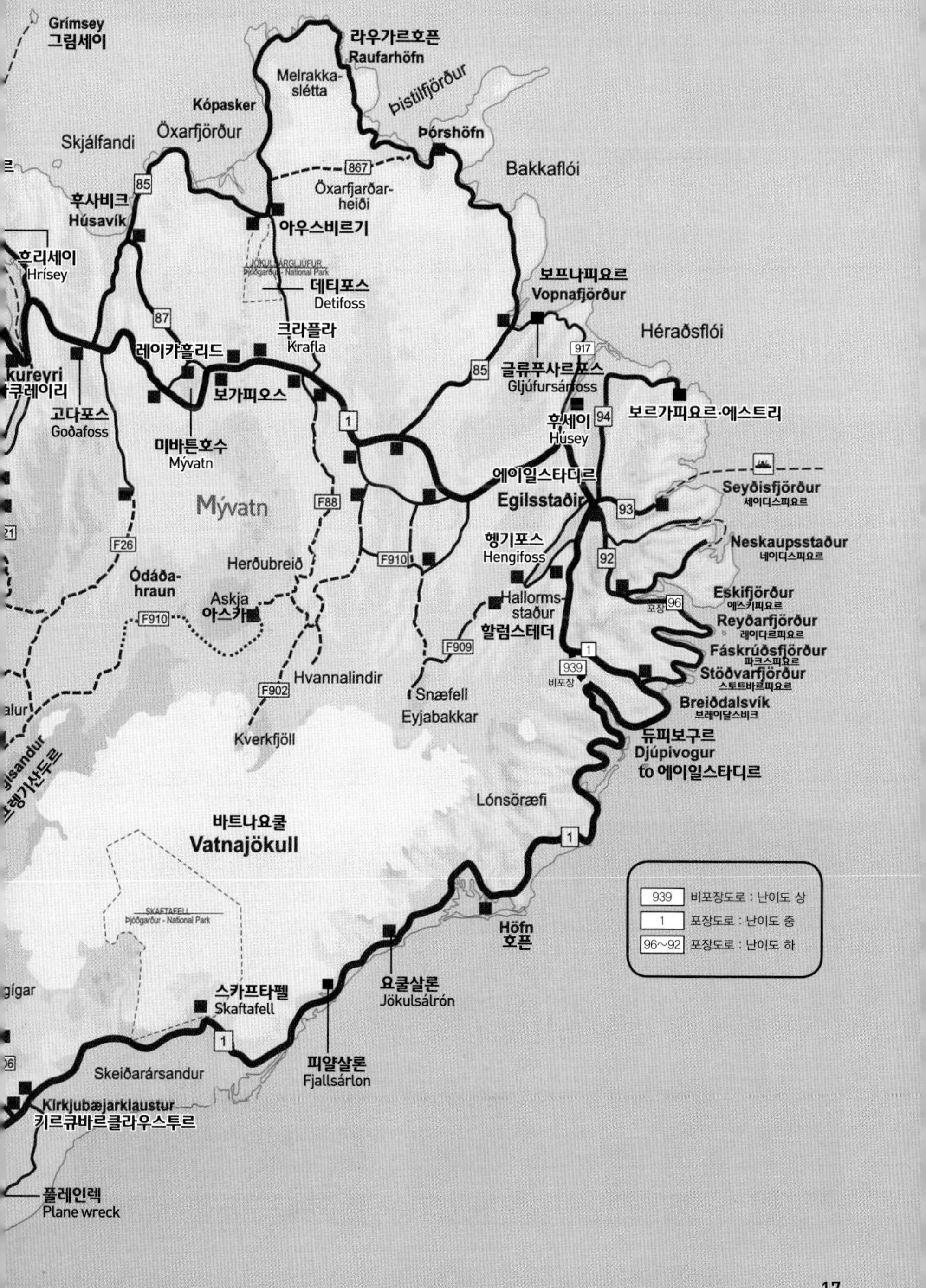
Grímsey
그림세이
라우가르호픈
Raufarhöfn
Melrakka-
slétta
Þistilfjörður
Kópasker
Öxarfjörður
Skjálfandi
Þórshöfn
Bakkaflói
867
Öxarfjarðar-
heiði
85
후사비크
Húsavík
아우스비르기
흐리세이
Hrísey
JÖKULSÁRGLJÚFUR
Þjóðgarður - National Park
데티포스
Detifoss
보프나피요르
Vopnafjörður
87
크라플라
Krafla
Héraðsflói
레이카흘리드
917
85
글류푸사르포스
Gljúfursárfoss
kureyri
쿠레이리
보가피오스
고다포스
Goðafoss
1
보르가피요르·에스트리
후세이
Húsey
94
미바튼호수
Mývatn
에이일스타디르
Egilsstaðir
Seyðisfjörður
세이디스피요르
Mývatn
F88
93
Neskaupstaður
네이디스피요르
헹기포스
Hengifoss
F26
F910
92
Herðubreið
Ódáða-
hraun
Eskifjörður
에스키피요르
Askja
아스캬
Hallorms-
staður
포장
96
F910
할럼스테더
Reyðarfjörður
레이다르피요르
F909
1
Fáskrúðsfjörður
파크스피요르
939
비포장
Stöðvarfjörður
스토트바르피요르
Hvannalindir
F902
Snæfell
Breiðdalsvík
브레이달스비크
Eyjabakkar
Kverkfjöll
듀피보구르
Djúpivogur
to 에이일스타디르
isandur
프렝기산두르
Lónsöræfi
바트나요쿨
Vatnajökull
1
939 비포장도로 : 난이도 상
1 포장도로 : 난이도 중
96~92 포장도로 : 난이도 하
SKAFTAFELL
Þjóðgarður - National Park
Höfn
호픈
요쿨살론
Jökulsárlón
스카프타펠
Skaftafell
1
Skeiðarársandur
피얄살론
Fjallsárlon
Kirkjubæjarklaustur
키르큐바르클라우스투르
플레인렉
Plane wreck

아이슬란드 끝판왕이 되고 싶다면

유기농 아이스크림 & 레스토랑

아이슬란드에서 관광객의 인기를 독차지하고 있는 유기농 레스토랑과 아이스크림을 판매하는 카페가 있다. 다만 입구의 간판이 크지 않아 찾아가기가 쉽지는 않다. 아이슬란드를 갈 때마다 항상 들르는 카페이자 지인과 같이 레스토랑에서 저녁식사를 하는 곳이다.

목장(소와 양)을 운영하면서 카페에서 유리창으로 소를 키우는 모습을 볼 수 있다. 가축이 매일같이 우유를 공급해주고 그 우유로 직접 수제로 아이스크림을 만들어 판매(390~600kr)하고 있다. 양고기와 쇠고기 스테이크는 직접 키운 가축으로 공급하기 때문에 양질의 고기와 셰프의 음식을 맛볼 수 있다.

게이시르 인근 에프스티달루르(Effstidalur II)

크리스티 집안에서 4대에 걸쳐 이어지고 있는데, 현재는 둘째 딸이 남편과 함께 운영하고 있다. 로가바튼Laugarvatn에 집을 두고 게이시르로 가는 왼쪽 오르막길을 올라가면 볼 수 있다.

도가바튼 온천을 지나 37번 도로를 따라가면 에프스티달루르Effstidalur ॥라고 써 있는 간판을 잘 보고 들어가야 놓치지 않는다. 1층에는 아이스크림이 주로 판매하는 카페가 있고 2층에는 레스토랑을 운영하고 있다. 대부분의 관광객은 1층에서 아이스크림을 먹는데 진한 우유의 맛이 나오는 아이스크림이 일품이다.

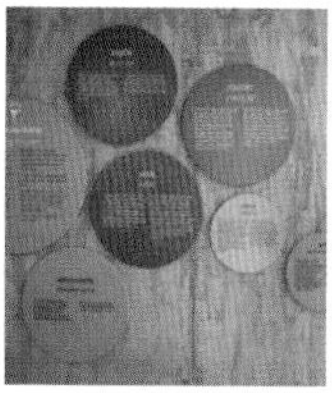

홈페이지_ www.efstidalur.is

주소_ Blaskogabyggd, 801 Laugarvatn

영업시간_ 5월 16일~9월 14일까지 / 카페 10~22시 / 레스토랑 11시 30분~22시

9월 15일~5월 15일까지 / 카페 10~21시 30분 (일~목요일 / 금~토요일은 동일)

/ 레스토랑 11시 30분~21시 30분(금~토요일 동일)

전화_ +354-486-1186

북부 미바튼 호수의 보가피오스(Vogafjos)

독일에서 이주해온 3대 목장을 운영하면서 레스토랑과 호텔과 게스트하우스를 운영하고 있다. 미바튼에서 온천을 하고 나왔다면 미바튼호수의 감라라우긴에서 햄버거를 주로 먹는다. 그러나 미바튼 호수에서 왼쪽으로 이동하면 보가피오스 지역을 만날 수 있는데 여기에서 오른쪽에 보가피오스라는 젖소 간판을 볼 수 있다. 이 길로 들어가면 유기농 카페와 레스토랑 통나무집으로 들어가면 같은 유기농 아이스크림과 케이크, 샌드위치를 맛볼 수 있다.

보가피오스는 비누와 차Tea 등까지 생산하면서 기업형으로 바뀌고 있는 추세이다. 빵은 증기로 하루 동안 통에 넣어 만든 빵으로 양질의 고기를 넣어 만든 샌드위치와 양고기 스테이크, 송어 스테이크가 일품이다. 이곳은 겨울에 숙박을 하면 아침식사가 무료로 제공되며 오로라를 보기 위해 2~3일 묶는 관광객이 많다.

주소_ Vogafjos, 660 Myvatn
영업시간_ 10~22시 (11월~3월까지 21시까지 운영)
전화_ +354-464-3800

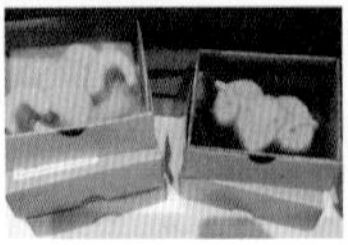

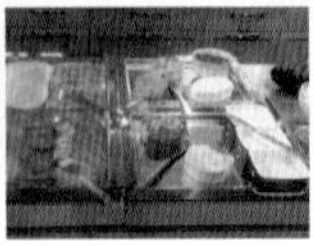

북부 흐비트세르퀴르(Hvitserkur)

바다의 파도가 바위를 깎아 만든 조각품이 흐비트세르퀴르Hvitserkur가 아닐까? 북부에서 서부로 내려가는 1번 도로의 바튼스네스 반도의 해안도로에 있는 바위로 찾아가는 길은 쉽지는 않다. 도로를 따라가다가 길가에 주차를 하고 걸어가야 한다. 바다위에 우뚝 서 있는 흐비트세르퀴르Hvitserkur는 갈매기가 둥지를 틀고 있어 지저분하게 보일 수도 있는데 밝은 날보다 흐린 날의 모습이 더 아름답다. 일몰의 풍경을 넋을 잃고 보게 된다.

북부 알데이야포스(Aldyjafoss)

미바튼 호수를 지나 고다포스를 보고 아쿠레이리를 가는 것이 일반적인 아이슬란드 여행이었다면 남들과 다른 새로운 폭포를 보고 싶은 여행자가 찾는 곳이 알데이야포스Aldyjafoss이다. 1번 도로를 가다가 842번 도로의 남쪽으로 이동을 하면 20분 정도를 비포장도로를 따라가면 나온다.

빙하가 만들 거대한 물길이 엄청난 수량을 일으키는 폭포가 아이슬란드 폭포의 특징인데 알데이야포스Aldyjafoss는 야금야금 생명을 가진 빙하수가 한 곳에 모여들어 지하로 엄청나게 물길을 뚫어버린 느낌이다. 알데이야포스Aldyjafoss는 특히 겨울에 더 아름답지만 겨울에 보기는 쉽지 않다.

서부 키르큐펠(Kirkjufell)

아이슬란드를 여행하는 여행자가 아이슬란드 서부를 여행하는 비율은 높지 않다. 그런데 여름의 일몰 풍경이 아름다운 사진이 인기를 끌면서 여행자가 서부 아이슬란드로 발길을 돌리고 있다. 일몰의 키르큐펠은 빨간 태양이 물에 빠져드는 모습이 압권이다.

About ICELAND

1. 인간의 손길이 미치지 않은 자연환경

아이슬란드 여행은 생태환경여행이다. 아이슬란드의 난방은 지열로 이루어지고 있어 난방비가 거의 들지 않는다. 남한 정도의 면적에 인구는 약 33만 명으로 인간의 손길이 미치지 않은 국토가 대부분이고, 그것을 지켜나가기 위한 환경보호 활동은 아이슬란드인들 생활의 일부분이다. 해안에는 바람이 강해 나무가 살 수 없는 환경이지만 폭포가 내리는 암벽에는 초록 이끼가 가득하고, 땅에는 푸른 들판이 넓게 펼쳐져있으며 날씨가 좋은 날에는 무지개를 수시로 볼 수 있는 곳이다.

해지는 요쿨살론의 빙하

2. 마음이 순화되는 힐링여행

아이슬란드에는 높은 건물은 거의 없고 사람의 손길이 닿지 않은 자연이 대부분이기 때문에 어디서든 자연으로부터 힐링을 받을 수 있다. 아이슬란드의 대자연속을 걷다 보면 자연히 같이 온 사람들과 깊은 대화를 하게된다. 그러나 옆에 사람이 없다고 해도 황홀한 자연경관에 빠지다 보면 내 마음을 들여다 보며 마음이 순화되는 것을 느낄 것이다.

3. 아웃도어와 캠핑천국

화산과 빙하, 호수 등이 도처에 자리한 넓은 자연과 공해하나 없이 깨끗한 공기는 관광객에게 최상의 기쁨을 제공한다. 아이슬란드 전 국토에 걸쳐 국립공원들이 잘 보존되어 있어 트레킹과 캠핑을 마음껏 즐길 수 있다.

아름다운 해안과 험한 피요르 지형, 절벽에서 사는 펭귄을 닮은 새 '퍼핀'으로 유명한 아이슬란드는 마치 신이 지구을 창조할 때의 처음모습 그대로인 듯한 절경들로 여행자들을 유혹하고 있다. 이토록 장엄하면서도 다양한 자연을 남한 면적의 크기 밖에 안 되는 곳에서 한번에 둘러볼 수 있는 곳은 지구상에 또 없을 것이다.

4. 계절별로 구분된 여행법

아이슬란드의 계절은 크게 2가지로 나눌 수 있다. 4개월 정도는 여름이지만 우리나라의 봄이나 가을정도의 날씨이고, 나머지는 초겨울부터 한겨울까지가 7~8개월 정도이다. 여름에는 해가 길어서 성수기로 관광객들이 몰려든다. 보통 여름에 캠핑할 때는 벌레에 많이 물리기도 하는데 아이슬란드에서는 그런 걱정은 하지 않아도 된다. 약 8개월간의 겨울 동안 벌레들이 거의 없어 캠핑에 적합하고 캠핑장 풍경이 아름다워 여행하기에 최적이다.

요즘은 겨울에도 오로라를 보기 위해 많은 관광객들이 찾고 있다. 겨울에도 수도인 레이캬비크와 남부지방은 멕시코 난류가 흘러 우리나라의 평균 겨울 기온보다 높다. 눈이 자주 오고, 태양은 11~16시 정도까지만 볼 수 있다. 스노모빌, 스키, 스케이트 등의 다양한 겨울 스포츠를 즐길 수 있다. 다만 날씨의 변화가 심해 매일 날씨 체크는 꼭 해야 한다.

5. 세련된 도시들

아이슬란드인들의 첫인상은 다소 무뚝뚝하지만 하루만 지나면 아이슬란드인들의 친절함에 고마운 마음이 생길 것이다. 큰 도시라고는 수도 레이캬비크가 유일하지만 다른 도시들도 활기찬 모습이다. 도시마다 뛰어난 북유럽 특유의 아기자기한 건축물이 있다. 또한 새로 짓는 건물도 특이하고 아름다워 건축 디자인의 정수를 감상할 수 있다고 해도 과언이 아니다.

많은 관광객들이 몰려들면서 맛집, 특이한 인테리어의 커피점, 화려한 나이트라이프를 즐길 곳도 많아졌다. 그만큼 물가는 더욱 높아졌지만 아이슬란드를 찾는 여행객들의 수는 점점 더 늘어나고 있다. 많은 뮤지션들에게 영향을 미치는 아이슬란드 출신 가수 '비요크'의 훌륭한 음악과 교회마다 들을 수 있는 파이프오르간 연주가 보수적인 면과 혁신적인 면을 동시에 지니고 있는 아이슬란드를 표현하고 있다. 찬란한 수도인 레이캬비크와 매혹적인 북부의 아이슬란드 제2의 도시를 돌아보며 아이슬란드 여행을 즐겨보자.

아이슬란드에서 꼭해야하는 10가지

1. 골든서클

아이슬란드에서 가장 인기있는 관광지인 싱벨리어 국립공원, 게이시르Geysir와 굴포스Gullfoss, 이 3곳은 아이슬란드 여행에서 놓쳐서는 안 되는 필수 관광지이다. 게이시르는 전 세계에 간헐천geyser이라는 이름을 만들어 주었지만, 최근에는 이웃 간헐천인 스트로쿠르Strokkur에게 그 유명세를 내어주었다. 근처에 있는 어마어마한 3단 폭포인 굴포스에서는 온몸이 압도되는 경험을 하게 될 것이다.

2. 블루라군

케플라비크 국제공항에서 가까운 레이캬네스Reykjanes반도의 용암대지 위에 위치한 블루라군은 세계인들의 버킷리스트 10에 들어갈 정도로 인기가 높은 곳이다.
특히 2015년부터 중국 관광객들이 늘어나 반드시 미리 인터넷으로 예약을 하고 가야할 정도가 되었다. 미네랄이 풍부한 지열 스파에서 오후 시간을 보내는 것은 평생의 추억으로 남을 것이다.

3. 레이캬비크Reykjavík 워킹투어, 자전거투어

아이슬란드 수도인 레이캬비크는 생기 넘치고 매력적이며 도회적인 분위기의 아이슬란드 인구 1/3이 사는 제1의 도시이다. (예전에는 아이슬란드 여행을 하는 관문역할을 했지만 지금은 다양한 문화적 명소와 맛집들은 물론이거니와 에사Esja산이 보이는 도시의 풍경은 장관이다.)

이 도시를 여행하는 새로운 방법으로 워킹투어와 자전거투어가 인기를 끌고 있다. 여름밤의 나이트라이프와 겨울밤의 도시를 수놓는 오로라 또한 여행객들의 필수코스이다.

4. 폭포 비교하기

아이슬란드에서는 골든 서클의 굴포스Gullfoss부터 남부지방의 셀랴란즈포스, 스코가포스, 북부지방의 데티포스, 셀포스, 고다포스와 내륙의 하이포스까지 다양하고 신기한 폭포들이 넘쳐난다. 다양한 폭포들을 보면서 서로 비교해 보는 것도 아이슬란드를 여행하는 즐거움을 배가시킬 것이다.

5. 요쿨살론Jökulsárlón의 빙하 체험

아이슬란드의 빙하를 표현하는 사진들을 보고 아이슬란드 여행을 결정하는 여행자들이 많다. 수많은 엽서에 등장한다 할지라도, 실제로 이 빙하호를 마주한다면 그 아름다움에 입을 다물 수가 없다. 2015년 모 아웃도어 광고에 배우 공유가 나온 광고로 더욱 인기가 올라가고 있다. 바트나요쿨Vatnajökull의 프레이다머 빙산에서 떨어져 나온 푸른빛의 빙하들은 라군을 떠다니다 결국엔 바다로 나가게 된다.

6. 피요르 지형 만끽하기

피요르 지형은 동부만 생각하는 관광객이 많지만 서부 피요르 지방의 수도인 이사피요르루르Ísafjörður에서도 피요르 지형을 볼 수 있다. 동부의 세이디스피요르뿐만 아니라 서부 피요르지방의 황량한 호른스트란디르Hornstrandir 반도를 탐험하고자 하는 하이커들에게 출발지로도 손색이 없다.

7. 고래 투어와 퍼핀

아이슬란드 북부 지방에 있는 후사비크Húsavík를 찾는 사람들은 대부분 고래를 보기 위해서이다. 다양한 종류의 고래가 자주 출몰하며 고래 박물관도 있다. 아이슬란드를 상징하는 새인 퍼핀은 주로 비크Vík에서 관찰할 수 있다. 라우트라뱌르그Látrabjarg의 해안에서부터 레이캬비크에서 조금 떨어진 아쿠레이Akurey와 룬데이Lundey섬이나 드랑에이Drangey, 파페이Papey, 헤이마에이Heimaey섬까지 흥미롭고 다채로운 퍼핀의 군락을 만나볼 수 있다.
많은 관광객들이 아이슬란드에서만 볼 수 있는 '새'로 '퍼핀'을 이야기한다. 하지만 퍼핀은 아이슬란드에만 있는 것은 아니다. 북유럽에도 일부 서식하고 페로 제도에도 서식하고 있다. 다만 아이슬란드에 전 세계 퍼핀의 60%가 살고 있다고 한다. 퍼핀은 하늘을 잘 날지 못하고 땅에 곤두박질치는 경우도 많으며 물속에 있는 모래장어를 먹고 살기 때문에 물에서 여유롭게 지낼 수 있다. 그래서 옛날에는 물고기의 종류라고 생각하던 때도 있었다고 한다. 퍼핀은 바다쇠오리의 한 종류로 서부 피요르드지역 중에 라우트라비아르그에서 볼 수 있다. 아이슬란드 전통 음식 중에는 퍼핀 메뉴도 있다고 한다.

디르홀레이 퍼핀군락지

8. 온천

아이슬란드는 전 국토가 화산지대이기 때문에 어디서나 노천온천을 즐길 수 있다. 아이슬란드에서 가장 유명한 블루라군과 북부의 미바튼 네이쳐바스는 기본으로 찾아야하는 온천이다. 굴포스 근처의 로가바튼과 클뤼르 지역은 주로 현지인들이 찾는 곳이다.
링로드에서는 벗어나있기에 자칫 놓칠 수 있는 곳이지만 내륙의 멋진 풍경을 담고 있는 란드만나라우가에는 누구나 즐길 수 있는 노천온천이 관광객들의 눈을 즐겁게 한다. 큰 바위로 뒤덮인 산세 속에서 몸을 담그면 마치 외계행성에서 온천을 하는 착각에 빠지게 될 것이다.

9. 오로라 Aurora / 얼음동굴 Icecave

오로라

겨울에 아이슬란드를 찾는 여행자들은 대부분 신비로운 오로라를 보기 위해서이다. 아이슬란드는 낮에 비해 밤의 길이가 길어서 특정지역에서만 오로라를 관찰할 수 있는 핀란드나 캐나다와는 다르게 날씨만 괜찮다면 전국 어디서든 오로라를 볼 수 있다. 겨울 아이슬란드에 도착만 해도 당신은 오로라를 볼 수 있을 것이다.

얼음동굴

아이슬란드여행의 인기가 올라가면서 겨울에 오로라뿐만 아니라 얼음동굴을 보기 위해 겨울여행을 선택하는 여행자가 늘어나고 있다. 자연발생적으로만 생기는 얼음동굴은 매년 다른 모습의 얼음동굴을 만들어 낸다. 여름이 되면, 빙하가 녹고 녹은 빙하물이 빙하의 아래로 흘러가면서 얼음 동굴을 만들어 낸다. 1,000년의 빙하가 여름동안 흐르며 만들어 내는 얼음동굴은 겨울에 환상적인 작품을 보여준다. 자연이 만들어내는 말로 형언할 수 없는 작품은 환상적인 사진을 찍으려는 사진작가들이 출사를 위해 즐겨 찾았지만 아이슬란드가 알려지면서 겨울 얼음동굴도 일반 여행자들에게 인기를 끌고 있다.

란드만나라우가 트레킹

10. 트레킹 여행지

아이슬란드의 수도인 레이캬비크뿐만 아니라 전국의 어느 도시나 조그만 어느 마을을 가도 걸을 수 있는 트레킹코스가 만들어져 있고, 팸플릿에 상세히 소개돼 있다. 또한 아이슬란드를 둘러싸고 있는 링로드를 트레킹으로 여행하는 트레킹여행자와 내륙의 란드만나라우가 트레킹을 5일 정도의 일정으로 걷는 여행도 인기가 높다. 일반 여행자라면 아침에 마을의 산책로를 따라 걸어도 머릿속이 맑아지고, 건강까지 좋아지는 자신을 발견할 수 있을 것이다.

아이슬란드 겨울여행

여름의 아이슬란드가 초록색 이끼로 덮여 있는 장면만 보고 "겨울 여행도 괜찮겠지"하는 생각을 할 수도 있지만 겨울에는 어디를 가든 하얀 눈으로 뒤덮여 있어서 아이슬란드 여행은 주의를 해야 한다. 겨울에 하는 렌트카 운전은 각별한 주의사항을 알고 있는 것이 필요하다. 아이슬란드는 같은 위도상의 북유럽에 비해 온도가 그리 낮은 편은 아니다. 겨울 평균기온이 영하 5~6도에서 영상 2~3도로 의외로 기온이 낮지는 않다. 그러나 바람이 심하게 불어서 체감온도가 떨어지며, 날씨가 아주 변덕스럽기도 하다.

01. 낮의 길이 약 5~6시간

12~2월은 오전 10시 정도에 떠서 오후 4시 정도에 지기 때문에 활동이 가능한 밝은 시간은 5~6시간 정도밖에 안 된다. 따라서 여름 여행의 정보를 알고 이동하면 여행 중에 문제가 많이 발생한다. 하루 이동거리를 200㎞미만으로 제한하고 여유로운 마음으로 여행하는 것이 필요하다. 여름여행 때에 하루에 갈 수 있었던 거리도 2~3일로 나누어야 한다.

02.빙판도로

아이슬란드는 레이캬비크를 벗어나면 한산할 정도로 차량을 보기 힘들다. 주변 풍경도 환상적이어서 경치에 빠지다 보면 차량이 도로에서 벗어나기도 하고 눈으로 덮혀 있어 도로를 혼동해 문제가 생기는 경우도 있다.

차량이 많이 다니고 차량이 다녀야 도로 사정도 좋아지지만 통행량이 적다보니 눈이 오면 바로 쌓이고 잘 녹지 않는다. 제설차가 다니기는 하지만 마냥 기다리기는 쉽지 않다.

처음부터 눈이 쌓여 있거나, 빙판이 있으면 방어운전으로 대비하지만 갑자기 나타나는 "블랙아이스"는 대처하기가 쉽지 않다. 특히 다리 위나 터널에서 빠져 나오는 경우에 조심해야 한다.

03. 오로라

아이슬란드는 북위 64~66도에 위치해 있어 겨울에 어느 지역에서든 오로라를 볼 수가 있다. 오로라 투어에 참가하지 않아도 구름이 없는 맑은 날씨에 오로라 지수만 높으면 밤에 어디서나 오로라를 볼 수 있다. 오로라가 나타나는 시간은 주로 늦은 밤 10시~새벽 2시 정도이다.

만약에 오로라를 보기 힘든 일정이라면 오로라 투어를 신청하자. 투어 회사는 오로라를 관찰하기 쉬운 장소와 시간대를 알기 때문에 오로라를 편하게 볼 수 있다.(투어는 플라이버스Flybus나 레이캬비크 익스커젼스Reykjavik Excursions 등을 비롯해 많은 투어회사가 운영되고 있다)

04. 먹거리

아이슬란드는 겨울에 마트들이 일찍 문을 닫기 때문에 식사시간을 놓치는 경우도 많다. 굶지 않으려면 사전에 미리 먹거리를 준비해야 한다. 우리나라에서 떠나기 전에 라면, 햇반 , 고추장, 통조림, 밑반찬 등 마트에서 필요한 식품들을 사두면 편리하다. 공항의 마트나 레이캬비크의 보니스Bonus마트에 들러 미리 먹거리는 챙겨두고 차량에 가지고 다니는 것이 중요하다.

05. 방한대책

여름의 날씨도 무척 변덕스럽기 때문에 체감온도가 낮지만 겨울에는 해안에서 불어오는 바람이 심하게 불어서 체감온도가 더욱 낮아진다. 털모자, 털장갑, 마스크, 귀마개, 두터운 보온양말, 목도리 등을 준비하고 핫팩은 미리 한국에서 챙겨가면 유용하게 사용하게 된다.

06. 렌트카와 보험

핀에어로 케플라비크 국제공항에 도착하면 공항이 운영하는 시간대라 문제가 없지만, 스칸디나비아 항공으로 밤 12시 정도에 도착하면 미리 렌트카회사에 확인을 하여 밤 늦게라도 렌트카를 받는 데 문제가 없는지 알고 가야 문제가 발생하지 않는다. 만약 불가능하다면 버스로 시내 숙소로 이동하고 다음날 시내에서 받는 방법이 있다. 반납할 때는 대부분 새벽이나 늦은 밤에 렌트카 사무실 앞에 있는 Post box에 key를 넣는 방법으로 반납하게 된다.
렌트카를 예약할 때 가능하면 풀 커버Full Cover보험으로 가입하고, 자기면책금을 0유로로 하거나 "자기면책금 환불상품"을 따로 구입해 두는 것이 현명하다. 아이슬란드에서만 가입하는 자갈보험Gravel Insurance과 모래 및 화산재 보험도 가입하는 것이 좋다.

07. 공항에서 버스 이용

아이슬란드의 국제공항인 케플라비크는 밤새도록 도착하는 항공기들에 공항버스도 항공기가 도착하는 시간까지는 운행을 한다. 공항에 도착하면 주저하지 말고 밖으로 나오면 앞에 플라이 버스Flybus와 그레이 라인Grey Line의 2회사의 버스가 대기하고 있다.
수하물은 버스 옆 하단에 싣고 버스에 오르면서 운전기사에게 호텔 이름을 알려주고 탑승하면 된다. 신용카드도 바로 결제된다. 버스는 레이캬비크 BSI버스터미널까지만 운행을 하고, 도착 후 작은 미니버스로 갈아타고 숙소 앞까지 가게 된다.

08. 실시간 날씨 검색

아이슬란드를 여행하면서 항상 촉각을 곤두세우고 일기예보 검색을 하는 것이 좋다. 도로사정과 기온, 풍속, 오로라 지수 등을 검색하면서 항상 유사시에 대비하는 것이 좋다.

▶www.vedur.is
▶en.vedur.is
▶www.vegagerdin.is

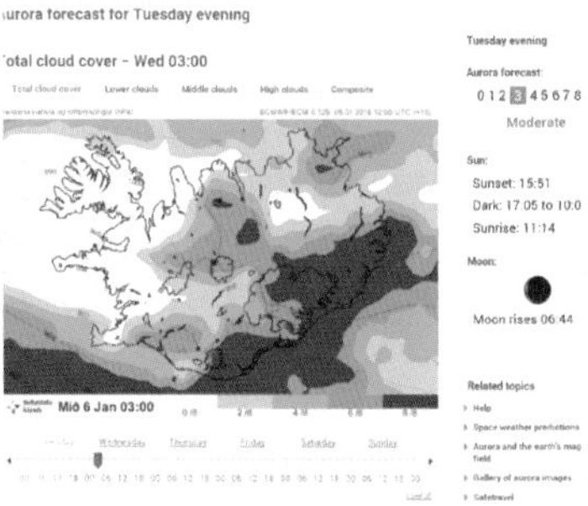

09. 차량 주유 방법

아이슬란드 주유소는 모두 무인주유 시스템이며 신용카드로 바로 결제하는 방식이다. 먼저 주유기에 신용카드를 넣고 비밀번호 입력하고 주유 가격(얼마인지)을 입력하는 방식인데, 만일 입력한 금액보다 실제로 주유한 금액이 적을 경우는 주유금액만 청구된다. 간혹 추운 날씨로 혼동하여 주유한 뒤에 차량이 멈추는 경우도 발생하고 있으니 경유와 휘발유를 잘 구분하여 주유하자.

10. 숙소 예약

겨울 아이슬란드에 도착하고 나면 먼저 날씨를 체크해야 한다. 날씨가 좋다면 상관없지만 겨울 여행은 예기치 않은 폭설 또는 조난사고로 예약한 숙소에 도착하지 못할 수도 있으니 가능하면 미리 예약하지 않고, 현지에서 이동하면서 하루 전이나 당일에 예약을 하는 것이 현명하다.

11. 긴급 상황에서의 언어 소통

아이슬란드는 원래 고유의 언어가 있고, 모든 표지판과 안내판이 난해한 아이슬란드어로 되어 있어서 알아보기 어렵지만 모든 국민이 영어를 잘 구사하므로 어려움 없이 여행을 할 수가 있다. 긴급한 상황에 영어를 사용하기가 힘들다면 긴급구조상황의 영어는 미리 알고 가는 것이 좋다. 아니라면 스마트폰의 번역기를 이용해도 편리하다.

12. 치안

아이슬란드는 전 세계에서 치안 1위를 유지하고 있는 안전한 국가이다. 아기를 태운 유모차를 밖에 놓아 둔 채로 아기 엄마들이 시장도 보고 커피도 마시고 할 정도이니 밤이 긴 겨울 아이슬란드 여행도 문제없다.

14. 기타 준비사항

예기치 않은 폭설이나 좋지 않은 도로사정에 대비하여 차에 '뿌리는 스프레이 스노체인'을 준비하면 유용하다. 하지만 '일반 체인'은 오버하는 행동이니 준비하지 말고 필요하다면 렌트카 회사에 요청하면 된다. 아침에 언 차량의 앞 유리긁개도 빨리 출발하는 데 필요하다.

아이슬란드 겨울여행 일정표

아이슬란드를 겨울에 여행하는 여행자도 늘어나고 있다. 하지만 겨울의 아이슬란드는 어떻게 여행할지 당황스럽다는 여행자부터, 준비를 어떻게 해야 할지도 모르겠다는 질문이 대다수이다. 아이슬란드를 여행하는 일반적인 일정부터 다양한 여행일정을 소개한다.

레이캬비크(2) – 골든 서클(1) – 셀라란스포스(2) – 스코가포스 – 디르홀레이 – 비크 – 요쿨살론(1) – 호픈(1) – 블루라군(1)

레이캬비크(1) – 골든 서클(1) – 스코가포스 – 디르홀레이 – 비크 – 요쿨살론 – 호픈(1) – 듀피보구르 – 에이일스타디르 – 세이디스피오르(1) – 데티포스 – 크라플라화산지대 – 미바튼(1) – 아쿠레이리(1) – 블루라군(1)

겨울에만 느낄 수 있는 짜릿한 경험 Top 10

1. 레이캬비크 아이스링크

겨울 아이슬란드에서 실내의 스케이팅을 즐기려는 많은 시민들이 찾아오는 장소이다. 성인들은 수영장을 많이 찾지만 어린이들과 젊은이들은 아이스링크에서 스케이팅을 하면서 겨울을 이겨나간다.

2. 스카프타펠 겨울 트레킹 & 얼음 동굴 투어

인터스텔라의 얼음행성에 나왔던 스카프타펠 국립공원의 빙하트레킹도 색다른 경험이지만 겨울에는 스카프타펠 국립공원의 오른쪽으로 나있는 트레킹 코스로 30분정도 이동하면 아름다운 빙하를 바로 앞에서 만날 수 있고 겨울 트레킹의 색다른 경험도 할 수 있다. 가이드가 동반된 당일코스 빙하 트레킹 투어는 스카프타펠(바트나요쿠들 국립공원 내에 있음)방문자 센터에 있는 두 회사를 통해 예약가능하다. 여름보다 겨울에는 낮의 길이가 짧고 날씨의 변화가 심해 빙하트레킹의 횟수가 적어지고, 있던 투어도 취소되는 경우가 많아 예약이 되었다고 트레킹이 가능한 것은 아니라는 사실을 알고 가자.

얼음 동굴는 이동시간이 길뿐 실제 얼음동굴을 보는 시간은 짧다. 하지만 얼음동굴 안은 매우 추우므로 방한대책을 미리 강구해야 한다.(세부적인 얼음 동굴 투어 내용은 아이슬란드 엑티비티(P.149 참조)

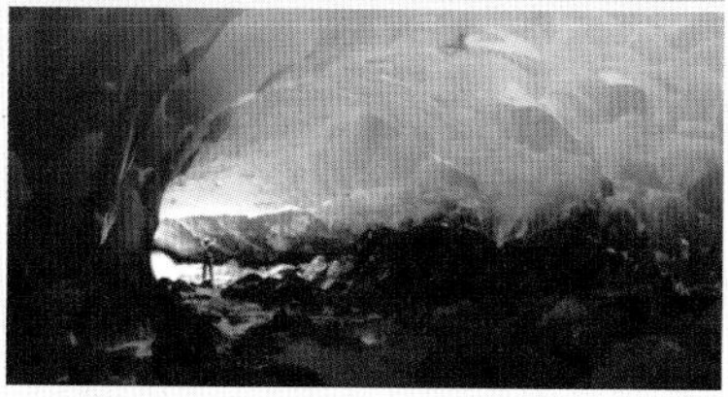

>> Icelandic Mountain Guides
전화_ 587-9999
홈페이지_ www.mountainguide.is

>> Glacier Guides
전화_ 659-7000
홈페이지_ www.glacierguides.is.

3. 오로라

11월부터 4월까지 오로라가 관측된다. 아이슬란드는 겨울의 날씨 변화가 심하고 국지적인 날씨가 다른 경우가 많아 12~2월까지 거의 매일 오로라투어가 진행된다. 밤 8~9시 경에 출발하여 새벽 2시 경에 돌아온다. 아이슬란드 전국에서 오로라를 볼 수 있는데 날씨와 오로라 지수가 중요하기 때문에 여행장소에서 오로라를 보기가 힘들 수도 있다. 오로라는 북부 미바튼 호수에서 가장 선명하게 관측되므로 미바튼 호수에서는 2일이상 숙박하면서 오로라를 보는 즐거움을 맛보는 것도 좋은 경험이 될 것이다.

오로라 예보 보는 방법

오로라를 보기 위한 조건
① 오로라 지수가 높아야 한다.
② 맑은 날씨와 구름이 없어야 한다.
③ 달빛이 적으면 좋다.

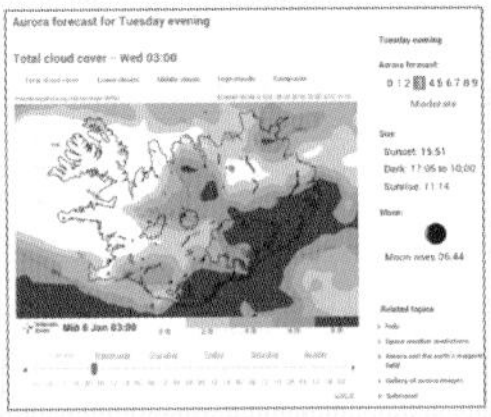

아이슬란드 기상청의 오로라 예보 페이지 en.vedur.is

홈페이지로 들어가면 오로라의 푸른빛이 나오는 화면이 나온다. 이 화면은 오로라를 표시하는 것이 아니고 구름의 양을 나타내는 화면이니 혼동하지 말자. 푸른색이 짙어질수록 구름의 양이 많아지고 있다는 표시이다. 오른쪽 그림을 보면 중부와 동부 지역은 구름으로 가득하다. 수도 레이캬비크와 서부지방은 맑은 하늘을 나타내고 있으므로 레이캬비크와 서부 지방이 오로라를 볼 수 있다.

구름의 양을 확인하였으니 다른 요건을 살펴보자.
화면 오른쪽 상단의 Aurora forecast 오로라 지수를 나타낸다. 9에 가까워질수록 강력한 오로라가 나타난다. 화면 오른쪽 중간 Sun 태양의 움직임을 나타내고 있다. 일몰과 일출 시간, 오로라 관측에는 어두워야 오로라를 관측할 수 있다.
Moon 달의 월몰 시간, 달의 크기(그믐달~보름달)를 확인할 수 있다.
Timeline 시간대별로 바뀌는 기상상태를 확인한다.

4. 스노우모빌 투어(Snowmobile Ride)

겨울에 골든 서클이나 남부의 눈으로 덮인 눈밭을 질주하는 투어로 장소는 투어 회사에서 이동하면서 물색하는 경우가 많다. 스노우모빌 투어는 추운 겨울에 하는 체험이어서 체력 소모가 심하니 해당 여행일자에는 다른 일정은 생략하는 것이 안전하다. 특히 스노우모빌 투어를 하고 바로 렌트카 여행은 위험할 수도 있다. 헬멧과 부츠 등의 복장을 입은 두명이 1대의 스노우모빌을 함께타는 쾌감은 짜릿하다.

5. 겨울 오프로드 체험

겨울 아이슬란드 링로드를 따라 여행하다보면 오프로드 차량을 특히 많이 볼 수 있다. 눈이 많이 오는 동부와 북부의 오프로드 차량을 이용해 데티포스 로드를 따라 아우스비르기까지 이동하는 도로는 특히 오프로드 운전자들의 로망인 장소이다.
또한 4륜 지프차로 빙하 위로 올라갈 수도 있지만 경험이 필요하다. 오프로드 체험에는 외딴 농가의 교통수단인 스키두도 활용되고 있다.(호픈Höfn에서 바트나요쿨 빙하까지 1일 투어 운영 / 1~2시간의 가이드 스키두 투어도 가능)

›› Glacier Jeeps Glacier Tours
(링로드의 Smyrlabjarg에서 출발)
주소_ 780 Hornafjörður
전화_ 478-1000
이메일_ glacierjeeps@simnet.is
홈페이지_ www.glacierjeeps.is

›› 스나이페들스요쿨Snæfellsjökull 빙하 투어
주소_ Ferðaþjónustan Snjófell, Arnarstapi, 355 Ólafsvík**에서 가능**
전화_ 435-6793
이메일_ snjofell@snjofell.is
홈페이지_ www.snjofell.is

6. 아쿠레이리 스키장

아쿠레이리의 흘리다르피얄Hlíðarfjall 스키장은 아쿠레이리의 북쪽으로 약 20분정도 이동하면 높은 고도의 스키장을 볼 수 있다. 작은 스키장이지만 아쿠레이리의 가파른 스키장을 내려오는 스릴은 스노우 모빌보다 짜릿하다.

아쿠레이리 시민들은 가족단위로 저녁에 주로 이용하러 오기 때문에 스키장은 붐비지 않는다. 리프트는 6개, 눈은 매우 많이 오기 때문에 설질은 좋다. 운영시간이 기상에 따라 달라질 수 있으므로 연락을 미리 해보고 이동하자. 스키장으로 가는 버스는 아쿠레이리 시내버스를 타는 정류장에서 탑승이 가능하다.

요금_ 종일권 3,000kr, 부츠 & 스키대여 4,700kr
영업시간_ 리프트 월~금 14:00~21:00
토~일 10:00~17:00
전화_ 462-2280 **홈페이지_** www.hlidarfjall.is

7. 겨울 데티포스 트레킹

겨울 데티포스로드는 위험하다. 여름에 이용할 수 있는 도로는 비포장인 864번 도로와 포장인 862번 도로가 있지만 겨울에는 포장 도로인 862번 도로만 사용이 가능하다. 그마저도 눈이 많으면 데티포스를 가지 못할 수도 있다. 하지만 4륜 차량이나 오프로드 전용차량은 데티포스 주차장까지 이동할 수 있다.

데티포스 주차장에 차를 주차하고 나서 눈 덮인 데티포스를 찾아 갈 때는 방한화가 필수이다. 30분 정도를 더 이동하고 나서야 데티포스를 볼 수 있는데 겨울의 데티포스는 장엄한 장면을 연상시키며 자연의 위대함을 보고 자신을 다시 되돌아 볼 수 있는 시간이 될 것이다.

8. 여름과는 다른 아이슬란드 폭포와 온천 체험

아이슬란드의 성수기는 여름이다. 백야로 24시간 내내 해가지지 않는 경험도 놀랍다. 많은 아이슬란드의 폭포는 그 자체로 감동이지만 겨울의 아이슬란드 폭포들은 또 다른 감동을 불러일으킨다. 특히 골든 서클의 굴포스 Gullfoss와 북부의 데티포스, 고다포스는 장엄한 자연의 위대함을 느끼는 시간을 경험하게 된다.
온천은 여름보다는 겨울에 더 알맞다. 아이슬란드의 겨울은 건조하고, 여행을 하면서 몸이 피곤하게 되어 온천을 이용하는 것이 필수적이다. 거의 대부분이 노천 온천이고 늦은 시간까지 이용이 가능하여 몸의 피로를 푸는데 적합하다. 가끔은 눈 내리는 노천 온천에서 눈을 맞으며 이용하는 온천은 최고의 분위기를 연출해준다.

9. 여름 성수기의 호화로운 숙소, 렌트카 저렴하게 이용하기

여름 성수기 시즌이 다가오면 숙박요금이 심하게 올라가는데 겨울 아이슬란드 여행은 호화롭고 비싼 숙박 시설을 최대 30% 수준에 이용할 수도 있다. 레이캬비크의 힐튼 호텔은 18,000~20,000kr(원화 18~20만 원), 아쿠레이리의 노루드 랜드Nordurland 호텔은 9,000kr(원화 9만 원)에 이용이 가능하다. 특히 여름 성수기에 5개월 전부터 숙소예약이 힘든 미바튼 호수의 보가 피오스Vogafjósi도 13,000kr(원화 13만 원)에 묵을 수 있다. 겨울의 관광객이 줄어들면서 숙소와 렌트카도 저렴하게 이용할 수 있어 겨울 여행 경비는 상당히 줄어들 수 있고 호화시설까지 이용할 수 있는 1석 2조의 효과를 누릴 수 있다. 렌트카도 여름보다 최대 50%까지 할인 받아 이용이 가능하다.

10. 겨울만의 레이캬비크, 아쿠레이리 도시 둘러보기

아이슬란드의 제 1, 2도시인 레이캬비크, 아쿠레이리에서 겨울에 도시를 돌아보는 도시의 느낌은 여름과 다르다. 겨울만의 운치를 느낄 수 있는 도시 체험은 낮 겨울 여행의 운치를 느끼게 하고, 밤에는 음악을 들으며 긴긴 밤을 보내는 경험은 아이슬란드에서만 느낄 수 있다.

Hellissandur
Snæfells-
jökull
Arnarvatns-
heiði
Hveravellir
Kjölur
Lang-
jökull
Borgar-
nes
Faxaflói
Reykjavík
Seltjarnarnes
Kópavogur
Garðabær
Hafnarfjörður
Keflavík
Njarðvík
Garður
Sandgerði
Mosfellsbær
Hvera-
gerði
Selfoss
Hella
Hvols-
völlur
Þórsmörk
Hekla
Þjórsá
Grindavík
Þorlákshöfn
Vestmanna-
eyjar

아이슬란드 여행에 꼭 필요한 INFO

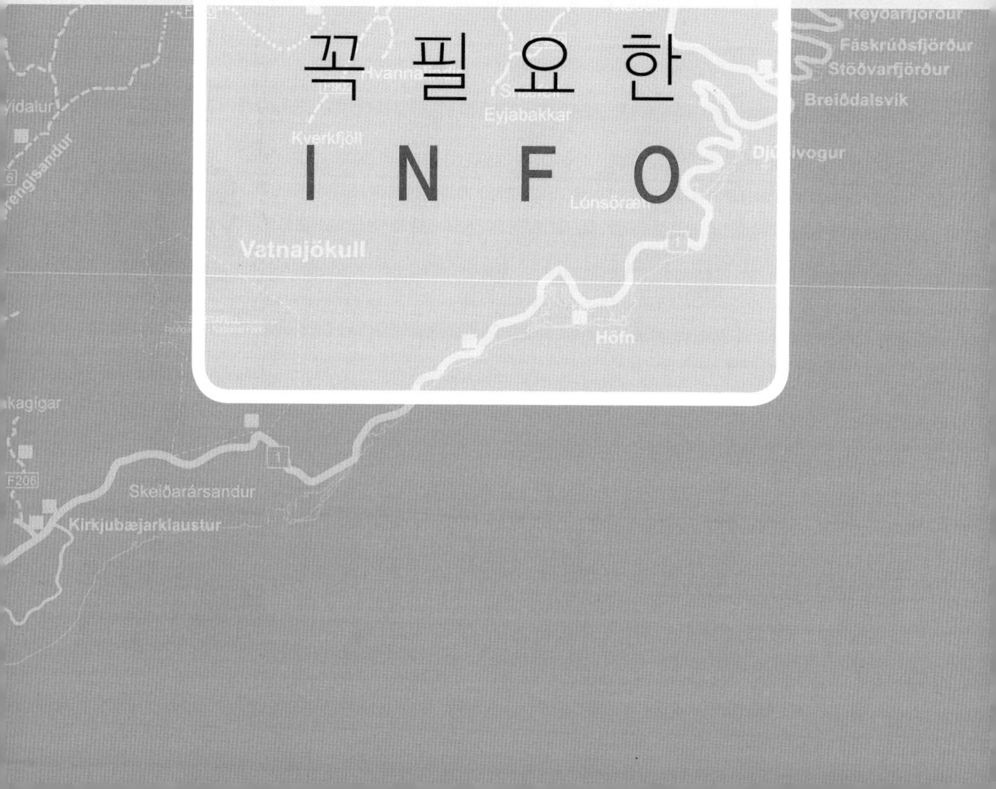

아이슬란드를 인기 관광지로 만든 TV와 영화

2014년 초에 개봉한 영화 '월터의 상상은 현실이 된다'를 본 사람들은 촬영지에 대해 많이들 궁금해 했다. 다들 어디인지 몰랐던 그 장소가 아이슬란드였다. 2014년말에는 우리나라에서 대단히 히트친 영화인 '인터스텔라'에서 보았던 얼음행성이 어디인지를 알고 싶어하면서 아이슬란드에 대한 관심이 올라가기 시작했다.
2014년부터 불과 1년 사이에 아이슬란드의 인기는 많이 올라갔지만 아직도 많은 이들은 아이슬란드를 몰랐다. 그러던 중 2016년 1월 1일, tv N의 '꽃보다 청춘'에 아이슬란드가 나오면서 아이슬란드의 장엄하고 아름다운 풍경은 전국민을 사로잡았다.

미국 드라마인 '왕좌의 게임'은 전 세계적인 인기로 전 세계인들을 아이슬란드로 끌어들이고 있다. 하지만 이런 영상물의 인기에도 아이슬란드가 별 볼 일 없는 관광지였다면 전 세계인들을 아이슬란드로 몰리게 하지는 않았을 것이다. 아이슬란드에서 최근 촬영하는 헐리우드 영화와 드라마가 연간 헐리우드 영화의 30% 정도가 된다고 한다.
올해 개봉한 영화인 '캡틴 아메리카 : 시빌워'와 '세기의 대결'을 비롯해 2014년의 인터스텔라에서 보았던 얼음행성의 장면도 아이슬란드에서 촬영하였다. 외계행성이나 옛 전투장면을 가장 잘 묘사하는데 좋은 촬영지인 것은 부인할 수 없다. 게다가 아이슬란드 정부는 발빠르게 영화촬영의 세금 중 20%를 환급해주어 헐리우드 관계자들의 발걸음을 아이슬란드로 돌리고 있다.

1. 꽃보다 청춘

해외 배낭 여행기를 담은 리얼 버라이어티 프로그램으로 페루, 라오스에 이어 아이슬란드가 방송되어 다시 핫한 여행지를 만들어냈다. 마치 다른 행성에 있는 듯한 풍경이 펼쳐졌다. 사진으로 담을 수 없는 생동감이 있는 아이슬란드 편에서는 옹기종기 이쁘게 모여있는 주택들과 웅장한 폭포, 믿을 수 없는 겨울 자연풍경이 방송되었다. 2016년, 아이슬란드를 누구나 아는 여행지로 태어나게 하는데 꽃보다 청춘이 일조하였다.

2. 인터스텔라

최근에 아이슬란드에 대한 관심을 상승시킨 가장 큰 공을 세운 영화이다. 아이슬란드가 얼음행성의 장면으로 나오면서 다른 행성같은 장면이 CG가 아니라 실제 장면이라는 사실에 더욱 놀라워했다. 놀란 감독은 10년 전 '배트맨 비긴즈'를 촬영할 때 아이슬란드를 마지막으로 방문하여, '인터스텔라'의 탐험 장면을 촬영하기에 아이슬란드가 적합하다는 생각을 가지고 있었다고 한다. 아이슬란드의 지형은 영화 속 얼음행성이나 화성같은 행성을 촬영하기에 적합한 나라이다.

3. 월터의 상상은 현실이 된다.

아이슬란드를 배경으로 한 영화에서 가장 먼저 관심을 일으킨 영화이다. 자신의 꿈은 접어두고 16년째 라이프잡지사에서 포토에디터로 일하고 있는 월터 미티라는 일상의 '우리'같은 인물이 용감한 히어로이자 로맨틱한 주인공으로 변하는 장면에서 아이슬란드를 기억하게 만들었다. 그린란드에서 아이슬란드를 거치면서 폭발직전의 화산으로 돌진하는 장면부터 보드를 타고 내려가는 아름다운 자연이 동부의 세이디스피요르라는 사실이 알려지면서 세이디스피요르로 내려오는 도로는 한번씩 포즈를 취하는 장소로 변했다.

4. 왕좌의 게임

바이킹이 정복한 아이슬란드는 북유럽 신화의 진원지로 서양 판타지의 땅이다. 성인 판타지물로 최고의 인기를 누리고 있는 판타지 문학작품인 '얼음과 불의 노래A Song of Ice and Fire가 드라마로 만들어져 인기를 끈 미국 드라마가 '왕좌의 게임'이다. 전 세계인들에게 아이슬란드를 홍보하는 드라마라고 새도 과언이 아니다. 시즌 1, 6이 아이슬란드에서 촬영되었는데, 드래곤과 흑마술이 등장하는 가상대륙인 웨스트로스에서 미지의 땅으로 등장하였다. 왕좌의 게임은 많은 지역에서 촬영될 때마다 새로운 투어가 만들어지는 인기 드라마이다.

꽃보다 청춘, 아이슬란드의 배경음악

아이슬란드는 웅장하고 장엄한 자연으로 유명해서일까, 유난히 신비롭고 웅장한 실험적인 곡을 많이 선보인 뮤지션이 많다. tv N 프로그램 '꽃보다 청춘, 아이슬란드'는 대한민국의 아이슬란드 관광객이 늘어나는데 도움을 주었다. 꽃보다 청춘, 아이슬란드에 나온 배경음악은 대부분 아이슬란드 뮤지션들의 음악이었다. 꽃보다 청춘, 아이슬란드에 들어간 배경음악 중 아이슬란드 출신 음악가들의 곡을 알아보자.

1 파스칼 피넌 Pascal Pinon
에키 반메타(Ekki Vanmeta)

'파스칼 피논'은 여성 쌍둥이 그룹으로 쌍둥이 가운데 한 명인 멤버는 13세 때 곡을 쓰기 시작했을 정도로 천재 음악가이다.
소개한 곡은 2013년에 발매된 두 번째 정규 앨범에 실린 음악으로 가볍고 사이다 같은 톡 쏘는 느낌의 곡이다.

2 에프엠 벨패스트 FM Belfast
위 아 패스터 댄 유(We are faster than you)

여성 1명, 남성 2명이 함께 활동하는 그룹이다. 2008년 데뷔했고 주로 일렉트로닉 음악을 선보여왔다.

3 오브 몬스터스 앤 맨 Of Monsters and Men
식스 윅스(Six Weeks)

남성 4명, 여성 1명으로 이루어진 그룹이다. 2011년 데뷔 앨범 '마이 헤드 이즈 언 애니멀(My head is an animal)'을 발매했다. '식스 윅스'는 이 앨범에 두번째로 실린 곡이다. 삼성 '지펠 냉장고' 광고에도 들어갔었다.

4 오브 몬스터스 앤 맨 Of Monsters and Men
마운틴 사운드(Mountain Sound)

이 곡은 '꽃보다 청춘 : 아이슬란드 편' 2화에 굴포스로 가는 길 배경음악으로 들어갔다. '오브 몬스터스 앤 맨' 1집 앨범 수록곡이다. 곡명을 한국어로 번역하면 '산의 소리'다. 웅장한 자연 경관을 가진 아이슬란드 밴드의 위엄이 느껴진다.

5 신 팡 Sin Fang
룩 앳 더 라이트(Look at the Light)

이번에 소개할 곡도 아이슬란드 느낌이 물씬 풍긴다. 노래 제목이 '저 빛을 보라'다. 신 팡은 소위 '분위기 깡패'라 불리는 아이슬란드 인디 음악가다. 그의 음악은 마치 오로라처럼 오묘하면서 몽롱한 느낌을 준다는 평을 듣고 있다.

6 시규어 로스 Sigur Rós
스타알퍼(Staralfur)

남자 세명으로 구성된 '시규어 로스'는 1994년, 5명으로 결성된 뒤 두 명의 멤버가 빠져 지금의 3명이 됐다. 보컬 욘시(Jónsi)가 만든 언어에 '희망어'라는 이름을 붙여 이 언어로 노래를 만들고 있다. 꽃보다 청춘, 아이슬란드에 시규어 로스 음악, '스타알퍼(Staralfur)'는 첫 정규 앨범 'Ágætis byrjun' 수록곡으로 '좋은 시작'이라는 뜻이라고 한다.

7 아우스게일 Ásgeir
니팔리오 렌(Nyfallio Regn)

솔로로 활동하는 아이슬란드 음악가다. 2012년에 데뷔한 뒤 아이슬란드 슈퍼스타 '시규어 로스'와 비교될 만큼 빠른 속도로 성장한 신예다. 아이슬란드 국민 10명 가운데 1명이 그의 데뷔 앨범을 갖고 있다는 이야기도 있다. 2013년 7월에 발매한 싱글 앨범 수록곡으로 한국에서 공연을 하기도 했다.

여행 중 알면 편리한 아이슬란드 어

요쿨(Jökul) | **빙하**

론(lón) | **라군**

바튼(Vatn) | **호수**

비크(Vík) | **만**

포스(Foss) | **폭포**

키르캬(kirkja) | **교회**

팔(Fjall) | **산**

달루르(Dalur) | **계곡**

선드라우그(Sundlaug) | **수영장**

피요르두르(fjörður) | **피요르**

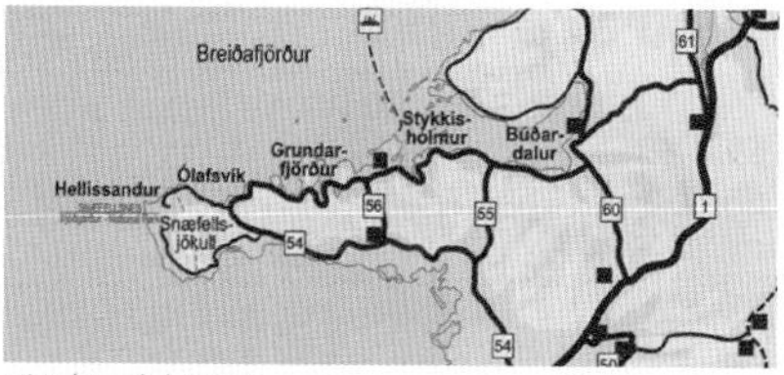

네스(Nes) | **반도**

카피(Kaffi) | **커피**

브라우드(Braiə) | **빵**

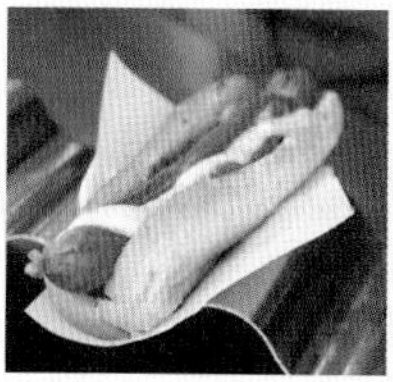
필사(Pylsa) | **핫도그**

보르(Bjor) | **맥주**

아이슬란드 현지 여행 물가

항공권과 숙소, 렌트카 예약을 끝마치고 아이슬란드에 도착하면 여행하면서 어느 정도의 여행경비를 챙겨야 하는지 궁금하다. 현지의 여행비용을 알아보자.

만약에 당신이 아이슬란드를 2008년 이전에 여행하려고 했다면 지금보다 1.5배 정도는 더 비싼 여행비용이 나왔을 것이다. 2008년의 금융위기로 아이슬란드 크로나(kr) 가치가 평가절하되어 관광객이 다니기에 저렴한 나라가 되었다. 하지만 현재 33만 명의 적은 인구와 높은 수입비용은 여전히 아이슬란드가 다른 국가보다 여행비용이 비싼 나라로 인식하도록 하고 있다.

1. 여름 성수기 시즌이 다가오면 숙박요금이 심하게 올라가는데 여름 성수기를 벗어나면 심지어 30%수준까지 떨어지기도 한다.

2. 레스토랑에서의 점심식사는 1,500kr(원화 15, 000원)정도 부터이고 저녁은 2,500kr부터이다.

3. 술은 더욱 비싸다. 주류판매소 빈 부딘Vín Búðin에서 파는 작은 병맥주가 약 300kr이며, 중간 정도의 수입와인은 20,000kr 정도이다. 카페나 레스토랑에서는 빈 부딘 가격의 3배 수준이라고 생각하면 된다. 가능한 세관통관이 허용되는 만큼의 술을 집에서 가져가든지, 아니면 공항의 면세 주류를 미리 구입하는 편이 낫다.

4. 시내버스요금은 350kr이다(현금만 가능, 거스름돈 없음). 택시는 매우 비싸니 되도록 이용하지 않는 것이 좋다.
레이캬비크에서 케플라비크 국제공항까지 약 15,000kr이다.(Flybus 티켓 가격은 2,500kr이다. www.re.is)

시내버스

공항버스

여름 성수기에 여행할 때 저렴한 호텔에 묵고, 식당에서 먹고, 2~3개의 액티비티를 하고 하면 여행비용이 1인당 25,000kr(원화 25만원 정도)이상 들어간다. (2명이 방을 같이 쓸 경우) 그러나 게스트하우스나 유스호스텔에 묵고, 좀 저렴한 식사를 하면 비용을 절감하는 것이 가능하다. 이렇게 하면 하루에 1,5000kr 은 감안해야 한다. 캠핑이나 취사를 하면 하루에 5,000kr 정도 들 것이다.

아이슬란드가 여행하기 싼 곳은 아니지만 박물관과 갤러리 입장료는 적당한 수준이다. 대부분의 박물관 입장료는 700~1,300kr 수준으로 생각하면 된다. 한번 입장권을 끊으면 무료입장권을 하나 더 주거나 다른 박물관의 입장료를 할인해주기도 한다. (같은 단체가 운영할 경우)
겨울에 펍이나 괜찮은 식당에서는 들어갈 때 외투를 맡기는 비용을 내야할 때가 있다. 거절하면 입장이 안 될 수도 있다.

아이슬란드 현지 여행 복장

"비가 온다면 30분만 기다려라. 곧 바뀔 것이다"라는 아이슬란드 속담이 있다. 여름여행은 반팔을 입고 여행을 하려고 하는데 아이슬란드의 'ICE'라는 영어단어가 눈에 밟힌다. 혹시나 춥지는 않을까 걱정을 하는 것이 아이슬란드를 처음 여행하는 여행자들이 걱정하며 하는 질문이다.

일반적인 여름 아이슬란드 여행이라면, 우리나라의 가을복장으로 준비해야 한다. 긴팔로 준비를 하고, 출발할 때에 입은 반팔 복장을 여름복장으로 대체하는 것이 좋다. 비가 많이 올 때를 대비해 겨울 오리털 파카 정도는 가지고 가는 것이 추울 때 도움이 된다. 차량을 운전하면서 여행하므로 차량 내에서는 춥지 않다. 오히려 운전 중에는 덥지만 밖으로 나오면 바람 때문에 추울 수 있다.

1. 방풍 방수점퍼와 폴리스 자켓정도를 미리 준비해 비올 때 입어야 한다. 우산은 바람이 강해 필요없다.

2. 신발은 운동화 혹은 등산화를 신고 다니는 것이 편안하다. 많은 아이슬란드의 관광명소가 걸어서 이동해야하고 울퉁불퉁하고 거친 길을 가야 하는 관광지이다.

3. 캠핑 여행을 준비하려면 히트텍 같은 내의와 핫팩은 매우 유용하다.

4. 걸어서 란드만나라우가 트레킹이나 아우스비르기 트레킹을 걸으려 한다면 사람이 없는 장소를 걸을 수 있으므로 제대로 갖춰 입어야 한다. 반드시 등산화를 가져가야 신발 때문에 고생을 안 한다. 시간이 된다면 미리 등산화를 신고 하루정도는 신어서 발이 걸을 때 아프지 않은지 확인하면 좋다.

5. 고급 레스토랑을 가려고 한다면 복장에 신경을 써야 한다. 고급 레스토랑은 우리나라도 마찬가지로 복장이 중요한 것처럼 아이슬란드인들도 복장에 민감하다. 만약 고급 레스토랑에서 멋진 저녁을 할 계획이 있다면 정장은 아니어도 차려 입어야 한다.

6. 11~4월의 겨울 아이슬란드를 여행한다면 기온이 영하 20도 정도로 떨어질 수 있고, 바람 때문에 체감 온도는 더 낮게 느껴질 수도 있으므로 방한대책을 제대로 갖춰야 한다.
(아이슬란드 겨울 여행 참고)

7. 아이슬란드에는 수영장과 온천이 매우 많으므로 수영복은 꼭 챙겨야 한다. 아이슬란드 모든 마을에는 온천이 있는 수영장이 있어 겨울에도 온천과 수영장에서 피로를 풀 수 있다.

아이슬란드 여행에서 알면 더 좋은 지식

아이슬란드 여름은 하얀 밤의 백야

7월밤 11시 40분의 레이캬비크, 할그림스키르캬 교회 모습

백야는 밤에도 해가 지지 않아 어두워지지 않는 현상이다. 주로 북극이나 남극 등 위도가 48도 이상으로 높은 지역에서 발생한다. 아이슬란드의 수도인 레이캬비크의 위도가 65도인데 전 세계의 수도로는 가장 높은 위도에 위치해 있으므로 여름에는 백야가 일어난다. 겨울에는 반대로 극야가 나타나게 된다. 백야가 일어나는 원인은 지구가 자전축이 기울어진 채 공전하기 때문이다.

즉 지구가 기울어진 머리를 태양 쪽으로 기울고 자전하는 동안 아이슬란드 땅에 태양 빛을 받는 시간이 많아지므로 여름에 24시간의 대부분은 늘 햇빛을 받는다.

백야는 위도가 높을수록 기간이 길어지므로 6~8월까지 백야가 일어난다. 이 기간에 어두운 밤은 길어야 6시간 정도밖에 지속되지 않는다. 반대로 겨울에는 밤이 길다. 그래서 추운 겨울이 더욱 오랜 시간 지속된다.

아이이슬란드는 봄, 여름, 가을, 겨울이 아니라 여름과 겨울만이 존재한다. 11~4월까지 겨울이 지속되어 봄은 건너뛰고, 여름에 백야는 해를 맞이하는 축제와 다름없다. 여름에 아이슬란드 관광객이 몰려들어 숙소를 찾기 힘든 것은 이 때문이다.

ICELAND Tip

백야와 극야는 왜 생길까요?

백야와 극야는 지구의 자전축이 기울었기 때문에 일어난다. 아이슬란드는 북극에 가깝기 때문에 여름이면 태양쪽으로 기울고, 겨울이면 태양의 반대쪽으로 기울어진다.

겨울은 어두운 밤의 극야, 극야의 즐거움 오로라

6~8월까지 짧은 여름이 끝나고 나면 가을은 1달도 지속되지 않고 10월부터 추워져 11월이면 겨울이라고 생각되며, 극야에서 나타나는 오로라도 11월부터는 볼 수 있다. 오로라 여행으로 캐나다의 옐로우 나이프 지역을 찾는 오로라 여행자들이 많다. 캐나다의 옐로우 나이프는 오로라만을 보러 여행을 계획해야 하지만 아이슬란드 여행에서는 여행을 하다가 오로라를 볼 수 있어 오로라와 겨울 여행을 원하는 여행자들을 모두 만족시킬 수 있는 장점이 있다.

오로라는 지구 밖에서 지구로 들어오는 태양의 방출된 입자가 지구대기의 공기 분자

와 충돌하면서 빛을 내는 현상이다. 태양풍을 따라 지구 근처로 다가오면 지구의 자기장에 끌려 대기 안으로 들어온다. 지구 자극에 가까운 북반구와 남반구의 고위도 지방에서 주로 볼 수 있다. 여름의 백야가 일어나는 같은 지역에서 겨울 극야에 오로라가 관측된다. 위도가 64~66도 사이에 있는 아이슬란드의 겨울에 오로라를 볼 수 있는데 아이슬란드의 겨울여행의 장점은 어느 지역에서든 밤에 오로라를 관측하여 긴 겨울밤을 보낼 수 있어 겨울 여행의 또 다른 재미로 다가온다.

주상절리

주상절리는 화산에서 분출한 용암이 지표면에 흘러내리면서 식을 때 규칙적인 균열이 생겨 형성된 것이다. 용암은 표면부터 식을 때 균열이 육각형 모양으로 형성되고 점점 깊은 곳도 식어가면서 균열은 큰 기둥을 만들어 낸다. 단면의 모양이 육각형, 오각형 등 다각형의 긴 기둥모양을 이루는 절리는 거대한 지형을 이루게 된다.
아이슬란드의 어디에서든 주상절리를 볼 수 있지만 아이슬란드의 남부지방에 위치한 레이니스퍄라, 스카프타펠 국립공원의 스바르티포스, 북부의 호프소스는 대표적인 기둥모양의 주상절리를 가장 잘 관찰할 수 있는 관광지이다.

화산과 지진

지구는 하나의 동그란 땅으로 되어 있는 것이 아니라 여러 조각의 지각 판들로 이루어져 있다. 이 지각 판들이 가만히 있지 않고 조금씩 움직이면서 여러 가지 변화가 생겨난다. 지구의 표면인 지각은 5~100㎞ 두께의 커다란 7개의 판과 여러 개의 작은 판으로 구성되어 있다.
이 판들은 서로 경계를 맞대고 있는데 판의 경계에서는 판이 서로 멀어지거나 부딪히기 때문에 지각이 약하여 지진과 화산이 잘 일어난다. 아이슬란드는 북대서양 판과 유라시아 판이 만나는 중앙해령이 아이슬란드 내부를 지나친다. 땅속에 있는 가스, 마그마가 지각의 터진 틈을 통해 지표로 분출하는 지점이나 결과로 생기는 분출물이 쌓여 생겨난 화산체로 폭발이나 함몰에 의하여 생기는 오목한 지형을 말한다.

아이슬란드 음식

바다와 면해 있는 섬 국가여서 그런지 아이슬란드의 요리에서는 생선이 많은 부분을 차지한다. 이외에 낙농제품이나 양고기가 주재료로 쓰인다. 인기 있는 음식으로는 스퀴르skyr나 연기로 익힌 양고기 항기키외트hangikjot 등이 있다.
아이슬란드에서는 각 지방마다 특산물의 종류가 다양하게 나뉜다. 질은 아주 좋은 편이며 좋은 환경 덕택에 오염되지 않은 재료로 음식을 맛볼 수 있다. 산악 지역에서 양이 자유롭게 방목되기 때문에 양고기 소비가 많은 편이다. 아이슬란드는 육류 생산에 아주 엄격한 편이며 호르몬 주사를 동물에 주입하여 인위적으로 생산하는 것은 엄중 처벌 대상이다. 가금류를 키우는 농장도 상당히 많으며 닭과 오리 그리고 칠면조를 많이 기른다.

아이슬란드인에게 있어 우유를 비롯한 유제품은 없어서는 안 될 식품이다. 평균적으로 아이슬란드인은 1년에 평균 380리터에 달하는 낙농제품을 소비한다. 치즈나 다른 관련 제품이 국내에 많고 자국 내에만도 치즈가 80종류가 넘는다.
아이슬란드가 북극권에 드는 나라인 것은 확실하지만 대서양 난류로 인해 그렇게 춥지 않다. 밭이나 작은 정원에서 채소를 많이 키우고 감자나 양배추가 많다. 하우스에서 화훼나 과일류를 재배하기도 한다.
아이슬란드에는 유명한 음식이 없다. 하지만 아이슬란드에도 전 세계의 음식들과 합쳐진 새로운 음식들이 나오고 있어 몇 레스토랑에는 유명한 셰프들의 요리도 먹을 수 있다.

아이슬란드의 대표적 요거트, 스퀴르

지금으로부터 1,000년 전에 바이킹 족이 아이슬란드에 정착하면서 전래된 음식으로, 오늘날까지도 아이슬란드 사람들의 자랑거리이자 특산물이다. 요구르트와 비슷하며, 시장에서도 요구르트처럼 팔리고 있지만, 사실 요구르트는 아니다.
스퀴르는 레닛(효소)을 넣어 응고시킨 뒤 물기를 조금 빼낸 우유로 만든 신선한 저지방 치즈다. 요구르트에 들어 있는 박테리아를 함유하고 있으며 우유보다 빠르고 쉽게 소화된다. 먹고나서 1시간 안에 90% 가까이 흡수되는데, 우유는 약 30% 밖에 흡수되지 못한다. 저지방이고 흡수율이 좋아서 건강에 매우 좋은 음식이다.
공장에서 생산한 저지방 요구르트에 흔히 들어가는 안정제나 탈지분유가 전혀 들어가지 않는다. 단맛과 질감을 부드럽게 하기 위해 우유나 크림을 섞기도 한다. 아이슬란드 사람들은 전통적으로 아침식사로 디저트와 함께 먹는다. 맛을 떠나서 아이슬란드에 왔으면 스퀴르는 꼭 먹어봐야 한다. 스퀴르의 맛은 크리미하지만 매끄럽지는 않으며 사뭇 뻑뻑하다. 우유의 깨끗한 맛을 간직하고 있다.

현지인들이 먹는 빵

비나르브라우드Vinarbraud 아이슬란드인들이 좋아하는 빵 종류이다. 얇은 빵 위에 잼을 살짝 바르고 초콜릿이나 딸기 등을 이용하여 데니스 페이스트리로 빵을 길게 만들어 판매한다.

스누두르Snudur는 초콜릿이나 카라멜을 빵 전체에 올려서 우리의 입맛에는 매우 달아서 1개 이상 먹기는 힘들다. 하지만 커피와 먹으면 단맛을 상쇄해준다.

코코스쿨루르Kokosoulur는 아이들에게 맞춰 오트밀과 초콜릿이나 코코아를 뿌려서 코코넛 플레이크를 묻혀 동그랗게 만든 빵이다.

비나르브라우드

스누두르

코코스쿨루르

아이슬란드 맥주

독일이나 체코처럼 아이슬란드 맥주의 역사가 오래되지는 않았지만 아이슬란드에도 20세기부터 맥주가 생산되고 있다. 아이슬란드에서는 1989년까지 맥주는 합법이 아니었다. 하지만 아이슬란드인들이 맥주를 지속적으로 마시면서 지금은 매우 많은 맥주가 생산되고 있다.

아이슬란드에서 맥주를 마시려면 마트에서는 구입할 수 없고(라이트 맥주는 구입가능) 빈부딘VINBUDIN에서만 구입할 수 있다. 빈부딘의 운영시간은 각 도시마다 다르기 때문에 잘 확인해야 한다.(레이캬비크 11~18시) 아이슬란드 맥주값은 비싸기 때문에, 공항에 도착하면 공항 면세점에서 사가지고 나가는 관광객들이 많다.

울푸르 | Ulfur

감귤류 과일의 맛이 강하게 나고 쓴 맛이 강하다. 아이슬란드에서 처음으로 시장에 에일맥주로 나온 맥주이다. 미국의 홉hop을 사용하여 서부해안의 공장에서 만들어진다.

왼쪽부터 울푸르, 브리오

브리오 | Brio

독일 홉을 사용하여 부드러운 맛을 내는 맥주이다. 독일식의 맥주를 표방하며 아이슬란드인들에게 인기를 끈 맥주이다.

왼쪽부터 칼디, 에인스톡

바이킹 | Viking

바이킹 맥주는 비엔나 스타일의 맥주로 몰트향이 강하고 쓴 맛이 중간정도의 부드러운 맥주에 속한다.

레이캬비크의 칼디바

칼디 | Kaldi

매우 부드러운 체코, 필스너Pilsner스타일의 맥주로 신선한 맛이다. 2006년부터 생산을 시작하였지만 레이캬비크에 칼디 바Kaldi Bar까지 있을 정도로 인기있다.

굴 | Gull

금Gold이라는 뜻의 아이슬란드어의 맥주로 아이슬란드에서 우리나라 관광객에게는 '굴'이라는 맥주가 유일한 것처럼 알려진 때도 있었다. 라거스타일의 맥주로 우리나라의 라거맥주와 비슷한 맛이다.

에인스톡 아틱 페일 에일 | Einstok Arctic Pale Ale

부드럽게 목넘김이 좋은 맥주를 생산하는데 아이슬란드 여성들이 좋아한다. 바이킹의 투구를 보면 단번에 아이슬란드 맥주인 것을 알 수 있어 자연스럽게 손이 가는 맥주이다.

아이슬란드 마트

아이슬란드 공항에서 처음으로 만나는 수퍼마켓은 10~11, 레이캬비크의 보니스Bónus, 남부 지방의 비크Vik에서 보는 캬르발Kjarval 등 다양한 이름의 마트이다. 이들의 이름보다 우리에게 중요한 부분은 언제까지 이용할 수 있는가이다.

대부분의 아이슬란드 수퍼마켓 체인점(Hagkaup, Nóatún, Krónan)은 저녁 8~9시까지 문을 연다. 대형할인마트인 보니스Bónus, 네토netto는 좀 짧다. 보통 오후 6시에 닫는다. 기본적인 식료품을 파는 많은 동네상점들은 밤 10시나 더 늦게까지 열기도 한다.

보니스 | Bónus

아이슬란드 전역에 29개의 매장을 가지고 있는 아이슬란드를 대표하는 할인마트이다. 대도시 위주로 영업을 하는데, 특히 레이캬비크와 수도권에 집중 배치되어 있다. 다양한 식료품 가격이 저렴하여 주로 찾는 할인마트로, 보통 오후 6시에 닫는다.

월~목요일 11:00~18:30, 일요일 12:00~18:00(도시나 매장에 따라 영업시간이 다르기도 하니 확인)

10 · 11

아이슬란드의 공항에서부터 만나게 되는 편의점으로 24시간 문을 연다. 하지만 매장마다 24시간을 운영하지 않는 곳도 있다. 할인마트처럼 할인율은 크지 않지만, 늦은 시간까지 영업을 하기 때문에 백야로 활동이 많은 여름 아이슬란드 여행에서 보니스Bónus처럼 많이 찾는다. 레이캬비크의 수도권을 중심으로 매장이 있지만 북부의 아쿠레이리에도 매장이 있다.

네토 | netto

레이캬비크 시내와 남부지방을 빼고는 대부분 위치해 있는 할인마트이다. 아이슬란드 제 2의 도시인 아쿠레이리에서 태어난 마트로 식료품의 종류는 많지만 보니스보다 할인율이 작다. 규모로는 보니스와 거의 차이가 없어 아이슬란드여행에서 많이 보게 되는 마트이다.

캬르발 | Kjarval

아이슬란드 남부지방에만 있는 마트로 비크나 호픈 등의 남부지방에만 있는 할인마트이다.

크로난과 카스모 | Kronan & Kasmo

셀포스Selfoss와 후사비크Husavik에서 만나게 되는 마트로 고기와 식료품 등의 먹거리가 주로 매장에 배치되어 있다.

삼카우프 | Samkaup

아이슬란드의 동부와 북부 지방을 중심으로 있는 마트로 잘 모르는 여행자들이 많지만 오랜 아이슬란드 여행이라면 많이 찾게 된다. 저녁시간대에는 키오스크kiosk에서 식료품, 과자류 등을 판매한다. 삼카우프Samkaup체인점 중 주유소와 함께 있다면 20~22시까지 영업하는 경우가 많다.

아이슬란드 쇼핑

아이슬란드 여행객들의 관심사는 쇼핑이 아니라 주로 경이로운 풍경이다. 물가가 지나치게 높아 관광객들은 양털제품을 주로 구입한다. 아이슬란드 여행자가 늘어나고 관심이 변화하면서 아름다운 아이슬란드 의류, 화장품 등의 구입이 늘어나고 있다.
아이슬란드에서는 품질과 디자인에 제 값을 지불하려는 관광객들을 대상으로 하기 때문에 우리나라 여행자들은 디자인 제품을 구입하지 않고 있다. 하지만 대부분의 상점들은 세금을 돌려주는 텍스 리펀드tax refund를 시행하여 상품가격의 7~15퍼센트를 할인해 주고 있다.
쇼핑시간은 다양하다. 레이캬비크 라우가베루르의 가게들은 주말에 몇 시간밖에 열지 않거나, 아예 문을 닫는다. 서점과 토나르 같은 레코드가게들은 매일 늦게 까지 문을 연다.
(월~목 10~18시, 금 10~19시, 토 10~12시 또는 16시)

책 | Books

좋은 책들이 많지만 대부분 영어로 되어 있다. 에이문드 서점에서 구입할 수 있다.

의류 | Clothing

아웃도어와 하이킹 의류인 66 North가 유명하다. 가격은 높지만 의류들은 품질이 뛰어나고, 방수가 잘되며 디자인도 좋다. 유명한 디자이너로는 엔더슨Andersen & 라우스Lauth, 브리나Birna, ELM, 구스트GuSt, 스파크스만스캬르리르Spaksmannsspjarir같은 디자이너들이다.

음악 | Music

비요크와 시규어 로스가 아이슬란드의 최고 뮤지션으로 알려져 있지만 최근에는 어브 몬스터스 & 멘Of monsters & men 등이 알려지고 있으며 새로운 밴드도 계속 생겨나고 있다. 12 토나르에서 음악을 들을 수 있다.

양피 제품 | Sheepskin goods

가격은 비싸지만 질은 좋다. 모자, 슬리퍼, 장갑은 약 한화 4~9만원 정도에 구입할 수 있다.

양털 제품 | Woollen Goods

아이슬란드 양은 순종의 혈통을 이어오는 동물이며 양털은 최고의 품질을 자랑하는데, 튼튼하고, 자연방수가 되며 부드럽고 따뜻한 양모제품의 재료가 된다. 전통 문양의 손뜨개 스웨터lopapeysa를 만드는 재료가 되는 양털이다.

레이캬비크의 대부분 상점은 하프나스트레티Hafnarstræti, 아우스투르스트래티Austurstræti, 라우가베구르Laugavegur, 스콜라보르두스티구르Skólavörðustígur의 3개 거리에 집중되어 있으며 패션상점의 본거지이다. 할그림스키르캬 교회에서 대각선으로 내려오는 스콜라보르두스티구르Skólavörðustígur는 공예품과 디자인 제품의 구입이 가능한 곳이다.

택스 리펀드 받는 방법

아이슬란드에서는 4,000kr 이상을 구매하면 택스 리펀드를 받을 수 있다. 대부분의 나라에서는 공항에서 택스 리펀드를 받을 수 있지만 여행자를 위한 인프라를 잘 갖추고 있는 아이슬란드에서는 시내 곳곳에 위치한 인포메이션센터에서도 택스 리펀드를 받을 수 있다. 단 운영시간에만 택스 리펀드를 받을 수 있으니 시간에 맞춰 가야 한다. 저녁이나 아침 일찍은 어쩔 수 없이 공항에서 택스 리펀드를 받아야 한다.

레이캬비크 공항에서 받을 때는 1층으로 가지 말고 2층에 있는 Customs Check for Tax Free 표지판을 보고 찾아야 한다. 주의할 사항은 다른 유럽나라들과 다르게 검색대를 지나 출국심사를 한 후에 택스 리펀드를 받을 수 있다는 점이다. 엘리베이터를 타고 택스 리펀드Tax Refunf 간판을 보고 따라가면 빅토리아 시크리트 매장 옆 2번째에 위치하고 있다.

출국심사를 하고 택스 리펀드를 받았기 때문에 아이슬란드 돈인 크로나를 사용할 일이 없으니 되도록 신용카드로 환전받는 것이 좋다. 한국으로 아이슬란드 크로나를 가지고 와도 다시 우리나라 원화로 바꿀 수 없다는 점도 생각하자.

TAX FREE 란?
여행을 위해 방문한 국가에서 외국인이 여행 중에 구입한 물품을 현지에서 사용하지 않고 자국으로 가져간다는 조건으로 여행 중에 구입한 물건(품)에 붙은 부가가치세를 말한다.

아이슬란드 숙소에 대한 이해

아이슬란드 여행 강의를 하면 가장 많이 하는 질문이 숙소에 대한 것이다. 대부분 아이슬란드 여행이 처음이기 때문에 숙소예약이 쉽지 않다. 특히 가장 큰 문제는 요금인데 물가가 높은 아이슬란드에서 가격대비 괜찮은 숙소를 예약할 수 있는 방법은 없을까 고민한다.

1. 해외여행에서 일반적인 호텔을 이용한다면 당연히 룸 안에 샤워실과 화장실이 같이 있다고 생각한다. 그러나 아이슬란드 호텔은 다르다. 호텔은 공용욕실부터 시작해 침낭을 가져가야 하는 호텔도 많다. 호텔을 예약할 때는 반드시 공용욕실을 이용하지 않으려면 다음 단계의 가격으로 선택해야 한다.

2. 아이슬란드의 수도인 레이캬비크만 호텔이 많지, 다른 소도시에는 호텔보다 개인이 운영하는 게스트하우스, 아파트가 많다. 아파트는 연인이나 가족, 단체 여행객들이 같이 요리를 하고 대화를 나눌 수 있는 큰 공간이 있어서 유용하다. 전국에 호텔보다 아파트와 게스트하우스가 숫자가 많아 어디에서나 저렴한 가격에 이용할 수 있다.

3. 아이슬란드 농장인 팜할러데이스도 통나무집 형태로 상당히 좋은 시설을 저렴하게 제공하고 있다. 아직 아이슬란드 여행은 레이캬비크와 남부지방을 제외하면 여름 성수기에도 농장은 예약하기가 쉽다.

숙소 예약 추천 사이트

부킹닷컴 www.booking.com

에어비앤비와 같이 가장 많이 이용하는 숙박예약 사이트이다. 부킹닷컴에서 아이슬란드를 대부분 도시 위주로 검색하여 숙소를 찾으면 숙박비가 비싸므로 자신이 이동하는 지역을 찾아 근처에서 숙소를 찾으면 편리하게 저렴한 숙소를 찾을 수 있다.

팜할러데이스 www.farmholidays.is

숙박은 물론 렌트카와 여행일정까지 질문할 수 있어 아이슬란드를 여행할 때 알고 있으면 유용하다. 팜할러데이스의 특징은 렌트와 숙박을 묶어 패키지 형식으로 제공하고 있어 자신에 맞게 선택하면 된다.

① 메뉴에서 MAP을 클릭하면 아이슬란드 지도가 나오면서 오른쪽에 숙박형태가 보일 것이다.

② Farmhouse, Farmer's guesthouse 등을 선택하면 된다. 궁금한 것은 메일로 질문할 수 있고 예약도 사이트에서 가능하다.

아이슬란드 여행 준비물

아이슬란드 여행을 준비하면 아이슬란드가 춥다고만 생각하기 때문에 두꺼운 옷들만 챙기거나 아예 준비를 하지 않고 가는 경우가 많다. 하지만 아이슬란드의 여름여행에서는 가을정도의 날씨를 대비해 긴옷에 얇은 옷들을 여러벌 겹처입는 것이 보온에도 좋다. 왜냐하면 아이슬란드 추위의 대부분은 바닷바람이 주원인이기 때문이다. 아이슬란드 여행을 가기 전에 준비물 체크리스트를 보고 준비하면 편리할 것이다. 또한 렌트카여행을 다니는 특성으로 이동중에 점심 먹을 레스토랑을 찾기 힘들 수도 있다. 아파트나 게스트하우스에서 숙박을 정했다면 저녁에는 숙소에서 해결해야 할 수도 있기 때문에 출발 전에 아이슬란드에서 먹을 식량도 챙겨가면 유용하게 끼니 해결이 될 것이다.

분야	품목	개수	체크(V)
생활용품	수건(수영장이나 온천이용시 필요)	2~4	
	썬크림	1	
	치약(2개)	2	
	칫솔(2개)	2	
	샴푸, 린스, 바디샴푸	1	
	숟가락, 젓가락		
	카메라		
	메모리		
	두통약		
	방수자켓(우산은 바람이 많이 불어 유용하지 않음)		
	트레킹화(방수)		
	멀티어뎁터		
식량	쌀		
	커피믹스	1	
	라면	10	
	깻잎, 캔 등	10	
	고추장, 쌈장	3	
	전투식량	5	
	김	10	
	동결 건조김치	5	
	즉석 자장, 카레	5~10	
약품	감기약, 소화제, 지사제		
	진통제		
	슬리퍼		
	대일밴드		
	패딩점퍼		
	감기약		

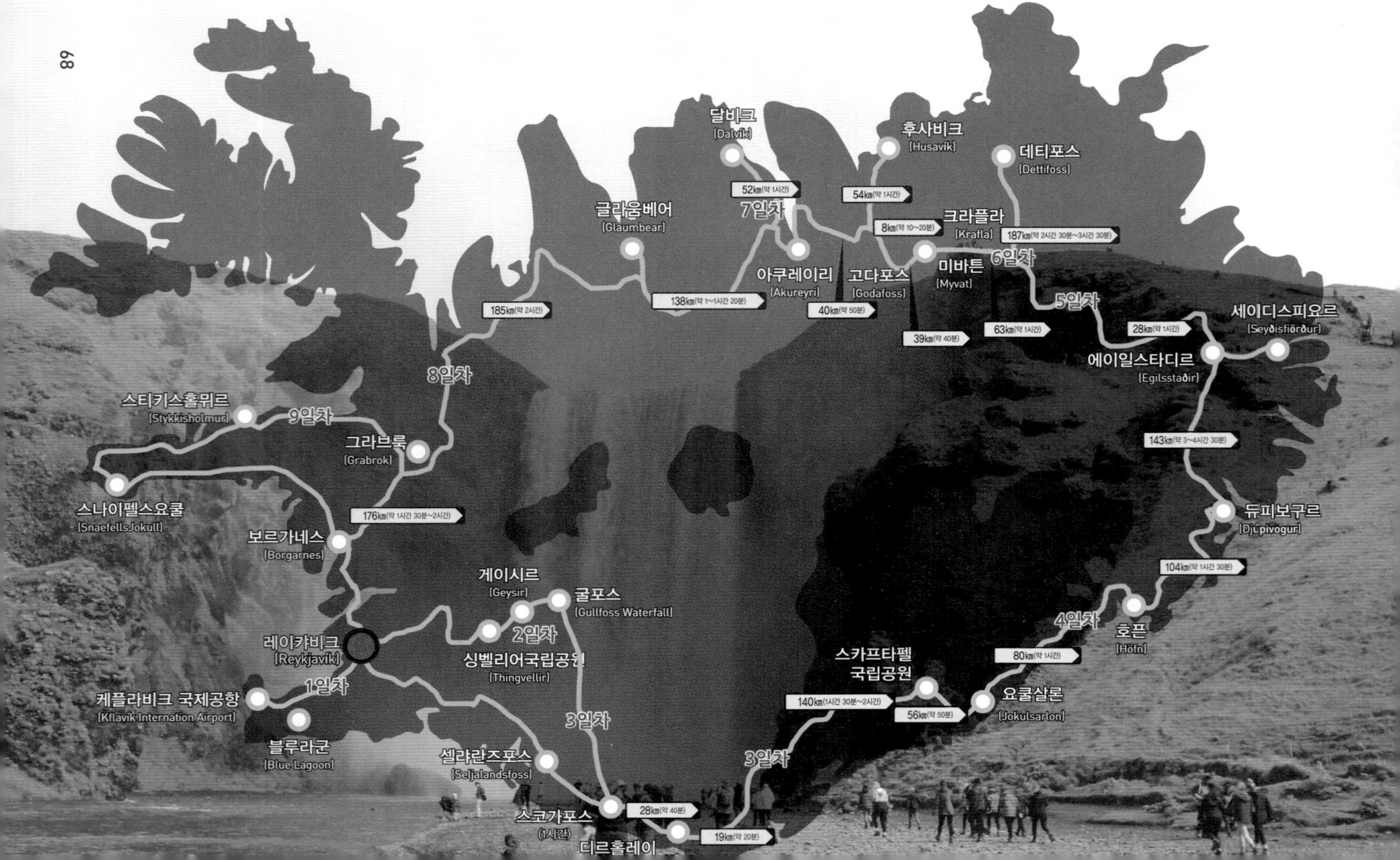
달비크
(Dalvík)
후사비크
(Husavík)
데티포스
(Dettifoss)
52km(약 1시간)
54km(약 1시간)
글라움베어
(Glaumbear)
7일차
8km(약 10~20분)
크라플라
(Krafla)
187km(약 2시간 30분~3시간 30분)
아쿠레이리
(Akureyri)
고다포스
(Godafoss)
미바튼
(Myvat)
6일차
185km(약 2시간)
138km(약 1~1시간 20분)
40km(약 50분)
5일차
세이디스피요르
(Seyðisfiörður)
28km(약 1시간)
39km(약 40분)
63km(약 1시간)
에이일스타디르
(Egilsstaðir)
8일차
스티키스홀뮈르
(Stykkisholmur)
9일차
그라브룩
(Grabrok)
143km(약 3~4시간 30분)
스나이펠스요쿨
(SnaefellsJokull)
176km(약 1시간 30분~2시간)
듀피보구르
(Djúpivogur)
보르가네스
(Borgarnes)
게이시르
(Geysir)
굴포스
(Gullfoss Waterfall)
104km(약 1시간 30분)
2일차
4일차
호픈
(Höfn)
레이캬비크
(Reykjavík)
싱벨리어국립공원
(Thingvellir)
스카프타펠
국립공원
80km(약 1시간)
1일차
케플라비크 국제공항
(Kflavík International Airport)
140km(1시간 30분~2시간)
56km(약 50분)
요쿨살론
(Jokulsarlon)
3일차
블루라군
(Blue Lagoon)
셀랴란즈포스
(Seljalandsfoss)
3일차
28km(약 40분)
스코가포스
(1시간)
19km(약 20분)
디르홀레이

아이슬란드 추천 일정

13박 14일 아이슬란드 탐험 코스

레이캬비크(2) – 골든서클(1) – 란드만나라우가 트레킹(2) – 스코가포스 – 디르홀레이 – 비크 – 요쿨살론 – 호픈(1) – 듀피보구르 – 에이일스타디르 – 세이디스피요르(1) – 데티포스 – 크라플라화산지대 – 미바튼(1) – 아쿠레이리(1) – 후사비크(1) – 서부 스나이펠스네스반도(2) – 블루라군(1)

10박 11일 구석구석 아이슬란드 일주코스

레이캬비크(2) – 골든서클(1) – 스코가포스 – 디르홀레이 – 비크 – 요쿨살론 – 호픈(1) – 듀피보구르 – 에이일스타디르 – 세이디스피요르(1) – 데티포스 – 크라플라화산지대 – 미바튼(1) – 아쿠레이리(1) – 후사비크(1) – 서부 스나이펠스네스반도(1) – 블루라군(1)

8박 9일 인기 있는 아이슬란드 코스

레이캬비크(1) – 골든서클(1) – 스코가포스 – 디르홀레이 – 비크 – 요쿨살론 – 호픈(1) – 듀피보구르 – 에이일스타디르 – 세이디스피요르(1) – 데티포스 – 크라플라화산지대 – 미바튼(1) – 아쿠레이리(1) – 블루라군(1) – 레이캬비크(1)

7박 8일 아이슬란드 일주코스

레이캬비크(1) – 골든서클(1) – 스코가포스 – 디르홀레이 – 비크 – 요쿨살론– 호픈(1) – 듀피보구르 – 에이일스타디르 – 세이디스피요르(1) – 데티포스 – 크라플라화산지대 – 미바튼(1) – 아쿠레이리(1) – 블루라군(1)

편안한 레이캬비크근교 투어코스

레이캬비크(2) – 골든서클(1) – 서부 스나이펠스네스반도(2) – 스코가포스 – 디르홀레이 – 비크 – 요쿨살론 – 호픈(1) – 블루라군(1)

5박 6일 효도관광코스

레이캬비크(2) – 골든서클(1) – 서부 스나이펠스네스반도(1) – 블루라군(1)

2박 3일 유럽인들의 단기여행코스

레이캬비크(1) – 골든서클 – 블루라군(1)

아이슬란드 여행 계획 짜기

1. '점'이 아니라 '선'을 따라가는 여행이라는 차이를 이해하자.

아이슬란드 여행강의나 개인적으로 질문하는 대다수가 여행일정을 어떻게 짜야할지 막막하다는 물음이었다. 해외여행을 몇번씩 하고 여행에 자신이 있다고 생각한 여행자들이 아이슬란드 여행을 자신만만하게 준비하면서 실수를 하는 경우가 많다. 예를 들어 우리가 유럽여행에서 런던에 도착을 했다면 3~5일 정도 런던의 숙소에서 머무르면서 런던을 둘러보고 다음 도시로 이동을 한다. 하지만 아이슬란드는 대부분 1번의 링로드를 따라 이동하기 때문에 자신이 이동하려는 지점을 정하여 일정을 계획해야 한다. 다시 말해 유럽은 각 도시를 점으로 생각하고 점을 이어서 여행 계획을 만들어야 한다면 아이슬란드는 도시가 중요하지 않고 이동거리(㎞)를 계산하여 여행계획을 짜야 한다.

밑의 샘플 아이슬란드 일정은 가장 일반적으로 아이슬란드를 여행하는 일정으로 계획해 두었는데 이동하는 지점마다 이동거리를 표시해 두었다. 이 일정을 참고해 자신이 아이슬란드의 여행 기간이 길면 링로드에서 벗어나 다른 관광지를 추가하거나 이동거리를 줄여서 여행한다고 생각하여 일정을 만들면 쉽게 여행계획이 만들어진다.

일정표

No.	일정	거리(㎞)
1일차	레이캬비크 시내관광	
	레이캬비크	
	싱벨리어 (Thingvellir)	52
	게이시르 (Geysir)	
	굴포스 (Gullfoss)	9.7
	셀포스 (Selfoss)	16.1
	이동거리	195.2
3일차	셀랴란즈포스 (Seljalandsfoss)	70.3
	스코가포스 (Skogarfoss)	13.8
	디르홀레이 (Dyrholay)	27.7
	레이니스피아라 (Reynisfiara)	19.9
	비크 (Vik)	10.8
	스카프타펠 (Skaftafell) 국립공원 & Svartifoss	140
	이동거리	297.9

No.	일정	거리(㎞)
4일차	스카프타펠 (Skaftafell) 국립공원 – 트레킹 4시간 바트나요쿨 (Vatnajokull)	
	요쿨살론 (Jokulsalon)	56.6
	호픈 (Höfn)	79.8
	이동거리	136.4
5일차	듀피보구르 (Djupivogur)	104
	흐발네스 (Hvalnes), 호르나 전망대	
	에이일스타디르 (Egilsstadir)	86
	세이디스피요르 (Seyðisfjörður)	26.4
	에이일스타디르 (Egilsstadir)	26.4
	이동거리	242.8
6일차	데티포스 (Dettifoss)	161
	크라플라 화산지대 (Krafla Geothermal Area) Viti 분화구 트레킹(30분~4시간까지 다양함) 레이후르뉴크르 (Leirhnjukur) – 필수코스!!	71.3
	흐베리르 (Hverir) 화산지대 – 1시간	
	미바튼 (Myvatn)	24.3
	고다포스 (Godafoss)	39.7
	이동거리	296.3

No.	일정	거리(㎞)
7일차	오전에 전 날 못 둘러본곳 보기	
	후사비크 (Husavik) – 고래투어(1시 투어 목표)	47.2
	아쿠레이리 (Akureyri) 7시 도착 목표	93.6
	이동거리	**140.8**
8일차	오전에 아쿠레이리 둘러보기	
	달비크	41.6
	사그루피요르	34.9
	호프소스 (Hofsos)	60.3
	글라움베어 (Glaumbaer)	51.5
	이동거리	307.3

No.	일정	거리(㎞)
9일차	스티키스홀뮈르 (Stykkisholrmur)	**200**
	그룬다피요르 (Grundafjordur) 마을	39.1
	스나이펠스요쿨 (Snaefellsjoekull) 국립 공원	56.7
	아르나르스타피 (Arnarstapi)	8.8
	이동거리	**381.3**
10일차	흐라운포사르 (Hraunfossar)	106
	레이크홀트 & 데일라르툰구르베르 (Reykholt & Deildartunguhver) – 흐라운포사르 서쪽에 위치한 작은 마을	17.4
	트레킹	
	2시까지 레이캬비크 도착 목표	**14.8**
	이동거리	238.2

2. 여름에는 백야를 겨울에는 극야를 알고 여행을 계획하자.

아이슬란드는 위도 65도에 위치하여 6~8월에 밤 12시에 해가 진다. 심지어 7월 초에는 아예 해가 안 지는 느낌도 받는다. 여름 여행에서는 낮의 길이가 길어 이동거리가 길어지기도 하고 오전에 일찍 출발하지 않고 오후에 출발해도 이동거리에는 영향을 받지 않는다. 반대로 겨울에는 10~4시 사이에 해가 진다. 밤의 길이가 매우 길어지는 극야로 오로라를 보기 위해 아이슬란드를 여행하는 관광객도 늘어났다. 마치 아이슬란드인들이 아침에 출근하는 모습이 저녁에 퇴근하는 모습처럼 느껴지기도 하니 9시까지 출근하는 우리의 모습과는 다른 장면이 아이슬란드에서 펼쳐진다.

예를 들어, 낮의 길이가 짧기 때문에 오전 10시 이후에 레이캬비크에서 출발하여 골든 서클을 보러가면 싱벨리어 국립공원을 보고 나면 해가 질듯할 수도 있다. 이때 시계를 보면 오후 1시 밖에 되지 않았지만 우리나라의 겨울에 4시 이후 같다. 그래서 게이시르를 지나 굴포스에 도착하면 어느새 해가 져서 굴포스의 저녁장면을 사진에 담을 수도 있을 것이다. 해가 뜨고 지는 시간이 짧으니 이동거리가 짧아지는 만큼 일정도 길어져야 할 것이다.

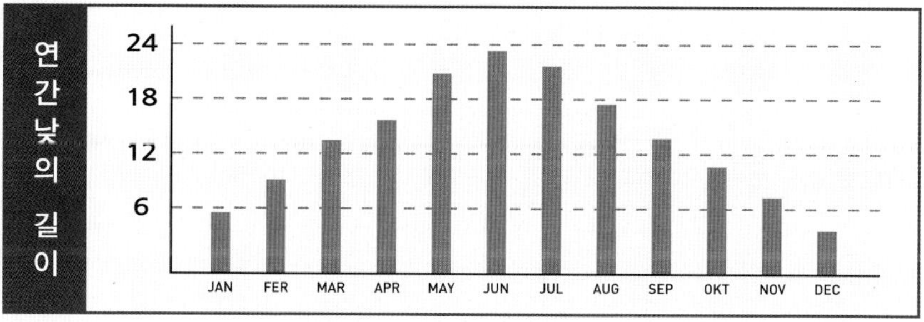

아이슬란드 캠핑

캠핑장 이용 방법

1. 캠핑장 사무실로 가자.

캠핑장의 사무실은 대부분 오후 6시 정도까지 열려 있으므로 사용 인원을 알려주고 계산하면 스티커를 받는다.(레이캬비크 캠핑장은 24시간 사무실을 운영한다) 다른 캠핑장은 늦게 도착해 직원이 없다면 먼저 텐트를 치고 캠핑장을 사용한 다음날 오전에 사무실로 가서 확인해 주면 된다.
이때 신용카드가 사용이 안 되는 경우도 간혹 발생하니 사전에 현금을 준비하자. 먼저 텐트를 치고 캠핑을 했다면 다음날, 스티커(문구 : Please connect the reception)가 붙어 있을 것이다. 사무실이 없는 캠핑장은 캠핑장 직원이 직접 받으러 다닐 수도 있다.(보르가네스 캠핑장은 직원이 매일 아침 확인)

2. 귀중품, 짐 보관

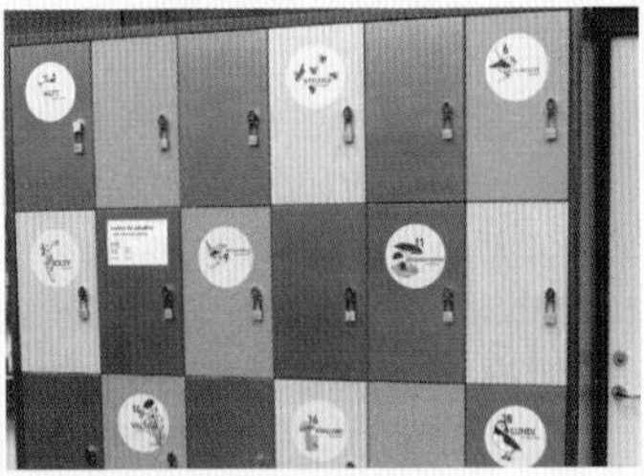

짐이 많다면 레이캬비크 캠핑장에 귀중품, 여행가방 보관(유료) 장소가 있으니 활용해보자.

3. 캠핑장비

캠핑 장비를 렌탈 하는 곳은 레이캬비크에 여러 곳이 운영 중이므로 캠핑장비 없이 와서 이용료를 내고 캠핑이 가능하다.

4. 취사

조리실이 있는 캠핑장에서는 반드시 조리실 내에서만 불을 피울 수 있다. 취사장이 없는 캠핑장은 캠핑장에서 취사가 가능하다. 레이캬비크 캠핑장의 취사장에는 캠핑족들이 사용하고 남은 조미료와 식재료들을 조리장에 두고 가므로 필요한 요리 물품은 캠핑장에서 이용하면 편리하다. 취사장이 없는 경우에는 바람막이를 두고 취사를 해야 안전하다. 다만 안전을 위해 춥다고 텐트 안에서의 취사는 매우 위험하니 삼가하자.

5. 화장실과 샤워실

화장실과 샤워시설이 있는 경우가 많지만, 샤워비용을 받는 캠핑장이 있다. 화장실에서 간단한 세면은 이용할 수 있다. 동전을 넣고 사용하는 코인식 샤워실이 있기도 하고, 캠핑비에 포함되어 무료인 곳도 있으니 각 캠핑장마다 확인해야 한다.(샤워실이 무료이면 시간을 제한하는 경우가 대부분이다) 여성들은 캠핑장의 샤워시설이 불편하면 각 도시의 수영장이 저렴하니 이용하는 것도 좋다.

6. 세탁

세탁기와 건조기는 대부분의 캠핑장에서는 사용하지 못한다. 캠핑장에서 세탁물을 직접 받아서 세탁을 해주기도 한다.(아쿠레이리 캠핑장은 사용이 가능)

7. 와이파이(wifi)와 충전

와이파이(wifi)는 캠핑장의 휴게실에서 무료로 이용할 수 있지만 휴게실이 없다면 캠핑장에서 와이파리의 사용이 불가능하다. 공항면세점에서 유심카드를 구입하여 사용하면 와이파이가 없어도 인터넷에 접속할 수 있다. 캠핑시 카메라, 핸드폰과 같은 전자제품들을 충전해야 다음날 사용할 수 있지만 충전코드는 개수가 적어서 멀리어뎁터를 가지고 가서 이용하면 편리하다. 여행 전에 차량에 충전할 수 있는 차량용 충전 잭을 미리 준비해도 좋다.

8. 날씨

아이슬란드의 날씨는 캠핑여행에서 중요한 요소이다. 비가 많이 온다면 캠핑이 힘들 수도 있기 때문에 캠핑여행은 날씨를 매일 확인해야 한다.

▶아이슬란드 날씨(기상, 온도, 지진, 빙하/화산) 현황 및 예보 확인 사이트

http://en.vedur.is

아이슬란드 최대의 대표적 레이캬비크 캠핑장

다운타운에서 떨어져 있는 라우가르달스라우그 지역에 위치해 있다. 아이슬란드에서 가장 크고(700동 수용) 시설이 좋은 캠핑장으로 휴게실과 조리실(전기렌지, 조리도구, 각종양념, Free Food 등)이 구비되어 있고 조리실 외에서는 불을 피울 수 없다. 또한 술은 마실 수 없다. 화장실과 샤워실은 여유롭게 사용이 가능하다. 캠핑장에 등록하기 위한 프런트는 24시간 개방하고 있다. 투어상담, 렌트예약이 가능하고 짐보관(유료)도 가능하다.(14번 버스 이용)

아이슬란드 항공 이용

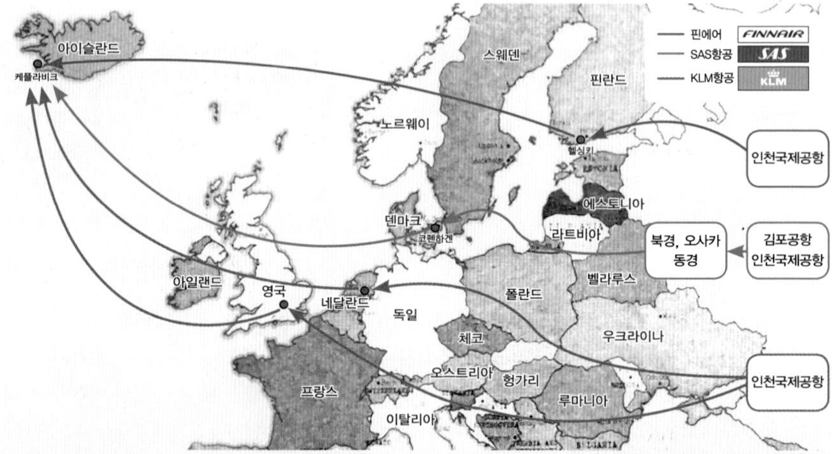

모든 국제선 항공은 레이캬비크Reykjavik에서 49㎞ 떨어진 케플라비크Keflavik 국제공항으로 도착한다. 모든 항공기가 도착하면 도착시간에 맞춰 공항버스가 있고 레이캬비크 중심가에서 1.5㎞ 떨어진 BSI버스터미널까지 이동하여 다시 각 지역의 숙소로 분리하여 재 탑승한 후 숙소까지(45분 소요) 데려다 준다. 티켓은 공항 출구에 있는 버스 티켓창구에서 살 수 있다.

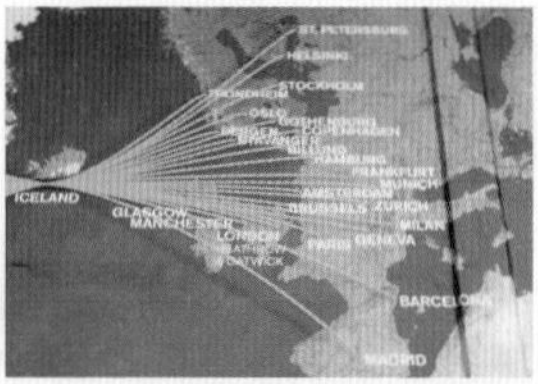

아이슬란드에어Icelandair가 아이슬란드로 가는 대부분의 항공이다. 핀에어Finair, 스칸디나비아 항공(SAS)를 타고 헬싱키나 코펜하겐 등의 경유를 해도 결국 마지막에는 아이슬란드 에어를 타고 케플라비크로 도착한다. 코드쉐어로 아이슬란드로 들어가는 노선은 아이슬란드 에어가 책임지고 있다. 아이슬란드 에어는 약 39개의 유럽과 북미를 잇는 노선이 있다.

여름에는 최저 가격에 구입하기 위해서는 미리 예약하는 것이 좋다. 런던에서 아이슬란드에어가 운항되는 곳은 히드로London Heathrow공항, 게트윅London Gatwick이다. 유럽에서는 암스테르담, 바르셀로나, 코펜하겐, 프랑크푸르트, 헬싱키, 오슬로, 파리, 스톡홀름, 북미에서는 보스톤, 덴버, 핼리팩스, 미니애폴리스, 뉴욕, 올랜도, 시애틀, 토론토, 워싱턴 D.C에서 운항된다. www.icelandair.co.uk 또는 www.icelandair.com에서 예약 가능하다.

아이슬란드로 가는 저가항공

이지젯(EasyJet)
아이슬란드로 가는 노선이 늦게 생겼지만 런던 루톤 공항London Luton에서는 매일 1회이상, 에든버러Edinburgh, 맨체스터Manchester에서 일주일에 두 번 정도 출발한다. 항공권 가격의 차이가 와우 항공처럼 심하지는 않다.
▶홈페이지 _www.easyjet.com

와우 에어(WOW Air)
와우 에어(WOW Air)의 항공권 가격은 자주 바뀌며 일찍 예약할수록 매우 저렴한 가격에 살 수 있다. 런던은 게트윅 공항과 루톤 공항, 코펜하겐 공항에서는 연중 내내 출발하며, 알리칸테Alicante, 바르셀로나Barcelona, 베를린Berlin, 파리Paris, 짤츠부르크Salzburg, 빌뉴스Vilnius, 바르샤바Warsaw에서는 매주 1회 출발하고 있다. 매년 노선이 달라지므로 최신 노선을 확인해야 한다.
▶홈페이지 _www.wowair.com

국내 항공사인 에어 아이슬란드(Air Iceland)
페로제도 또는 그린란드 사이를 연결하는 노선을 운행한다.

항공 동맹

각 항공사들은 서로 제휴를 통해 자신들이 취항하지 않는 도시나 나라의 영역을 넓혀서 좌석을 공유(코드쉐어)하는 항공동맹을 맺어 마일리지를 공유하고 공동 마케팅을 한다.

스카이팀Skyteam | www.skyteam.com
대한항공, 네덜란드항공, 러시아항공, 아르헨티나 항공, 멕시코 항공, 에어유로파, 에어프랑스, KLM, 알리텔리아, 중화 항공, 동방 항공, 남방 항공, 체코 항공, 델타 항공, 케냐 항공, 사우디아라비아 항공, 타롬루마니아 항공, 베트남 항공, 샤먼 항공, 가루다 인도네시아 항공, 중동 항공 등

스타얼라이언스Staralliance | www.staralliance.com
아시아나 항공, 스칸디나비아 항공, 아드리아, 에어 웨이, 아게안 항공, 에어 캐나다, 에어 차이나, 에어 인디아, 에어 뉴질랜드, 아나 항공, 오스트리아 항공, 브뤼셀 항공, 크로아티아 항공, 이집트 에어, 에티오피아 항공, 에바 항공, 폴란드 항공, 루프트한자, 싱가포르 항공, 남아프리아 항공, 스위스 항공, 포르투갈 항공, 타이 항공, 터키 항공, 유나이티드 항공

원월드Oneworld | www.oncworld.com
핀 에어, 영국 항공, 일본 항공, 에어 베를린, 아메리칸 항공, 케세이퍼시픽 항공, 란 항공, 말레이시아 항공, 콴타스 항공, 로얄 요르단 항공, S7 항공, 카타르 항공, 스리랑카 항공, 이베리아 항공

버스 / 페리 노선도

아르스코가산두르Árskógssandur **→ 호리세이**Hrísey

3월부터 10월까지 새바르Sævar페리가 매일 2시간 운행한다.(월~금 07:20~21:30, 토~일 09:30 / 왕복 1,700kr) 여름에는 주중에 아쿠레이리에서 버스가 제공된다.

▶**전화** : 695-5544

▶**홈페이지** : www.hrisey.net.

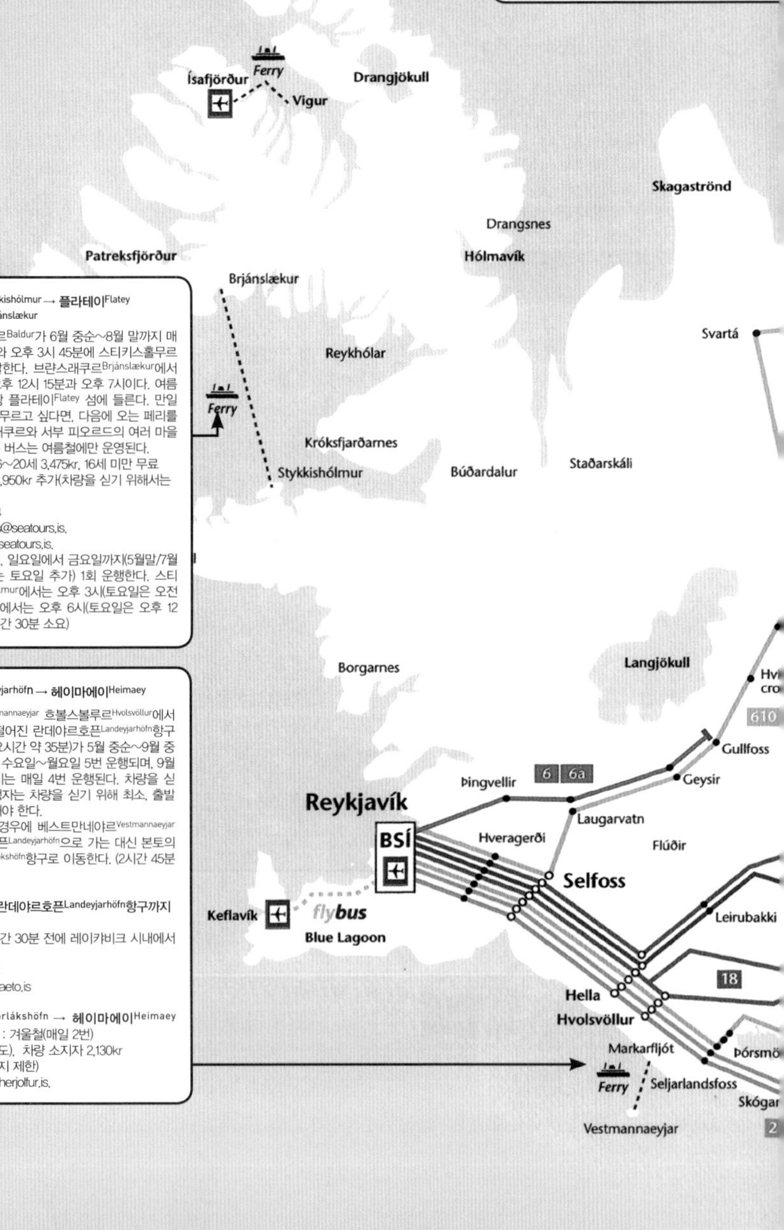

스티키스홀무르Stykkishólmur **→ 플라테이**Flatey
→ 브랸스래쿠르 Brjánslækur

카페리carferry 발두르Baldur가 6월 중순~8월 말까지 매일 두 번, 오전 9시와 오후 3시 45분에 스티키스홀무르Stykkishólmur를 출발한다. 브랸스래쿠르Brjánslækur에서 돌아오는 시간은 오후 12시 15분과 오후 7시이다. 여름철에는 중간에 항상 플라테이Flatey 섬에 들른다. 만일 플라테이 섬에서 머무르고 싶다면, 다음에 오는 페리를 타면 된다. 브랸스래쿠르와 서부 피오르드의 여러 마을들 사이를 연결하는 버스는 여름철에만 운영된다.

▶**요금** : 5,950kr, 16~20세 3,475kr, 16세 미만 무료
5m까지의 차량 4,950kr 추가(차량을 싣기 위해서는 예약 필수)

▶**전화** : 433-2254

▶**이메일** : seatours@seatours.is.

▶**홈페이지** : www.seatours.is.

이 외의 기간 : 매일, 일요일에서 금요일까지(5월말/7월초/8월말/9월초에는 토요일 추가) 1회 운행한다. 스티키스홀무르Stykkishólmur에서는 오후 3시(토요일은 오전 9시), 브랸스래쿠르에서는 오후 6시(토요일은 오후 12시)에 출발한다.(2시간 30분 소요)

란데야르호픈Landeyjarhöfn **→ 헤이마에이**Heimaey

베스트만네야르Vestmannaeyjar 흐볼스볼루르Hvolsvöllur에서 남동쪽으로 30㎞ 떨어진 란데야르호픈Landeyjarhöfn항구에서 가는 페리(소요시간 약 35분)가 5월 중순~9월 중순까지 화요일 4번, 수요일~월요일 5번 운행되며, 9월 중순~5월 중순까지는 매일 4번 운행된다. 차량을 싣고 이동하려는 여행자는 차량을 싣기 위해 최소, 출발 30분 전까지 예약해야 한다.

날씨가 좋지 않을 경우에 베스트만네야르Vestmannaeyjar 페리는 란데야르호픈Landeyjarhöfn으로 가는 대신 본토의 쏘르라크스호픈Þorlákshöfn항구로 이동한다. (2시간 45분 소요)

※레이캬비크에서 란데야르호픈 Landeyjarhöfn**항구까지 가는 버스**

페리 출발 시간 2시간 30분 전에 레이캬비크 시내에서 출발.

▶**전화** : 540-2700

▶**이메일** : www.straeto.is

쏘르라크스호픈Þorlákshöfn **→ 헤이마에이**Heimaey
(Vestmannaeyjar) : 겨울철(매일 2번)

▶**요금** : 1,260kr(편도), 차량 소지자 2,130kr
(1대, 5m까지 제한)

▶**홈페이지** : www.herjolfur.is.

달비크Dalvík → 그림세이Grímsey(흐리세이Hrisey 경유)

더 사파리The Sæfari가 월, 수, 금 오전 9시에 달비크Dalvík에서 출발하여 3시간 후에 그림세이Grímsey에 도착하고, 오후 4시에 그림세이Grímsey에서 출발한다.
아쿠레이리와 달빅을 연결하는 버스
▶요금 : 9,800kr(왕복)
▶홈페이지 : www.straeto.is
▶전화 : 458-8970, 853-2211
▶홈페이지 : www.landflutningar.is/saefari.

이사파르다르둡Ísafjarðardjúp → 요쿨피르디르Jökulfirðir → 호른스트란디르Hornstrandir

여름에만 이사피오르두르Ísafjörður에서 서부 피오르드의 다른 장소들로 가는 페리가 있다. 출발 날짜와 소요 시간이 다 다르며, 각각의 구간은 모두 가격이 다르다.
▶전화 : 456-5111
▶이메일 : westtours@westtours.is;
▶홈페이지 : www.vesturferdir.is.

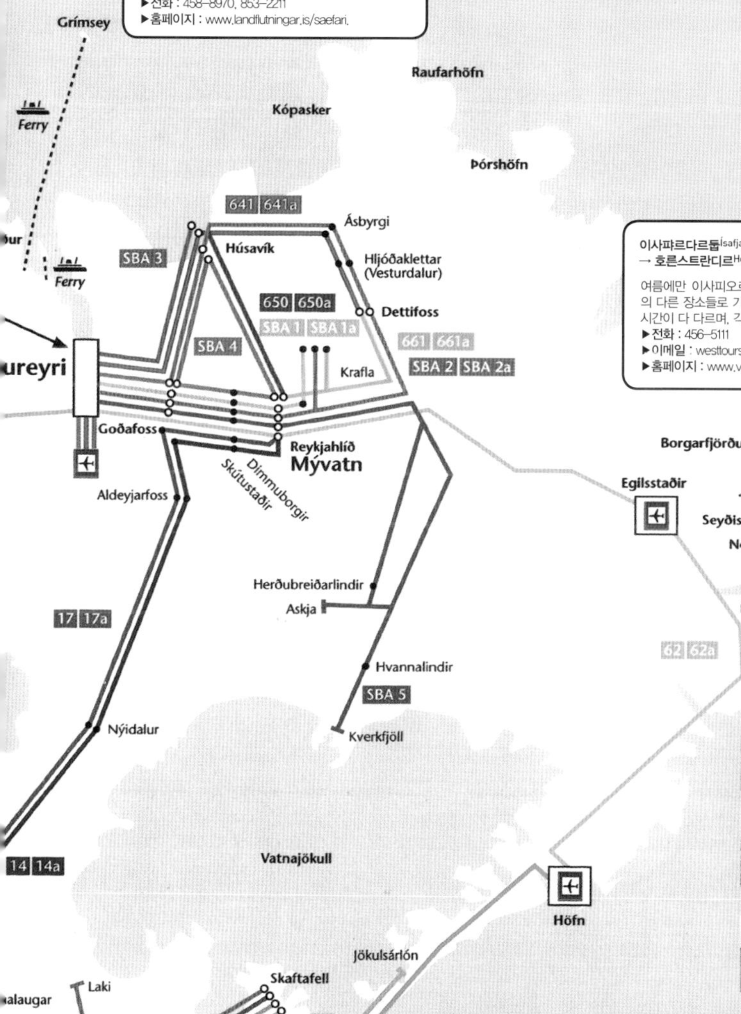

▲레이캬비크 익스커젼스

▲SBA-노르뒤르레이드

▲스테르나

▲아이슬란드 가이디드 투어스

▲아이슬란드 익스커젼스

▲버스트레블 아이슬란드

아이슬란드 버스/ 버스투어

아이슬란드는 아이슬란드를 둘러싸고 있는 1번도로를 따라 자동차로 여행하는 것이 편하게 세세히 여행하는 방법이다. 이 1번도로를 반지의 '링' 같다고 해서 링로드라고 부른다. 여름에는 투어버스나 버스 티켓을 이용해 아이슬란드 일주와 일부분 여행도 할 수 있다. 겨울에는 노선이 많이 줄어들어 수도인 레이캬비크 근처와 남부를 주로 이용할 수 있다.
아이슬란드는 렌터카를 이용하여 여행하는 경우가 더 많지만 요즈음은 가까운 서부나 남부는 버스를 타고 여행하기도 한다. 또한 투어를 이용하여 아이슬란드를 일주하는 경우도 많다. 유럽의 젊은 청춘들은 자전거를 타고 한 달 정도의 기간을 잡아 아이슬란드를 일주하기도 한다. 혼자서 아이슬란드를 여행할 때 렌터카를 이용하면 교통 비용이 더 많이 든다. 렌터카는 두 명 이상이 여행할 때 주로 이용하는 방법이다. 홀로 여행할 때는 교통 경비도 줄이고 다른 여행자들을 사귈 수도 있는 버스투어를 추천한다.

아이슬란드 장거리 버스는 4개의 회사가 운영하고 있다. 관광객의 증가로 소규모 버스 회사가 많아지고 있다. 버스 회사는 BSI라는 조직에서 관리하기 때문에 BSI 버스터미널(레이캬비크 시내지도 참조)로 가면 레이캬비크에서 출발하는 모든 버스 투어의 정보를 알 수 있다.
또한 버스패스도 구입이 가능하다. 관광안내소에 가면 버스투어와 버스패스에 대한 설명을 들을 수 있고 구입도 가능하다. 대부분의 노선은 6~9월에 1번도로를 따라 주요 도시와 서부 피오르드 지역으로 가도록 운영된다. 10월부터는 일부 구간에서만 버스 운행이 되니 BSI에서 확인해야 한다. 단, 노선버스는 하루에 1회 정도 운행하므로 시간을 잘 확인해서 여행 루트를 짜야 한다.

스테르나 버스패스

패스 종류	가격	운행 지역
풀서클 패스포트 (Full circle passport)	35,000kr	1번도로를 따라 도는 순환도로를 한쪽 방향으로 한 바퀴 돌 수 있는 패스로 원하는 곳에서 내릴 수 있다.
풀서클 & 서부 피오르드 (Full circle & the Westfjords passport)	51,000kr	풀서클 패스포트에 서부 피오르드 지역을 볼 수 있는 패스
아이슬란드 서부 & 서부 피오르드 (The West of Iceland & the Westfjords passport)	25,000kr	서부 피오르드와 스나이펠스네스 반도를 돌아오는 패스
스나이펠스네스 반도 (Snæfellsnes passport)	16,000kr	레이캬비크에서 출발해 스나이펠스네스 반도를 한 바퀴 돌아 다시 레이캬비크로 돌아오는 패스

※분실 시 재발급받을 수 있으나 환불은 받을 수 없다. 스테르나패스는 타고 지나간 코스는 다시 탈 수 없으니 조심해서 패스를 타야 한다. 다시 돌아가려면 추가로 패스를 구입해야 하기 한다.

레이캬비크 익스커전스 버스패스

패스 종류	가격	운행 지역
하이라이트 패스포트 (Highlights passport)	38,000~ 65,000kr	레이캬비크 근교와 남부, 즉 싱벨리어 국립공원, 게이시르, 굴포스, 란드만나라우가, 요쿨살론 등을 여행할 수 있는 패스이다.
하이랜드 서클 (Highland circle passport)	51,000kr	아이슬란드의 높은 지역인 스프랭기산뒤르, 키윌뤼르를 통과해 아이슬란드 북부를 돌아보는 패스

※레이캬비크 익스커전스 회사의 6, 9, 10, 11, 12, 14, 15, 16번 버스와 SBA-노르뒤르레이드 회사의 610, 641, 661번 버스를 무제한으로 이용할 수 있는 장점이 있다.

아이슬란드를 운행하고 있는 버스 회사와 운행 지역

버스 회사	홈페이지	운행 지역
레이캬비크 익스커젼스 (+354-580-5400)	www.re.is	케플라비크 국제공항과 레이캬비크의 구간과 골든서클, 남쪽 아이슬란드 노선
SBA-노르뒤르레이드 (+35-550-0700)	www.sba.is	아이슬란드 북쪽 지역(아쿠레이리와 근교)과 동부 지역(에이일스타디르와 세이디스피오르)
스테르나 (+354-551-1166)	www.sterna.is	아이슬란드 전역을 운행하고 있는 유일한 회사
스토르누빌라르 (+354-456-5518)	www.stjornubilar.is	서부 피오르드 지역을 운행하는 유일한 회사

아이슬란드의 투어 회사들

아이슬란드에는 많은 투어 회사가 운영되고 있다. 관광객이 늘어나고 있어 작은 규모의 회사가 계속 설립되고 있다. 레이캬비크에서 근교를 운행하는 투어가 가장 많고, 남부 아이슬란드를 운행하는 경우가 다음으로 많다.

요즘은 서부의 스나이펠스네스 반도를 운행하는 회사들도 조금씩 늘고 있다. 그래서 레이캬비크 근교와 남부는 투어를 이용하여 여행하거나 렌터카를 이용하는 경우가 대부분이다. 아이슬란드 북부와 동부를 여행할 때는 버스패스를 이용한다.

레이캬비크에서 투어를 운영하는 대표적인 투어 회사들

버스 회사	홈페이지	운행 지역
아이슬란드 가이디드 투어스 (+354-580-5400)	www.icelandguiededtours.is	케플라비크 국제공항과 레이캬비크의 구간과 골든서클, 남쪽 아이슬란드 노선
버스트레블 아이슬란드 (+354-511-2600)	www.bustravel.is	아이슬란드 북쪽 지역(아쿠레이리와 근교)과 동부 지역(에이일스타디르와 세이디스피오르)
아이슬란드 익스커전스 (+354-551-1166)	www.icelandexcurssions.is	아이슬란드 전역을 운행하고 있는 유일한 회사

※레이캬비크 익스커전스와 스테르나에서도 레이캬비크 근교와 남부로 가는 투어 상품을 운영하고 있다.

Hornbjarg
Bolungarvík
Suðureyri
Ísafjörður
Dranga-
jökull
Flateyri
Súða-
vík
Þingeyri
Húnaflói
Hofsós
Breiðafjörður
Stykkis-
hólmur
Búðar-
dalur
Grundar-
fjörður
Ólafsvík
Snæfells-
jökull
Blöndulón
Arnarvatns-
heiði
Hveravellir
Lang-
jökull
Kjölur
Borgar-
nes
Faxaflói
Reykjavík
Seltjarnarnes
Kópavogur
Garðabær
Mosfellsbær
Garður
Hafnarfjörður
Keflavík
Njarðvík
Sandgerði
Hvera-
gerði
Þjórsá
Hekla
Landmanna-
laugar
Selfoss
Hella
Grindavík
Þorlákshöfn
Hvols-
völlur
Þórsmörk

ICELAND

- **종교_** 루터교 복음파 93%, 기타 7%
- **언어_** 아이슬란드어, 영어로 대화가능.
- **인종_** 아이슬란드인 97%, 기타 3%
- **시차_** 10시간 느리다
- **통화_** Krona/Ikr(크로나)
- **1유로_** 172.3크로나.
- **1크로나_** 약 9원(2014년 06월 기준)
- **전압_** 220V/50 Hz
- **국가번호_** +354
- **비자_** 3개월 이내 비자면제

아이슬란드가 매우 추울 것이라는 오해

대서양 북쪽에 화산활동으로 생겨난 화산섬으로 최초로 아이슬란드를 발견한 바이킹은 북쪽의 빙하를 보고 이름을 지었다고 한다. 하지만 아이슬란드 전체가 얼음으로 덮여 있지는 않다. 빙하는 국토의 10분의 1 정도를 차지한다. 아직도 화산 활동이 활발하게 계속되고 있다.

나라 이름 때문에 아이슬란드는 굉장히 추운 나라라고 생각하는 사람들도 많지만 따뜻한 맥시코 난류의 영향을 받아서 북쪽에 있는 다른 나라들보다 날씨는 따뜻하다. 수도인 레이캬비크는 가장 추운 달의 평균 기온이 섭씨 영하 1도정도이다.

물 반, 물고기 반

아이슬란드의 자연은 아름답지만 땅이 얼음, 용암, 돌 따위로 덮여 있어서 농사를 짓기에 좋지 않은 환경이다. 그래서 농업이 별로 발달하지 못해 먹을 것을 해외에서 수입해야 한다. 대신 아이슬란드는 섬나라답게 옛날부터 물고기가 식량의 일부분을 담당했다. 지금도 아이슬란드는 대구와 별빙어가 많이 잡히고 다른 나라에도 수출하는 수산업이 발전하였다.

책 사랑과 민주주의

아이슬란드는 세계에서 최초로 의회가 생긴 나라이다. '알싱기'라고 부르는 의회에서는 섬 전체의 문제를 놓고 토의가 이루어졌다. 이처럼 앞서 가는 정치 문화를

바탕으로 세계 최초의 여성 대통령을 선출하였다. 이러한 민주주의의 역사 덕분인지 아이슬란드 국민들은 교육열이 매우 높다. 이러한 분위기에 걸맞게 사람들은 책을 열심히 읽는다. 특히 옛부터 전해진 북유럽의 전설을 기록한 문학을 '사가'라고 하는데, 이러한 전설을 다룬 책들이 인기가 많다. 사가 문학은 아이슬란드뿐만 아니라 북유럽과 세계 여러 나라에서 널리 읽히고 있다.

역사

아이슬란드는 8세기경까지는 무인도였으나 9세기경 아일랜드인 및 노르웨이인이 처음 이주하여 930년에 독립국가를 세웠다. 11세기 중엽부터 노르웨이, 14세기 말부터는 덴마크의 지배를 받아오다가 1918년 덴마크의 자치령이 되었고, 1944년 6월 17일 덴마크로부터 독립하여 아이슬란드공화국을 선포하고, 헌법을 제정하였다.

국가원수는 임기 4년의 대통령이며, 실제 정치권력은 총리를 중심으로 하는 내각에서 행사한다. 2008년 5월 그림손Olafur Grimsson 대통령이 4기로 선출되었으며, 그 아래 실권자 게일 힐마르 하이더Geir H.Haarde 총리가 2006년 6월 취임하여 내각을 이끌고 있다. 대외적으로는 중도좌우의 입장을 취하고 있으며, 1946년 유엔에 가입하였다. 자체 군대가 없기 때문에 국방은 미국을 중심으로 하는 나토NATO 통합군에 의지하고 있다.

한눈에 보는 아이슬란드 역사

874년	노르웨이 출신 방이킹 정착
903년	세계 최초의 의회, 알싱기 탄생
1000년경	크리스트교 전파
1262년	노르웨이에 합병
1944년	덴마크에서 독립
1980년	세계 최초의 여성 대통령 비그디스 취임

경제 / 문화

경제는 어업과 수산물가공업이 그 근간을 이루고 있으며, 특히 수산물 수출이 총수출에서 차지하는 비율이 75% 이상으로 국제수산물 가격 및 어획량에 따라 경제가 좌우된다고 할 수 있다. 다른 북유럽 여러 나라와 같은 문화권에 속하며 의료 · 교육 · 연금 등의 사회보장제도가 잘 되어 있다.

아이슬란드 문학

아이슬란드 문학을 일컬어 '사가Saga'라고 한다. 우리나라에게 낯선 나라기도 한 아이슬란드는 디지털 시대에 종이책이 최고의 문화상품으로 대우받는 나라이다. "누구나 태어날 때부터 배속에 자신만의 책을 갖고 있다"는 말이 있을 만큼 아이슬란드는 인구 대비 저술가 비율이 세계

에서 가장 높은 국가로 꼽힌다. 인구 약 32만 명 중 1권 이상의 책을 출간한 작가가 10%나 된다. 저자가 많은 만큼 출판업, 서점 업계도 호황을 누리고 있다. 독서 토론프로그램이 TV 황금시간대에 편성돼 높은 시청률을 기록하는가 하면, 크리스마스 인기선물로는 언제나 책이 1위를 차지한다.

'불과 얼음의 나라'로 불릴 정도로 빙하와 화산으로 뒤덮인 장엄한 자연환경 속에서 국민들이 자연스럽게 자연과 인간, 신과 인간의 관계를 생각하게 됐고, 자신이 직접 책을 쓰거나 다른 사람이 쓴 책을 읽기 좋아하는 성향이 '국민 기질'로 깊이 뿌리내렸다는 것이다.

온 국민이 독서광이다 보니 아이슬란드에서는 1년 내내 책 관련 페스티벌이 이어진다. 매년 봄 시즌에 레이캬비크에서 열리는 '북마켓' 행사는 마음에 드는 책을 사려는 사람들로 늘 북새통을 이룬다.

9월에는 '국제문학페스티벌', 10월에는 전국의 모든 학교와 도서관들이 공동 개최하는 '독서 페스티벌' 이 열린다. '독서 페스티벌'은 해마다 1권의 책 또는 하나의 주제를 선택해 온 국민이 함께 읽고 토론해보자는 취지에서 열리는 행사이다.

1955년 노벨 문학상을 수상한 소설가 할도르락스네스 등 아이슬란드 출신 작가들 중 세계적으로 인정받은 인물도 많다. 중세 아이슬란드 문학의 한 장르인 '사가'는 북유럽 신화와 역사적 인물들의 영웅담을 그린 이야기들로 가득하며 많은 중세 예술의 영감이 되었으며 대표적인 예로는 영국의 소설가 톨킨이 아이슬란드에 다녀 온 뒤 '반지의 제왕'을 쓴 것이라고 한다.

날씨

아이슬란드는 열대성 · 북극성 기류, 그리고 멕시코 만류와 동그린랜드 극해류의 영향을 받는다. 동그린랜드 극해류를 따라 때때로 북극 유빙이 아이슬란드로 밀려오지만, 멕시코 만류가 그 영향을 완화시키기 때문에 같은 위도상의 다른 나라보다 훨씬 기후가 따뜻하다.

겨울은 길고 춥지만 극한적인 추위는 없고 여름은 겨울보다는 따뜻하지만 여전히 추운 편이다. 내륙 산악지역을 제외한 7월 평균기온은 11℃ 정도이며 1월 평균기온은 0℃이다. 연평균 강수량은 남동 지역의 4,100㎜ 이상으로부터 중북부지역의 406㎜에 이르기까지 다양하다.

▶레이캬비크

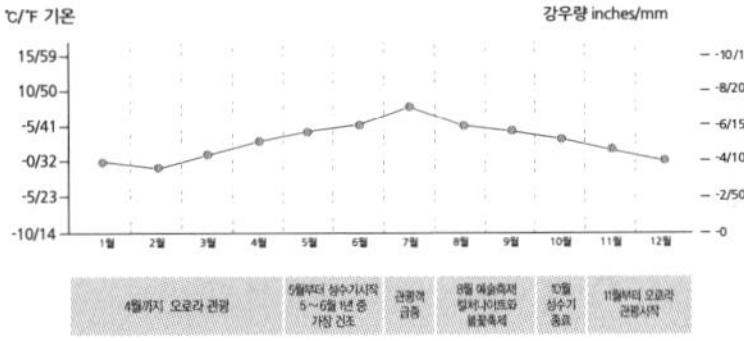

▶아쿠레이리

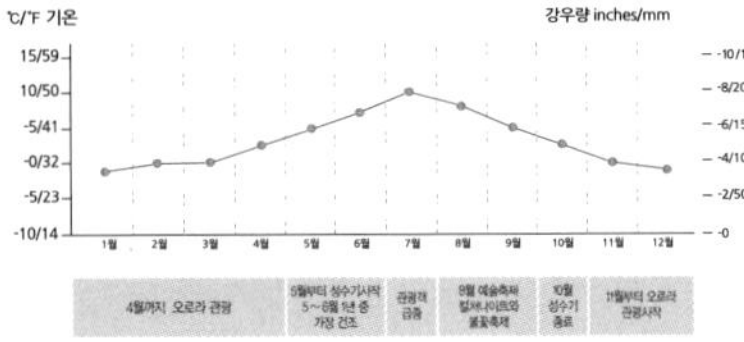

▶비크

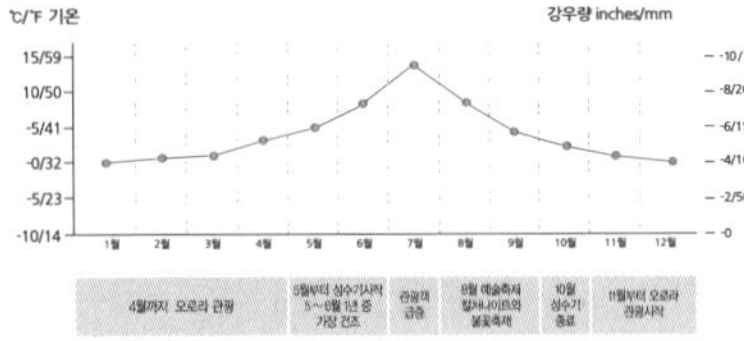

인터넷

다른 유럽보다 인터넷 접속이 쉽다. 하지만 이동 중에 인터넷을 사용하기는 쉽지 않다. 아이슬란드는 아직 다른 유럽과는 달리 우리나라 통신업체에서 제공하는 하루 무제한 데이터 사용지역이 아니므로. 패스트푸드점, 카페 등에서 무료로 제공하는 Wifi를 찾아 이용해야 한다.

환전

우리나라에서 아이슬란드 화페인 크로나를 환전할 수는 없다. 유로로 환전을 하고 나서 케플라비크공항에서 크로나(kr)로 환전해야 한다. 공항에서는 바로 무료로 환전할 수 있는 아이슬란드 은행이 있다. 도시에 있는 은행은 월~금요일까지 오전 9시 15분에서 오후 4시까지 이용할 수 있다. 은행들은 현금은 바꾸는데는 90~100kr의 수수료를 받는다. 대부분의 환전은 관광안내소나 구세군(5~10월)에서 바꾸면 된다.

예전의 심카드 사용방법

① 심카드 뒷면에는 PIN 번호가 적혀있는 부분이 있다. 처음 심카드를 사면 비밀번호(PIN Number)가 가려져있다. 가려진 부분을 동전으로 긁어내면 PIN번호 4자리가 나온다.

② 핸드폰에서 기존의 심카드를 뺀다음 siminn의 심카드를 넣어준다.

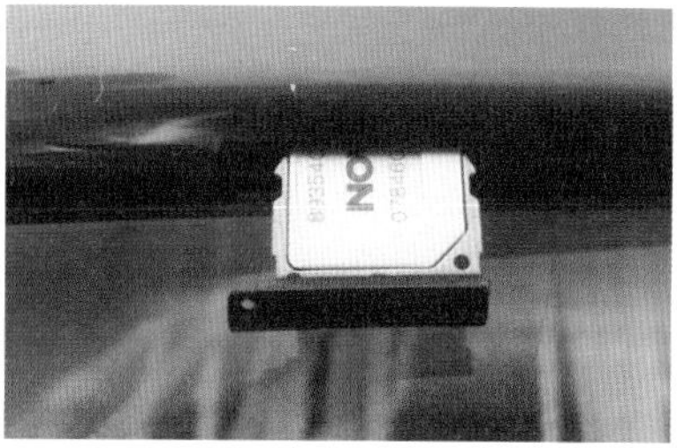

③ PIN 번호를 입력하라는 메세지가 나오면 PIN번호 4자리를 입력해준다. (PIN 번호는 3회이상 잘못입력하면 심카드를 사용할 수 없으니 번호를 수첩같은 곳에 적어놓는 것이 좋다.)

아이슬란드 렌트카 예약하기

글로벌 업체 식스트(SixT)

1. 식스트 홈페이지(www.sixt.co.kr)로 들어간다.

2. 좌측에 보면 해외예약이 있다. 해외예약을 클릭한다.

3. Car Reservation에서 여행 날짜별, 장소별로 정해서 선택하고 밑의 Calculate price를 클릭한다. (대부분은 케플라비크 공항에서 선택을 많이함)

4. 차량을 선택하라고 나온다. 이때 세 번째 알파벳이 "M"이면 수동이고 "A"이면 오토(자동)이다. 우리나라 사람들은 대부분 오토를 선택한다. 차량에 마우스를 대면 Select Vehicle가 나오는데 클릭을 한다.

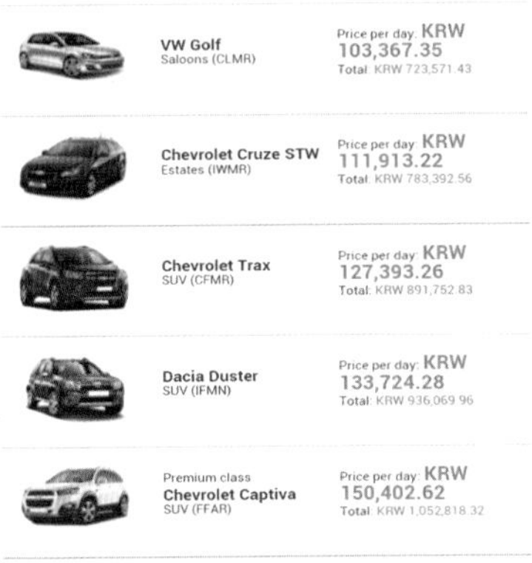

5. 차량에 대한 보험을 선택하라고 나오면 보험금액을 보고 선택하고 밑에는 Gravel Protection은 자갈에 대한 차량 문제일 때 선택하라는 말이고, 세 번째는 ash and sand로 말 그대로 화산재나 모래로 차량에 문제일 때 선택을 하

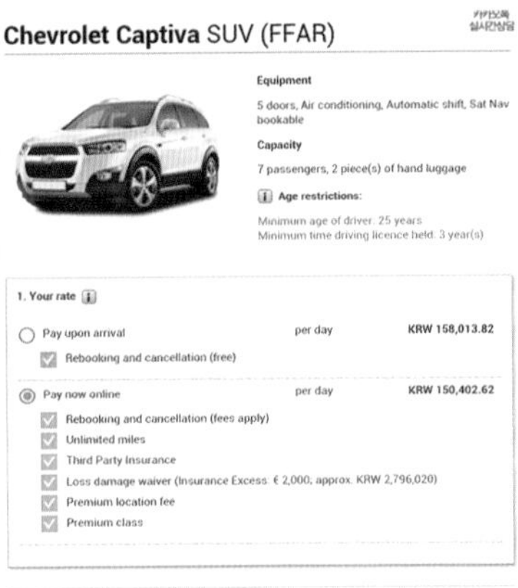

라는 이야기이다. 선택을하고 넘어간다.이때 세 번째에 나오는 문장은 패스하면 된다.

6. Pay upon arrival은 현지에서 차량을 받을 때 결재한다는 말이고, Pay now online은 바로 결재한다는 말이니 본인이 원하는 대로 선택하면 된다. 이때 온라인으로 결재하면 5%정도 싸지지만 취소할때는 3일치의 렌트비를 떼고 환불을 받을 수 있다는 것도 알고 선택하자. 다 선택하면 Accept rate and extras를 클릭하고 넘어간다.

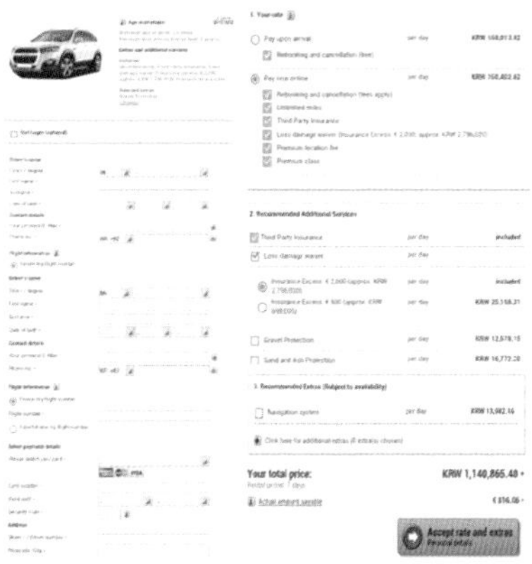

7. 세부적인 결재정보를 입력하는데 *가 나와있는 부분만 입력하고 밑의 Book now를 클릭하면 예약번호가 나온다.

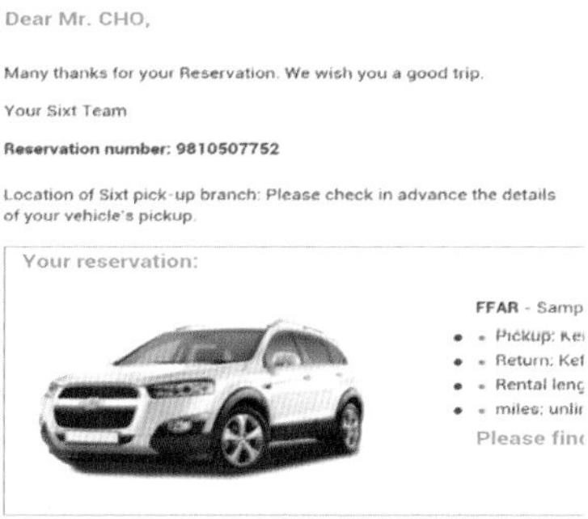
Dear Mr. CHO,

Many thanks for your Reservation. We wish you a good trip.

Your Sixt Team

Reservation number: 9810507752

Location of Sixt pick-up branch: Please check in advance the details of your vehicle's pickup.

Your reservation:

FFAR - Samp

- Pickup: Ke
- Return: Kef
- Rental leng
- miles: unli

Please fin

8. 예약번호와 가격을 확인하고 인쇄해 가거나 예약번호를 적어가면 된다.

9.이제 다 끝났다. 현지에서 잘 확인하고 차량을 인수하면 된다.

가민내비게이션 사용방법

1. 전원을 켜면 Where To? 와 View Map의 시작화면이 보인다.

2. Where To? 를 선택하면, 위치를 찾는 여러 방법이 뜬다.

- Address : street 이름과 번지수로 찾기 때문에, 주소를 정확히 알 때 사용
- Points of interes t: 관광지, 숙소, 레스토랑 등 현 위치에서 가까운 곳 위주로 검색할 때 좋다.
- Cities : 도시를 찾을 때
- Coordinates : 위도와 경도를 알 때 사용하며, 가장 정확할 수 있다.

3. 위치를 찾으면 바로 갈지(go) Favoites에 저장(save)해놓을지를 정하면 된다. 바로 간다면, 그냥 go를 누를 수도 있지만, 위치를 한번 클릭해준 후(이때 위치 다시 확인) GO! 를 누르면 안내가 시작된다.
Save를 선택하면 그 위치가 다시 한 번 뜨고 이름을 입력할 수 있다. 이 내용이 두 번째 화면의 Favorites에 저장되고, 즐겨찾기처럼, 시작화면의 Favorites를 클릭하면 언제든지 확인할 수 있다.

우리나라의 내비게이션과 조금 다른 점은,
* 전체 노선을 보기가 어렵다. 일단 길찾기를 시작하면, 화면을 옆으로 미끄러지듯 터치하면 대략의 노선을 보여주지만, 바로 근처의 노선만 확인할 수 있다.
* 우리나라 내비게이션처럼 1㎞, 500m, 200m앞 좌회전. 이런 식으로 반복해서 안내하지 않으므로, 대략적 노선과 길 번호 정도는 알아두면 좋다.
* Favorites를 활용하여, 이미 정해진 숙소나 갈 곳은 입력해놓고(address나 coordinates를 이용), 그때 그때 cities, points of interest 를 사용하여 검색하면 거의 못 찾는 것이 없다. 또 아이슬란드 지도은 테마별로 잘 만들어져 있어서, 인포메이션이나 호스텔, 렌터카회사 등에서 지도를 구하면 지도만 보고도 운전할 수 있을 정도로 도로정비와 표지판이 정확하다. 걱정하지 말자.

아이슬란드의 도로사정

아이슬란드의 도로는 일부 비포장도로를 제외하면 운전하기가 편하다. 운전에서도 우리나라와 차이가 거의 없다. 아이슬란드는 고속도로가 없고 해안을 따라 아이슬란드를 둘러싼 도로인 1번 국도만 있다. 1번 도로는 왕복 2차선 도로로 시속 90㎞정도의 속도를 낼 수 있다.
아이슬란드의 아름다운 자연을 보면서 가기 때문에 속도를 높여서 이동할 일은 별로 없다. 아이슬란드에는 일부 오프로드가 있고 그 오프로드는 운전을 피하라고 권하고 있다. 또한 렌트카를 오프로드에서 운전하다가 고장이 나면 많은 추가 비용이 나오기 때문에 오프로드를 운전할 거라면 보험을 풀full보험으로 해 놓고 렌트하는 것이 좋다.

도로 운전 주의사항
아이슬란드를 렌트카로 여행할 때 걱정이 되는 것은 도로에서 "사고가 나면 어떡하지?"하는 것이 가장 많다. 지금, 그 생각을 하고 있다면 걱정일 뿐이다.

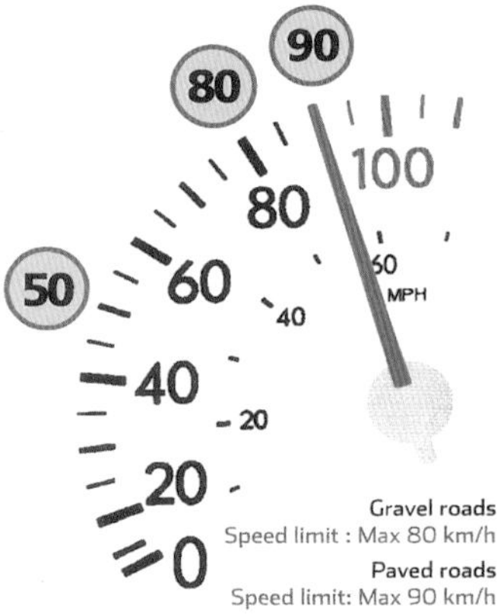

아이슬란드의 도로는 수도인 레이캬비크 정도를 제외하면 차량의 이동이 많지 않고 제한속도가 90㎞로 우리나라의 100㎞보다도 느리기 때문에 운전 걱정은 하지 않아도 된다.
레이캬비크를 제외하면 도로에 차가 많지 않아 운전을 할 때 오히려 차량을 보면 반가울 때도 있다. 렌트카로 운전할 생각을 하다보면 단속 카메라도 신경써야 할 것 같고, 막히면 다른 길로 가거나 내 차를 추월하여 가는 차들이 많아서 차선을 변경할 때도 신경을 써야 할거 같지만

아이슬란드는 중간 중간 아름다운 장소가 너무 많아 제한속도인 90㎞로 그 이상의 속도도 잘 내지 않게 되고, 레이캬비크를 제외하면 단속 카메라도 거의 없다.

시내도로

1. 안전벨트 착용

우리나라도 안전벨트를 매는 것이 당연해지기는 했지만 아직도 안전벨트를 하지 않고 운전하는 운전자들이 있다. 안전벨트는 차사고에서 생명을 지켜주는 생명벨트이기 때문에 반드시 착용하고 뒷좌석도 착용해야 한다. 운전자는 안전벨트를 해도 뒷좌석은 안전벨트를 하지 않는 경우가 많은데 뒷좌석에 탓다고 사고가 나지않는 것은 아니다. 혹시 어린아이를 태우고 렌트카를 운전한다면 아이들은 모두 카시트에 앉혀야 한다. 카시트는 운전자가 뒷좌석의 카시트를 볼 수 있는 위치에 놓는것이 좋다.

2. 도로의 신호등은 대부분 오른쪽 길가에 서 있고 도로 위에는 신호등이 없다.

신호등이 도로 위에 있지 않고 사람이 다니는 인도 위에 세워져 있다. 신호등이 도로 위에 있어도 횡단보도 앞쪽에 있다. 그렇기 때문에 횡단보도위의 정지선을 넘어가서 차가 정지하면 신호등의 빨간불인지 출발하라는 파란불인지를 알 수 없다. 자연스럽게 정지선을 조금 남기고 멈출 수밖에 없다. 횡단보도에는 신호등이 없는 경우도 있으니 횡단보도에서는 반드시 지정 속도를 지키도록 하자.

3. 비보호 좌회전이 대부분이다.

우리나라는 좌회전 표시가 있는 곳에서만 좌회전이 된다. 이것도 아직 모르는 운전자가 많다는 것을 상담을 통해 알게 되었다. 아이슬란드는 좌회전 표시가 없어도 다 좌회전이 된다. 그래서 더 조심해야 한다. 반드시 차가 오지 않음을 확인하고 좌회전해야 한다.

4. **우회전할 때 신호등이 빨간불이면 정지해야 한다.**

우리나라는 우회전할 때 횡단보도에 파란불이 들어와 있어도 사람들이 길을 건너가는 중에도 사람들 틈으로 차를 몰아 지나가는 것을 목격할 수 있지만, 아이슬란드에서는 '신호위반'사항이다. 신호등이 없으면 문제가 되지 않지만 우회전할 때 신호등이 서 있다면, 빨간불인지를 확인하고 반드시 신호를 지켜야 한다.

5. **신호등 없는 횡단보도에서도 잠시 멈추었다가 지나가자.**

횡단보도에서는 항상 사람이 먼저다. 하지만 우리는 횡단보도를 건널 때 신호등이 없다면 양쪽의 차가 진입하는지 다 보고 건너야 하지만, 아이슬란드는 건널목에서 항상 사람이 우선이기 때문에 차가 양보해야 한다. 그래서 차가 와도 횡단보도를 지나가는 사람들이 많다. 근처에 경찰이 있다면 걸려서 벌금을 물어야 할 것이다.

6. **시골 국도라고 과속하지 말자.**

수도인 레이캬비크를 제외하면 차량의 통행량이 많지 않아 과속하는 경우가 있다. 혹시 과속을 하더라도 마을로 들어서면 30㎞까지 속도를 줄이라는 표시를 보게 된다. 절대 과속으로 사고를 내지 말아야 한다. 렌트카의 사고 통계를 보면 주택가나 시골로 이동하면서 긴장이 풀려서 사고가 나는 경우가 대부분이라고 한다.

마을진입 표지판

마을 나왔다는 표지판

사람이 없다고 방심하지 말고 신호를 지키고 과속하지 말고 운전해야 사고가 나지 않는다. 우리나라의 운전자들이 아이슬란드에서 운전할 때 과속카메라가 거의 없다는 것을 확인하고 경찰차도 거의 없는 것을 알고 과속을 하는 경우가 많다. 재미있는 여행을 하려면 과속하지 않고 운전하는 것이 중요하다. 마을로 들어가서 제한속도는 대부분 30~40㎞인데 마을입구에 제한속도 표지를 볼 수 있다.

7. **교차로의 라운드 어바웃이 있으니 운행방법을 알아두자.**

우리나라에도 교차로의 교통체증을 줄이기 위해 라운드 어바웃을 도입하겠다고 밝히고 시범운영을 거쳐 점차 늘려가고 있다. 하지만 아직까지 우리에게는 어색한 교차로방식이다. 아이슬란드에는 교차로에서 라운드 어바웃Round About을 이용하는 교차로가 대부분이다.

라운드 어바웃방식은 원으로 되어있어서 서로 서로가 기다리지 않고 교차해가도록 되어있다. 교차로의 라운드 어바웃은 꼭 알아두어야 할 것이 우선순위이다. 통과할 때 우선순위는 원안으로 먼저 진입한 차가 우선이다. 예를 들어 정면에서 내 차와 같은 시간에 라운드 어바웃 원으로 진입하는 차가 있다면 같이 진입해도 원으로 막혀 있어서 부딪칠 일이 없다.(그림1)

하지만 왼쪽에서 벌써 라운드 어바웃으로 진입해 돌아오는 차가 있으면 '반드시' 먼저 라운드 어바웃 원으로 들어가서는 안 된다. 안에서 돌면서 오는 차를 보았다면 정지했다가 차가 지나가면 진입하고 계속 온다면 어쩔 수 없이 다 지나간 후 라운드 어바웃 원으로 진입해야 한다.(그림2)

아이슬란드는 우리나라와 같은 좌측통행 시스템이기 때문에 왼쪽에서 오는 차가 거리가 있다면 내 차로 왼쪽 차가 부딪칠 일이 없다고 판단되면 원으로 진입하면 된다. 라운드 어바웃이 크면 방금 진입한 차가 있다고 해도 충분한 거리가 되므로 들어가기가 어렵지 않다.

그림[1]

그림[2]

라운드 어바웃 방식에서 차가 많아 진입하기가 힘들다면 원안에 진입한 차의 뒤를 따라 가다가 내가 원하는 출구방향 도로에서 나가면 되고 나가지 못했다면 다시 한 바퀴를 돌고 나가면 되기 때문에 못 나갔다고 당황할 필요가 없다.

8. 교통규칙을 잘 지켜야 한다.

예를 들어 큰 도로로 진입할때는 위험하게 끼어들지 말고 큰 도로의 차가 지나간 다음에 진입하자.

매우 당연한 말이지만 우리나라는 큰 도로에 차가 있음에도 끼어드는 차들이 많아 위험할 때가 있지만 아이슬란드에서는 차가 많지가 않아서 큰 도로의 차가 지나간 후 진입하면 사고도 나지 않고 위험한 순간이 발생하지 않는다.

9. 교통규칙중에서도 정지선을 잘 지켜야 한다.

교차로에서 꼬리물기를 하면 우리나라도 이제는 딱지를 끊는다. 하지만 아직도 우리에게는 정지선을 지키지 않는 운전자들이 많지만 아이슬란드에서는 정지선을 정말 잘 지킨다. 정지선을 지키지 않고 가다가 사고가 나면 불법으로 위험한 상황이 발생할 수 있다. 정지선을 지키지 않아 사고가 나면 사고의 책임은 본인에게 있다.

1번도로

1. 아이슬란드의 1번도로는 대부분 왕복 2차선인데 앞차를 추월하려고 하면 반대편에서 오는 차와 충돌사고 위험이 있어 반대편에서 차량이 오는지 확인해야 한다.

레이캬비크를 제외하면 대부분의 도로가 한산하다. 가끔 앞의 차량이 서행을 하고 있어 앞차를 추월하려고 할 때 반대편에서 오는 차량이 있는지 확인을 하고 앞차를 추월해야 한다. 반대편에서 오는 차량과 정면 충돌의 위험이 있으니 조심하자. 관광지에서나 차량이 많지 대부분은 한산한 도로이기 때문에 마음의 여유를 가지고 운전하기 바란다.

2. 한산한 도로라서 졸음운전의 위험이 있다.

7~8월 때의 관광객이 많은 때를 제외하면 레이캬비크를 빼고 차량이 많지 않다. 어떤 때는 1시간 동안 한 대도 보지 못하

는 경우가 있어 오히려 심심하다. 심심한 도로와 아름다운 자연을 보고 이동하고 있노라면 졸음이 몰려와 반대편 도로로 진입하는 경우가 생길 수 있다. 졸음이 몰려오면 차량을 중간중간에 위치한 갓길에 세워두고 쉬었다가 이동하자. 쉬었다가 이동해도 결코 늦지 않다.

주유소에서 셀프 주유

아이슬란드의 셀프 주유소는 N1과 olis주유소가 대부분이다. 요즈음은 A/O라는 주유소가 저렴하게 생겨 가격경쟁을 벌이고는 있지만 아직까지 주유소의 수가 많지 않다.
기름값은 우리나라와 거의 비슷하다. 아이슬란드가 북유럽이라 비싼 기름가격을 생각했다면 우리나라와 비슷한 기름값에 놀라워할 것이다.
아이슬란드에서는 큰 도시를 제외하고는 주유소의 거리가 멀어 운전을 하다가 기름이 중간 이하로 된다면 주유를 하는 것이 좋다. 기름을 넣는 방법은 쉽다.

1. 렌트한 차량에 맞는 기름의 종류를 선택하자. 렌트할 때 정확히 물어보고 적어 놓아야 착각하지 않는다.
2. 주유기 앞에 차를 위치시키고 시동을 끈다.

3. 자동차의 주유구를 열고 내린다.
4. 신용카드를 넣고 화면에 나오는 대로 비밀번호와 원하는 양의 기름값을 선택한다. (잘 모르더라도 주유한 만큼만 계산되니 직접하지 않아도 된다.)

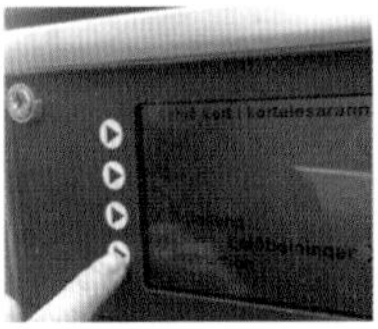

5. 차량에 맞는 유종을 선택한다. (렌트할 때 휘발유인지 경유인지 확인한다.)

6. 주유기의 손잡이를 들어 올린다. (혹시 주유기의 기름이 나오지 않을때는 당

황하지 말고 눈금이 '0'으로 돌아간 것을 확인한다. 0으로 안 되어있으면 기름이 나오지 않기 때문이다. 잘 모르면 카운터에 있는 직원에게 문의한다.)

7. 주유구에 넣고 주유기 손잡이를 쥐면 주유를 할 수 있다.
8. 주유를 끝내면 주유구 마개를 닫고 잠근다.
9. 현금으로 기름값을 계산하려면 카운터로 들어가서 주유기의 번호를 이야기하면 요금이 나와 있다.

이 모든 것을 처음에 잘 모르겠다면 카운터로 가서 설명해 달라고 하면 친절하게 설명하고 시범을 보여주기도 한다.
옆에 기름을 주유하는 사람에게 설명을 요청하면 역시 친절하게 설명해 주기 때문에 걱정하지 않아도 된다. 경유와 휘발유를 구분하지 못해서 걱정을 하는 여행자들도 있지만 주로 디젤의 주유기는 디젤이라고 적혀 있고 다른 하나의 손잡이는 휘발유다. 하지만 처음에 기름을 넣을 때는 디젤인지 휘발유인지 확인하고 주유해야 잘못 넣는 경우를 방지할 수 있다.

교통표지판

각 나라의 글자는 달라도 부호는 같다. 도로 표지판에 쓰인 교통표지판은 전 세계를 통일시켜놓아서 큰 문제가 생기지 않는다. 그래서 표지판을 잘 보고 운전해야 한다. 다만 아이슬란드에서만 볼 수 있는 교통표지판이 있어 미리 알고 떠나는 것이 좋다.

1차선 다리 펜스 없는 도로 절대 가지 말것

예를 들어 사진의 표시는 1차선 다리라는 표시이다. 동부지역은 1차선 다리가 많아서 다리를 건너기 전, 사진의 표시가 1㎞ 전에 표지판으로 나와 있고 다리 앞에는 도로에 표시가 되어 있다. 1차선 다리 지점이 끝나면 끝나는 표시가 나와 있다.

유료주차장에서 주차하기

아이슬란드에서는 대부분은 무료 주차장이지만 레이캬비크와 2번째로 큰 도시인 아큐레이리에는 유료주차장도 있다. 유료주차장도 2시간은 무료이므로 2시간이 지나면 주차비를 내면 된다. 또한 차량에 사진의 시계그림처럼 차량에 부착을 하여 자신이 주차한 시간을 볼 수 있도록 해 놓아야 한다.

1. 라인에 주차를 한다.
2. 주차증이 차량의 앞 유리에 보이도록 차량 내부에 놓는다.
3. 나올 때 주차요금 미터기에 돈을 넣고 원하는 시간을 누른다.

이 주차 표시증은 경찰서에 가서 받을 수 있다.

주차/교통위반 스티커

다른 유럽의 나라들처럼 아이슬란드에는 도로변에 무인주차 기계가 없다. 남한 면적의 크기에 인구는 32만 명 정도밖에 안 되기 때문에 아이슬란드인의 차량이 많지 않아 무인주차 기계가 필요없다고 볼 수 있다.
아이슬란드에서 한번도 단속 경찰을 본 적이 없다. 차량이 과속하는 경우도 별로 없고 차가 막혀 늦게 도착하는 경우가 없어 과속할 일도 없어서인지 아이슬란드에서는 교통을 단속하는 경찰을 볼 일이 없다.

운전사고

아이슬란드에서 운전할 때 도로에서 빠르게 가는 차들로 위험하지는 않지만 비가 오거나 바람이 많이 불어 도로가 위험해질 경우도 있다. 그럴 때는 갓길에 주차하고 잠시 쉬었다 가는 편이 좋다.
아이슬란드 속담에 "비가 오거든 30분만 기다리라"라는 속담처럼 하루에도 몇 번씩 기상상황이 바뀔 수 있기 때문에, 잠시 쉬었다가 날씨의 상태를 보고 운전을 계속 하는 편이 낫다. 렌트카를 운전할 때 도로가 나빠서 차량이 도로에 빠지는 경우는 많지만 차량끼리의 충돌사고는 거의 일어나지 않는다.
우리나라 사람들이 렌트카 여행할 때, 자동차 사고는 대부분이 여행의 기쁜 기분에 '방심'하여 사고가 난다. 안전벨트를 꼭 매고, 렌트카 차량보험도 필요한 만큼 가입하고 렌트해야 한다. 다른 나라에 가서 남의 차 빌려서 운전하면서 우리나라처럼 편안한 마음으로 운전할 수는 없다. 그러다 오히려 사고가 나니 적당한 긴장은 필수적이다.

그러나 혹시라도 사고가 난다면
사고가 나도 처리는 렌트카에 들어있는 보험이 있으니 크게 걱정할 필요는 없다. 차를 빌릴 때 의무적으로, 나라마다 선택해야 하는 보험을 들으면 거의 모든 것을 해결해 준다.
렌트카는 차량인수 시에 받는 보험서류에 유사시 연락처가 크고 굵직한 글씨로 나와있다. 회사마다 내용은 조금씩 다르지만 아이슬란드의 어느 지역에서든지 연락하면 30분 정도면 누군가 나타난다. 그래서 혹시 걱정이 된다면 식스트나 허

츠같은 한국에 지사를 둔 글로벌 렌트카 업체를 선택하면 한국으로 전화를 하여 도움을 받을 수도 있다.
렌트카는 보험만 제대로 들어있다면 차를 본인의 잘못으로 망가뜨렸다고 해도, 본인이 물어내는 돈은 없고 오히려 새 차를 주어 여행을 계속하게 해 준다. 시간이 지체되어 하루 이상의 시간이 걸리면 호텔비도 내주는 경우가 있다. 그래서 렌트카는 차량을 반납할 때 미리 낸 차량보험료가 아깝지만 사고가 난다면 보험만큼 고마운 것도 없다.

솅겐 조약

아이슬란드는 솅겐 조약 가입국이다. 아이슬란드를 장기로 여행하려는 관광객들이 갑자기 듣는 단어가 '솅겐 조약'이라는 것이다. 솅겐 조약은 무엇일까? 유럽 26개 국가가 출입국 관리 정책을 공동으로 관리하여 국경 검문을 최소화하고 통행을 편리하게 만든 조약이다. 솅겐 조약에 동의한 국가 사이에는 검문소가 없어서 표지판으로 국경을 통과했는지 알 수 있다. EU와는 다른 공동체로 국경을 개방하여 물자와 사람간의 이동을 높여 무역을 활성화시키고자 처음에 시작되었다.
솅겐 조약 가입국에 비자 없이 방문할 때는 180일 내(유럽국가중에서 솅겐 조약 가입하지 않은 나라들에 머무를 수 있는 기간) 90일(유럽국가중에서 솅겐 조약 가입한 나라들에 머무를 수 있는 기간) 까지만 체류할 수 있다.
유럽을 여행하는 장기 여행자들은 이 조항 때문에 혼동이 된다. 아이슬란드는 1년에 90일 이상은 체류할 수 없다.

솅겐 조약 가입국

그리스, 네덜란드, 노르웨이, 덴마크, 독일, 라트비아, 룩셈부르크, 리투아니아, 리히텐슈타인, 몰타, 벨기에, 스위스, 스웨덴, 스페인, 슬로바키아, 슬로베니아, 아이슬란드, 에스토니아, 오스트리아, 이탈리아, 체코, 포르투갈, 폴란드, 프랑스, 핀란드, 헝가리

Reykjavík

레이카비크

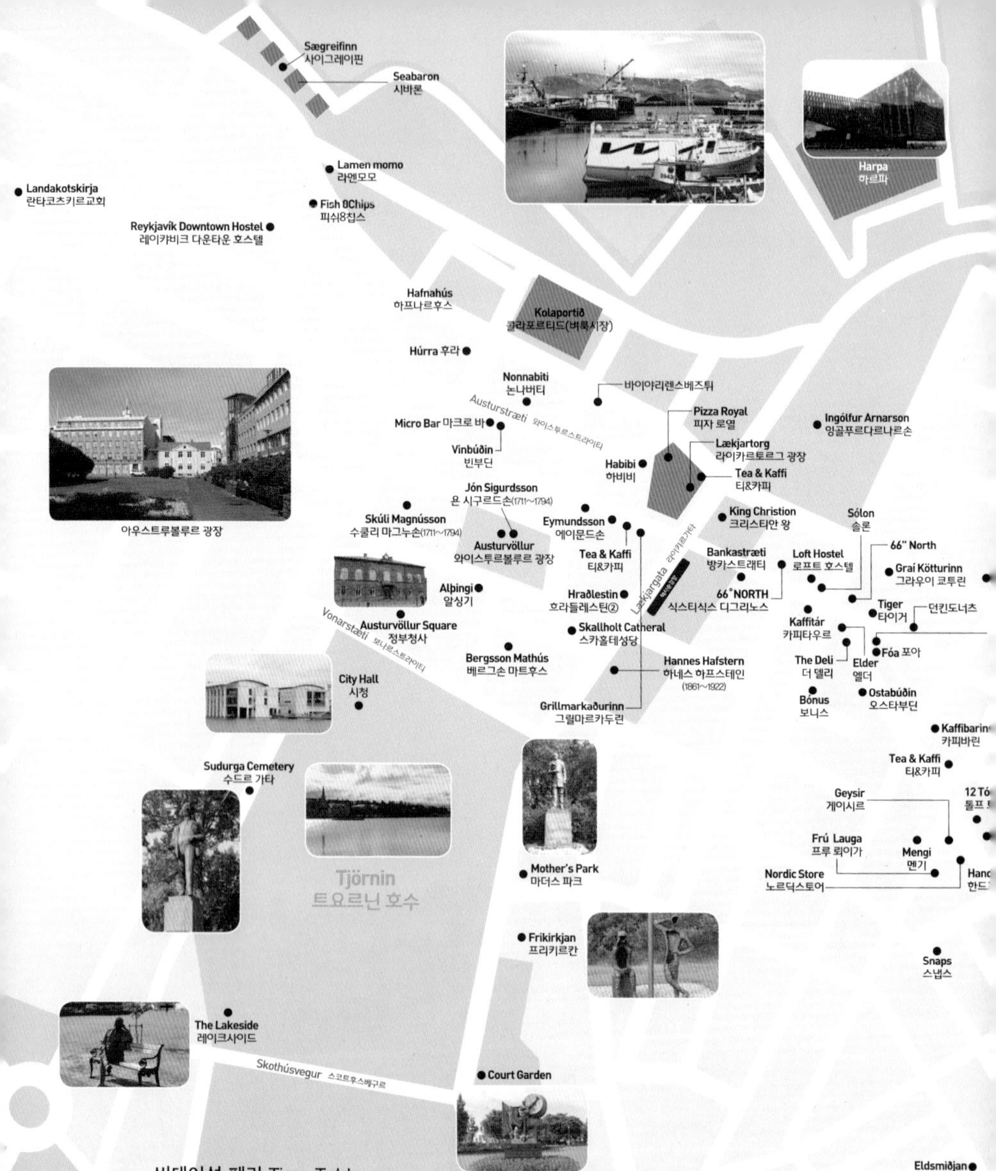

비데이섬 페리 Time Table

5/26~9/30									
하르파[Harpa] 출발			12:00			15:00			
From Skarfabakki	10:15	11:15	12:15	13:15	14:15	15:15	16:15	17:15	
To Skarfabakki 도착			12:30	13:30	14:30	15:30	16:30	17:30	18:30
하르파[Harpa] 도착		11:30			14:30			17:30	

10/1~4/14									
From Skarfabakki				13:15	14:15	15:15			
To Skarfabakki					14:30	15:30	16:30		

할그림스키르캬교회 전망대에서 바라본 풍경

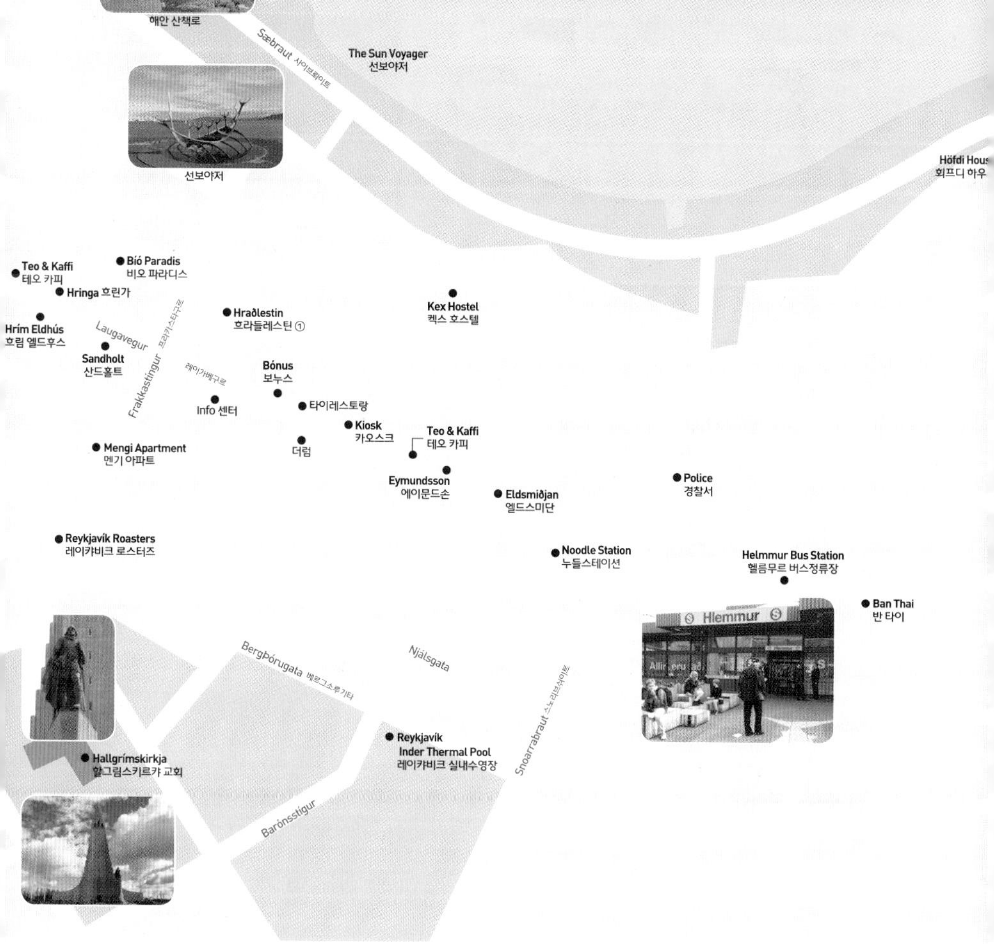

레이캬비크의 새로운 여행 방법

레이캬비크에는 코스를 만들어 여행을 하도록 안내하고 있다. 처음에는 도보여행과 자전거 여행을 홍보하더니 2015년부터 유럽에서 인기를 끌고 있는 인력거를 응용하여 관광 3인승 바이크와 세그웨이Segway까지 등장해 관광객들을 유혹하고 있다. 자전거와 세그웨이는 올드 하버Old harbour에서 빌릴 수 있다. 지금 전 세계에서 가장 핫Hot한 도시를 직접 경험하는 기회를 가져보자.

레이캬비크 핵심 자전거 여행

레이캬비크를 여행할 때 걷거나 자전거로 여행하는 방법보다 더 좋은 방법은 없을 것이다. 레이캬비크는 차량의 이동도 많지 않고 자전거로 거의 모든 곳을 다닐 수 있기 때문에 자전거로 여행하는 관광객은 많아지고 있어 자전거를 렌탈하는 장소도 늘어나고 있는 추세이다. 시내의 핵심만을 보는 코스Classic tour와 레이캬비크 전체를 다 둘러보는 코스Grand tour의 2가지로 나누어 진다.

일 정

1 **클래식 코스**(Classic tour/거리 2.4㎞/소요시간 : 2~3시간)
래캬르토르그 광장Lækjartorg square → 하르파Harpa → 올드 하버old habour → 카톨릭 교회 → 내셔널 갤러리 → 트요르닌 호수 → 시청사 → 의회건물

2 **레이캬비크 전체를 다 둘러보는 코스**(Grand tour/거리 4.3㎞/소요시간 : 5~6시간)
래캬르토르그 광장Lækjartorg square → 시청사 → 의회건물 → 올드 하버old habour → 하르파Harpa → 카톨릭 교회 → 새브라우트 해변 거리Sæbraut → 흘렘무르 버스 터미널Hlemmur → 할그림스키르캬 교회 → 스콜라보라루스타구르 거리skólavordustigur

많은 유럽의 관광객들은 자전거를 이용해서 레이캬비크를 여행하고 있다. 레이캬비크는 인구도 적고 도로의 이동도 별로 없어 안전하게 에코Echo여행을 할 수 있다. 자전거 여행의 시작은 래캬르토르그 광장Lækjartorg square에서 시작한다. 래캬르토르그 광장에는 인포메이션 센터가 있어 자료를 구하기가 쉽고 자전거를 렌탈하는 장소가 있기 때문이다.

1 클래식 코스

(Classic tour / 거리 2.4km / 소요시간 : 2~3시간)

하르파Harpa쪽으로 다가가면 바다를 볼 수 있다. 하르파는 레이캬비크 시민들이 문화생활을 즐기도록 만든 건물로 매달 다양한 공연을 열고 있다. 왼쪽으로 돌아 바다를 끼고 돌면 올드 하버old habour가 나온다.

옛날에 아이슬란드는 대부분의 경제생활이 어업으로 이루어지는 가난한 나라였다. 항구쪽에는 고래를 볼 수 있는 투어들과 자전거 렌탈가게들이 있고 고래고기 등을 먹어볼 수 있는 레스토랑들도 많이 있다. 점심때에 맞추어 여행이 시작된다면 점심을 먹고 이동하는 것도 좋은 생각이다.

올드 하버를 지나면 이제 옛날 레이캬비크가 처음 만들어진 거리를 향해갈 차례이다. 거리를 찾기 힘들다면 트요르닌 호수를 향해 올라가면 중간에 올드 스트리트를 지나가게 된다.

트요르닌 호수를 보고 오른쪽으로 돌면 카톨릭 교회가 나온다. 가톨릭 교회를 보고 트요르닌 호수를 돌아서 다시 최초 시작한 지점으로 돌아오면 시내의 핵심을 보는 클레식 자전거 여행이 끝이 난다.

2 레이캬비크 전체를 다 둘러보는 코스

(Grand tour / 거리 4.3㎞ / 소요시간 : 5~6시간)

유럽 관광객들이 많이 하는 자전거 여행 코스로 클래식 코스와는 반대로 시작한다. 트요르닌 호수와 시청사를 사이에 두고 가로질러 올드 스트리트Aðalstræti Street를 간다. 그곳에서 최초의 정착민들이 살았던 통나무집 등을 보고 지나간다. 다음으로 올드 하버를 지나가면서 초창기 레이캬비크를 생각해 볼 수 있는 코스로 바닷가 냄새를 맡을 수 있을 것이다.

올드 하버에는 고래투어와 자전거 렌탈 등의 투어상품을 많이 판매하고 씨바론 등을 비롯한 물고기 음식들을 판매하는 레스토랑이 많다. 하르파를 지나면서 현대적이며 아름다운 레이캬비크를 볼 수 있다. 특히 이 해안도로Sæbraut street는 해가 질때에 아름다운 장면을 연출하기 때문에 많은 관광객들이 시간에 맞추어 나와 사진을 찍는 장소이다.

해안도로를 달렸다면 다시 시내로 들어와야 한다. 버스를 갈아탈 수 있는 환승지점인 흘렘무르 버스 터미널Hlemmur로 들어가 잠깐 쉬도록 하자. 흘렘무르는 라우가베구르 거리로 들어가는 첫 지점으로 많은 버스들이 이곳에서 환승을 하고 버스 기사들은 이 곳에서 교대한다.

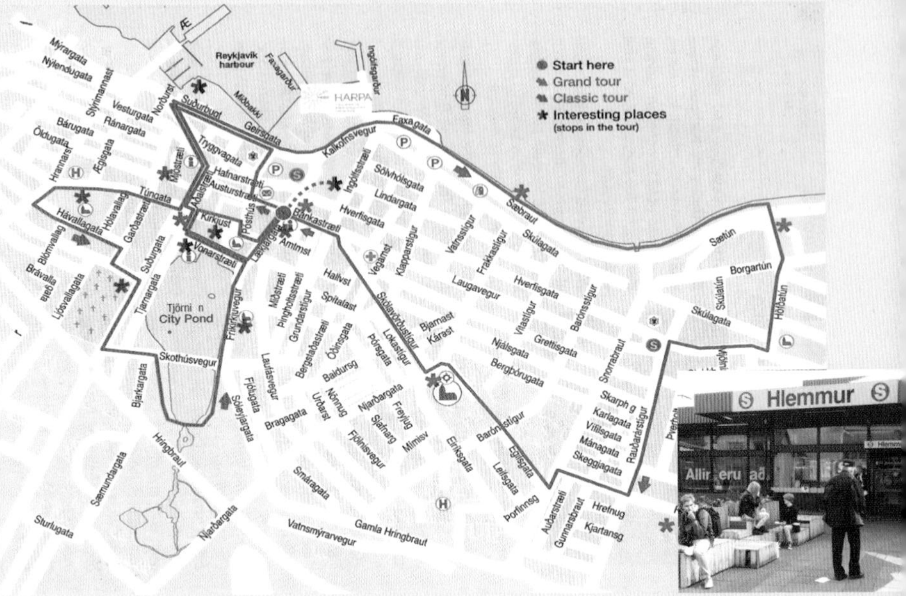

흘렘무르 버스 터미널을 지나서 이제 레이캬비크의 상징인 할그림스키르캬 교회를 보러 가자. 할그림스키르캬 교회를 가기 위해서는 우선 에길스가타Egilsgata 거리로 가야한다. 할그림스키르캬 교회에서는 내부부터 전망대(입장료 1,000kr)까지 올라가면 아름다운 레이캬비크를 다 둘러볼 수 있다. 또한 교회 앞에는 콜롬버스보다 500년이나 앞서 아메리카 대륙을 발견한 레이뷔르 에릭슨 동상이 대서양을 향해 바라보고 있다.

스콜라보라루스티구르 거리 skolavordustigur를 자전거로 내려오면 스릴감도 느낄 수 있지만 사람들이 지나는 도로이기 때문에 속도를 적당히 내야 사고가 나지 않는다. 이 거리는 많은 갤러리와 주얼리 상품을 파는 가게들이 많지만 레스토랑이 점점 들어서고 있는 추세이다. 다시 트요르닌 호수가 보이는 처음 지점으로 오면 끝이 난다.

>>: Sara Riel:<< 12.7 2012
THOMAS KORN

VERSLU
Guðsteins Eyjólfssor

IT'S THE
-14-
HIP HOP!
YO!

레이캬비크 시내의 유명한 5개의 동상들

크리스티만4세 (1863~1906)
▶위치 : 정부청사 앞

잉골푸르 아르나르손
아이슬란드에 처음으로
정착한 사람

팔라스아테나(지혜의신)
▶위치 : 멘타스콜린의 앞

한네스 하프스테인
아이슬란드 초대 총리

프리스틱 프리드릭슨
(아이슬란드 YMCA창시자)
▶위치 : 후아르후시드 식당 앞

레이캬비크 시내 버스 노선도

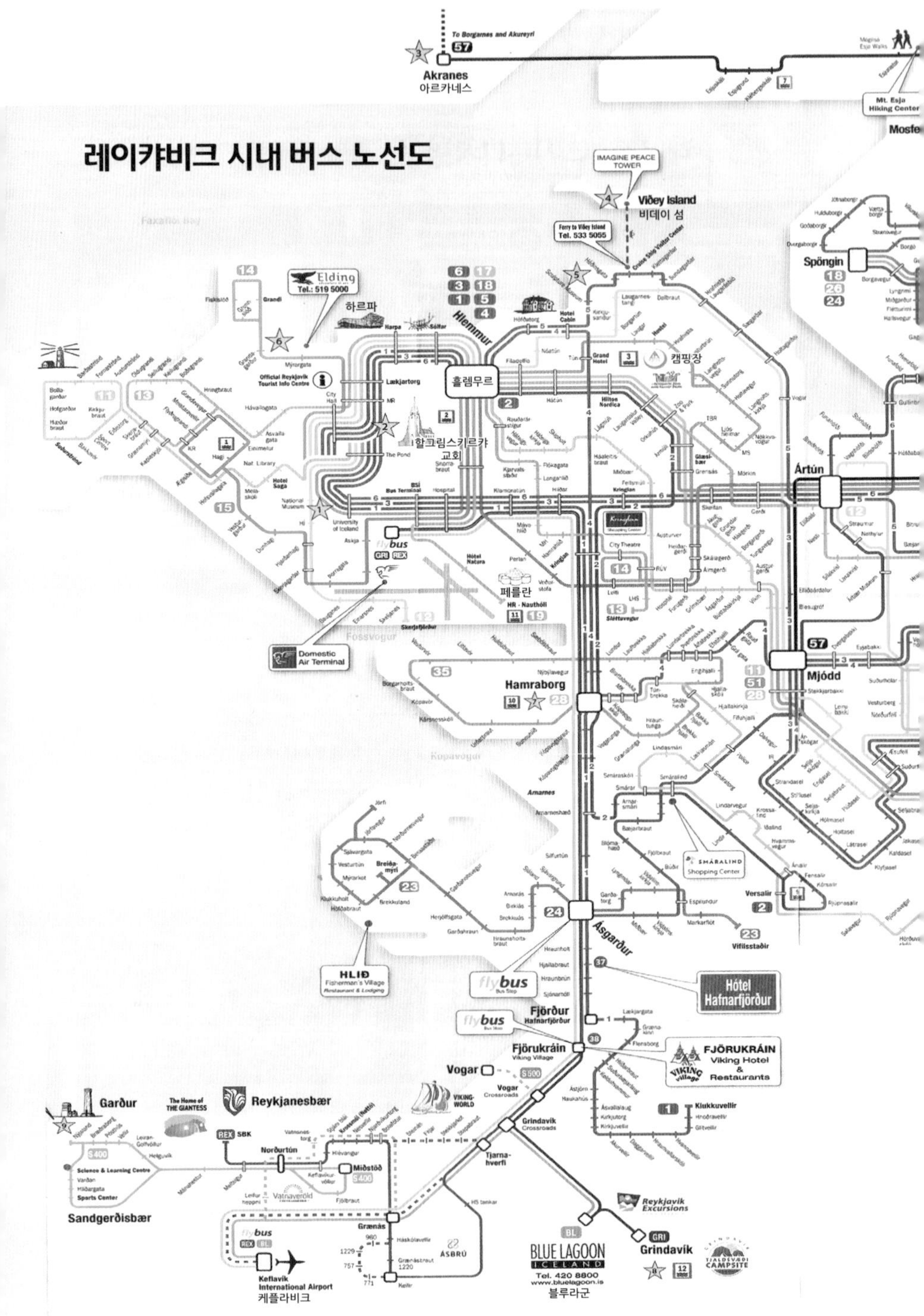

도착지	버스번호
시내중심	1 3 6 11 12 13 14
민속박물관	5 12 19 24
BSI버스터미널	1 3 6 14 15 19
국내공항	15 19
크링란쇼핑몰	1 2 3 4 6 13 14
스마라랜드쇼핑센터	2 24 28
아쿠레이리와 북쪽 지역	57

Nain Termainals	Route no.
시내중심	1 3 6 11 12 13 14
델무드	1 2 3 4 5 6 11

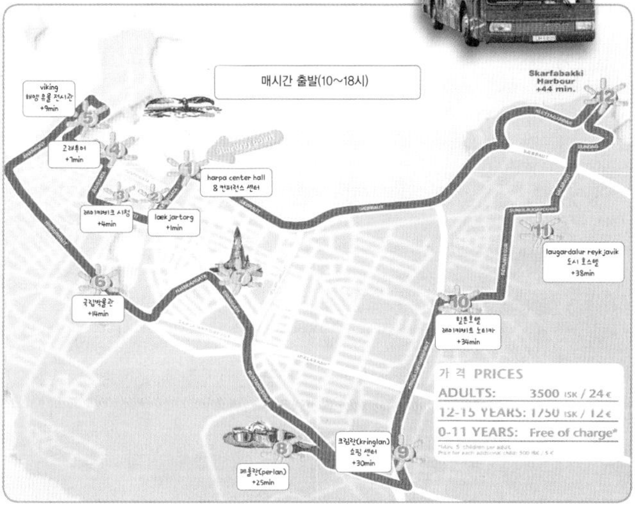

REYKJAVÍK

전 세계에서 가장 북쪽 위도 65°에 위치한 아이슬란드의 수도 레이캬비크는 밝고 다채로운 도시이다. 문화적 명소와 여흥거리가 풍부한 레이캬비크에서는 중심가에서 놀랄 정도로 가까운 거리에 공원은 물론 야생동물도 만나볼 수 있다. 최초 정착민 잉골푸르는 도시의 상공으로 피어오르는 연기를 보고 그의 새로운 터전을 '연기가 자욱한 해안'이라는 뜻으로 '레이캬비크'라고 이름 지었다.

현재 라우가달루르Laugardalur 지역에서 수증기가 구름처럼 뭉쳐있는 것을 보았기 때문이다. '연기'는 천연지열온천에서 나왔던 증기로, 모순적이게도 바로 그 똑같은 '연기'가 오늘날 레이캬비크를 오염 없는 청정도시로 만들고 있다. 스나이펠스요쿨Snæfellsjökull이 신비롭게 빛나는 수평선 언저리까지 내려다 보고 있다.

도시의 역사

여행자들은 레이캬비크가 작은 도시인지 큰 마을인지 종종 헷갈려 한다. 아이슬란드 전체 인구의 1/3이 살고 있는 이 도시는 아이슬란드의 정치, 기업, 문화, 지식의 중심이다.

레이캬비크와 그 주변 도시는 20세기 후반과 21세기 초에 걸쳐 급속히 성장하였다. 이 도시들이 현재 대도시권을 형성하고 있으며 이를 가리켜 그레이트 레이캬비크Greater Reykjavík이라고 부른다. 최근의 경제 위기로 이 지역을 빠져 나가는 사람이 많아졌지만 여전히 20만 여명의 보금자리가 있으며, 이는 아이슬란드 전체 인구의 약 2/3에 해당한다.

도시 지역은 구도시 중심에서부터 동쪽으로 약 11km까지 뻗어 있다. 대도시권 대부분의 마을은 신도시에 무색무취한 곳으로 코파보구르Kópavogur도 이에 해당한다. 코파보구르는 최근 몇 년 간 크게 성장하여 인구수 3만 2천여 명으로 아이슬란드에서 두 번째로 인구가 많은 도시이다. 코파보구르가 자랑스레 내세우는 것 중 하나는 아이슬란드에서 가장 큰 쇼핑몰인 스마우랄린드Smáralind로, 2001년 10월 문을 열었다. 레이캬비크에서 투어를 떠나면 하프나피오르Hafnarfjörður와 베사스타디르Bessastaðir 등과 같은 흥미롭고 역사적인 장소를 방문하는 것이 좋다.

현재의 레이캬비크

여행자들에게 구시가지는 분명히 수도에서 가장 매력적인 부분이다. 알록달록한 집과 카페, 갤러리 등으로 밀집된 도시 중심부와는 대조적으로 레이캬비크 동쪽 외곽으로 나가면 칙칙한 아파트와 복잡한 도로가 뻗어 있다.

도시 전체는 지난 10~15년 간 변화를 겪고 있다. 한 때 여행객들이 레이캬비크를 아이슬란드여행을 가기 전, 단순히 경유하여 지나가는 곳으로 생각했다면, 이제는 레이캬비크 자체가 하나의 목적지가 되어 가고 있다. 힘 있고 독특한 문화는 여행자들에게 꾸준한 매력요소로 작용하고 있다. 무엇보다 인구 11만 9천 명의 어느 도시가 국제적으로 칭송 받는 심포니 오케스트라에, 두 메이저 전문 극장 회사에, 수많은 독립 연극단에, 오페라 회사에, 국립 발레단에, 국립미술관, 시립미술관까지 보유하고 있단 말인가? 여기에 더해, 더 작은 규모의 독립 갤러리와 소규모 장소들이 1년 내내 끊임 없이 전시, 리사이틀, 연극 공연을 제공하며 해마다 열리는 예술 축제는 국제적으로 유명한 수많은 예술가들을 불러 모은다.

라우가베구르 거리
Laugavegur

1차선 쇼핑거리 라우가베구르 거리Laugavegur에서는 여유있게 얘기를 나누며 길을 걷는 사람들을 쉽게 볼 수 있다. 그러면 운전자들은 차를 세우고 일단 기다려야한다. 아무리 많은 차들이 뒤에 있어도 말이다. 여름이 되면 고래는 만에서 수영을 하고, 사람들은 의회 근처로 피크닉을 나오고, 아이들은 자정까지 길거리에서 뛰어 논다.
고도가 더 높은 곳으로 올라가면, 한쪽의 만에서부터 꼭대기가 평평한 에스야Esja산까지 한 눈에 보이며, 이곳이 북극권의 도시라는 것을 다시 한 번 깨닫게 된다. 이곳이 바로 9세기 말, 수 차례의 과오를 거친 끝에 아이슬란드의 "공식적인" 정착이 시작된 곳이다. 아이슬란드 최초 정착민이라는 칭호를 받은 잉골푸르 아르나르손Ingólfur Arnarson은 신의 결정에 따라 구시가지 중심에 집을 지었다.

하프나스트레티 거리
(항구 거리)

외이스투르스트라이티와 거의 교차로 돼 있는 하프나르스트레티(항구 거리)는 더 이상 항구에 면해 있지 않다. 하프나르스트라이티에는 오래된 건축 역사를 엿볼 수 있는 세관, 세무서와 40년 정도 된 두어개의 펍이 있지만, 하프나르스트라이티 남쪽면에 있는 건물은 19세기까지 거슬러 올라간다. 트리그바가타Tryggvagata 17번지에는 하프나르후스Hafnarhús가 있는데, 레이캬비크 미술관 소속 3개의 갤러리 가운데 하나로 사용되고 있다. 이 건물은 전에 항구의 창고로 사용되던 것을 개조하였다.

홈페이지_ www.listasafnreykjavikur.is
Open_ 매일 10:00~17:00, 목 20:00까지

할그림스키르캬 교회
Hallgrímskirkja Church

레이캬비크의 중심가인 라우가베구르 거리를 따라 걷다가 내려가면 정부기관이라기에는 매우 소박한 총리관사와 정부청사를 볼 수 있다. 라우가베구르 거리에서 왼쪽 언덕을 바라보면 로켓처럼 보이는 할그림스키르캬 교회가 있는데 레이캬비크에서 가장 높은 건물이다. 이 교회는 주상절리를 형상화하고 윗부분은 바이킹의 모자를 나타낸 모양을 하고 있다. 내부는 심플하고 밝다. 엘리베이터를 타고, 이어서 계단을 올라가면 전망대가 나오는데 레이캬비크 시내의 전경을 한눈에 내려다 볼 수 있다. 전망대에 오르면 바람이 강하다. 겨울에는 차가운 바람을 각오해야 한다.

입장시간_ 매년 6월 중순~8월 09:00~20:00,
9월~6월 중순 09:00~17:00
입장료_ 무료(전망대는 1,100kr)

전망대에서 시내를 내려다보면 수채화의 파레트를 펼쳐놓은 것처럼 형형색색의 집들이 사랑스럽다.
호수의 동쪽 길을 따라 오르막길을 오르면, 눈길을 끄는 현대식 콘크리트 건축물인 할그림스키르캬 교회Hallgrímskirkja church 가 우뚝 서 있다. 화산폭발로 형성된 현무암 기둥 형태를 따와 민족주의 형식으로 지어졌다. 작은 엘리베이터를 타고 73m 짜리 탑의 끝으로 올라가면, 레이캬비크 최고의 경관과 생각 보다 가까운 스나이펠스네스 반도를 마주할 것이다. 맑은 날에는 사람들이 말하기를, 영원을 볼 수 있다. 교회 앞에는 크고 인상적인 레이푸르 에릭손Leifur Eiríksson의 동상이 있다. 이 "아메리카 대륙의 발견자' 1930년 알싱기 설립 1000주년 기념으로 미국으로부터 받은 선물이다.

욘 시구르드손 동상
Jón Sigurðsson

최초 정착민 잉골푸르는 그의 새로운 터전을 레이캬비크Reykjavík(연기 나는 해안)라고 이름 지었다. 현재 라우가달루르Laugardalur 지역에서 수증기 덩이가 피어오르는 것을 보았기 때문이다. '연기'는 천연지열온천에서 나왔던 증기로, 모순적이게도 바로 그 똑같은 '연기'가 오늘날

레이캬비크를 오염 없는 도시로 만드는 데 일조하고 있다.

잉골푸르는 아직도 동상의 형태로 우리 곁에 남아 있다. 최초 정착민은 아르나르홀 언덕Arnarhóll hill 꼭대기에 위치해 있고, 그의 등은 컬처하우스를 향해 있다. 동상은 항구에서부터, 맑은 날이면, 북쪽으로 100㎞ 정도 떨어진 곳의 스나이펠스요쿨Snæfellsjökull이 신비롭게 빛나는 수평선 언저리까지 내려다 보고 있다.

최초의 아메리카 대륙발견, 빈란드

빈란드 사가The Vínland sagas(그린란드인들의 사가이자 붉은 머리 에릭의 사가)는 에릭의 아들 레이푸르Leifur에게 더 먼 곳을 발견한 공을 돌리고 있다. 나이 든 에릭은 아들과 여정을 함께한 파트너였으나 그린란드를 떠나는 배로 돌아오는 길에 말의 등에서 떨어져 발에 부상을 입었다. 아들 레이푸르는 혼자 항해에 나섰으나 첫 기항지는 음울하도록 쓸모 없는 곳이어서 "헤틀룰란드Helluland"("돌의 땅" – 래브라도 섬 북부)라는 것 이외의 상상은 펼칠 수도 없었다.

남쪽의 온도가 올라가면서 살 수 있는 환경이 나아지면서 섬은 "마르클란드Markland"(나무의 땅)로 불리게 되었다. 또한 그는 이곳의 기후가 매우 온화하여 겨울에 소를 먹일 꼴을 따로 벨 필요가 없다고 생각했고, 정착 생활을 고려하였다. 그의 독일 수양아버지가 주위를 둘러보고 난 후 잔뜩 들떠 돌아온 것을 보고는 더욱 확신이 생겼다. 독일인은 포도가 자생하고 있는 것을 발견했고 이는 곧 발효를 통해 맛 좋은 음료를 만들 수도 있음을 의미했다. 그 결과, 이들은 미래의 아메리카 대륙에 빈란드Vínland(와인의 땅)이라는 이름을 붙이게 된 것이다.

에이나르 욘손 박물관
Einar Jónsson Museum

할그림스키르캬 옆으로는 에이나르 욘손Einar Jónsson의 작업실 겸 집이자 지금은 아이슬란드 최고 조각가의 작품을 소장하고 있는 에이나르 욘손 박물관Einar Jónsson Museum(Safn Einars Jónssonar) 욘슨은 상징주의와 서사의 거장이었으며 그의 작품은 고전적인 인체의 형태에 북유럽 신화, 그리스신화, 오리엔탈신화에서 가져온 상징들을 더하여 탄생되었다.

홈페이지_ www.lej.is
Open_ 6~9월 중순 화~일 14:00~17:00,
9월 중순~11월, 2~5월 토~일 14:00~17:00
Close_ 매주 월요일 휴관, 12~1월 휴업
요금_ 성인 : 600Kr
장애 : 400Kr
ISIC 카드로 학생 : 400Kr
18 세 미만 : 무료
전화_ 354-551-3797

정부청사 광장
Austurvöllur Square

레이캬비크의 나이트라이프는 무언가 색다르고 활기찬 것을 찾던 전세계 여행가들에 의해 발견된 지 오래다. 1990년대 초반 팝디바 비요크Björk의 성공으로 '무언가 일어나는' 장소라는 평판을 얻게 되었다.
레이캬비크는 또한 쇼핑광들에게 매력적인 장소로 점점 인기를 얻어 가고 있다. 아이슬란드 디자인은 현대 스칸디나비아 제품의 특성인 깔끔한 선과 훌륭한 기능을 선호하는 동시에 지역에서 생산된 재료를 사용하여 좀 더 어두운 느낌을 내려고 한다. 이례적이지만 의심의 여지 없이 아이슬란드 디자인은 상승세에 있고, 레이캬비크는 가정용품, 옷, 보석 등을 모두 제공하는 집약적인 장소이다.

하르파
Harpa

세계적인 수준의 콘서트홀인 하르파 Harpa와 작지만 최신 박물관도 여럿 있다. 여전히 아이슬란드는 여유로운 속도와 특유의 투박한 분위기로 세계의 여러 도시 가운데에서 매력을 뽐내고 있다. 차가 많은 도로를 지나면 레이캬비크의 입이 떡 벌어지는 최신 빌딩인 하르파 콘서트홀Harpa Concert Hall(지도10)이 있다.

건축 당시 엄청난 논란에 휩싸였던 280억 크로나 짜리 구조물은 2008년 재정 위기가 닥쳐왔을 때 겨우 반만 완공된 상태였다. 반쪽 짜리 건물은 그대로 남아 있을 것만 같았다. 최대 투자자가 당시 파산되어 버린 란드스방키Landsbanki 은행이었기 때문이다. 그러나 시 정부와 중앙 정부가 개입하여 마침내 2011년 5월 드디어 하르파가 오픈되었다.

외관은 예술가 올라푸르 엘리아손Ólafur Elíasson이 디자인한 유리외벽으로 아이슬란드 전역에 걸쳐 발견되는 모자이크 같

은 현무암 기둥을 닮았다.

유리에 비친 바다와 하늘은 변화무쌍한 빛의 쇼라고 할 만하다. 건물 내부에는 1800개의 좌석을 가진 메인 홀인 엘드보르그Eldborg부터 강연이나 좀 더 친숙한 공연이 있을 때 사용되는 소규모 칼달론 Kaldalón까지 4개의 콘서트홀이 있다. 아이슬란드 심포니 오케스트라, 아이슬란드 오페라, 레이캬비크 빅밴드, 레이캬비크 챔버 오케스트라 모두 하르파에서 정기 공연을 하며 매일 오후 3시 30분에는 빌딩 투어가 있다.

홈페이지_ www.harpa.is
전화_ 528-5000
Open_ 매일 10am~자정
상영관 월~금 10am~6pm
토~일 정오~6pm

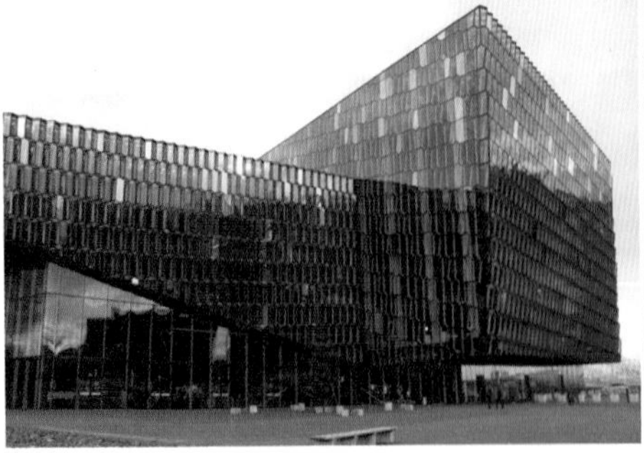

볼케이노 하우스
Volcano House

길 바로 아래로 레이캬비크 시립 도서관을 지나치면 볼 수 있다. 1974년 헤이마에이Heimaey와 2010년 에이야퍄틀라요쿠틀Eyjafjallajökull 폭발에 관련된 40분짜리 다큐멘터리를 상영한다. 베스투르가타Vesturgata를 걸어 올라가면, 레이캬비크 센츄리 박물관Reykjavík Century Museum을 마주한다. 박물관에서는 최신 레이캬비크 산책로 가상 시뮬레이션을 통해 1912년부터 현재까지 길거리의 모습이 어떻게 변했는지 시간여행을 해볼 수 있다.

홈페이지_ www.volcanohouse.is
Open_
매일 10am~9pm까지 정시마다 영어로 상영
매일 11:30am~2pm, 5~9pm
전화_ 555-1900

올드 하버
Old Haebour

게이르스가타Geirsgata 반대편으로는 레이캬비크의 메인 항구가 있는데, 이곳에서는 레이캬비크의 엑티비티회사들이 모여있다. 고래투어를 진행한다. 퍼핀이 번식하는 시기(5월 중순~8월 중순)에는 보트가 바위섬인 룬데이Lundey나 아쿠레이리Akurey를 지나 항해하는데, 이곳은 최대 3만 마리 퍼핀의 서식지가 되는 곳이다.

비데이 섬
Viðey

동쪽으로 4㎞정도 떨어진 레이캬비크 크루즈선 항구인 순다호픈Sundahöfn의 스카르파바키Skarfabakki 부두에서 작은 모터보트로 5분이면 비데이Viðey 섬으로 가는 배를 탈 수 있다. 평화롭고 작은 섬은 레이캬비크가 시가 되는 200주년을 기념하려

던 1987년에, 레이캬비크시에 의해 정비되었다. 레이캬비크 시민들에게 비데이섬은 일종의 소풍가는 장소로, 모든 것을 잊고 떠나고 싶을 때 가는 섬이다.

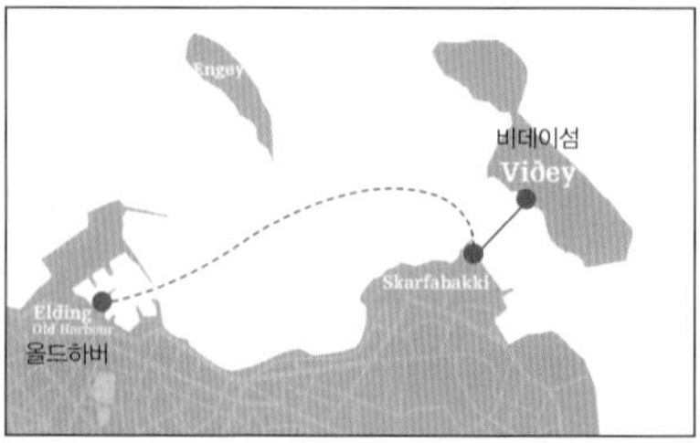

홈페이지_ www.imaginepeacetower.com
운행시간_ 1시간 간격
부두에서 배가 정오에 출발해서 다시
오후 3시 30분에 돌아오는 일정으로 운항을 한다. 하계 시즌이 지나면, 주말에만 제한적으로 운항한다.
요금_ 성인 1,100kr, 어린이(7~15세) 550kr
소인(7~15세) : 550kr
소인(0~6세) : 무료
(점등식이 거행되는 10월 9일은 무료)

콜라포르티드 벼룩시장
Kolaportið Flea Market

항구 건너편 게이르스가타에 위치한 작지만 흥이 넘치는 행사로, 옷, 책, 기타 잡동사니 등을 판매한다. 아이슬란드 전통 음식에 호기심이 있는 사람이라면 반드시 푸드 섹션에 들러보길 바란다. 맛있는 하르드피스쿠르harðfiskur(건어), 하우칼hákarl(삭힌 상어)를, 실드síld(절인 청어)와 악명 높은 흐루츠풍가르hrútspungar(절인 양의 고환) 등 참신한 요리와 음식을 만나볼 수 있다.

홈페이지_ www.kolaportid.is
Open_ 토~일 11am~5pm

트요르닌 호수
Tjörnin lake

맑은 날에는 트요르닌 호수Tjörnin lake를 산책하며 시간을 보내는 것도 좋은 생각이다. 호수에는 대략 40여종의 새들이 모여 살며 가장 눈에 띄는 것은 단연 오리이다. 호수 동쪽의 프리키르큐베구르 아래쪽으로는 벤치와 산책로가 마련되어 있으며, 반대쪽 둑으로 다채로운 집들이 열을 이루고 있다.

위치_ Fríkirkjvegur 및 Tjarnagata 사이

선 보야저
The Sun Voyager

레이캬비크를 여행할 때 처음으로 보는 장소는 대부분 할그림스키르캬 교회와 선 보야저에서 시작한다. 선 보야저는 바이킹의 배가 바다를 향해 나아가는 기상을 철제 조각물로 만든 레이캬비크를 상징하는 예술작품이다.

바다를 따라 나 있는 조깅코스에 앞바다와 저멀리 에스야Esja산의 전경이 아름답게 다가온다. 여름의 백야에는 해가 뜨는 새벽이나 밤 12시가 넘어가는 해지는 석양의 모습이 특히 아름답다. 겨울에도 눈이 쌓인 도로와 어울린 선 보야저의 모습은 사진을 부르는 포토존이다.

주소_ Skulagata 11
위치_ 하르파에서 해안 도로를 따라 10분 정도 소요

스칼홀테 성당
Skalholte Cathedral

스칼홀테 성당은 도시의 생활 속에 밀착된 아이슬란드 루터교의 상징인 교회이다. 도시가 성장하면서 계속 파괴되었다가 1787년에 지어졌다.

1847년에 유명한 아이슬란드 조각가 베르델과 건축가 소르스테인 군나르손Thorstein Gunnarsson이 1977, 1999년에 반복하여 성당을 복원해 지금에 이르렀다. 주말에는 결혼식장으로 레이캬비크 시민들에게 개방하고 있다.

주소_ Vonarstraeti 1
위치_ 정부청사의 오른쪽에 위치

란다코츠키르캬 교회
Landakotskirkja

왕의 교회라는 뜻의 란다코츠키르캬는 할그림스키르캬 교회의 건축가인 구드욘 사무엘손이 설계하였다.
1929년, 7월 23일에 지어진 네오고딕 양식의 가톨릭 성당으로 할그림스키르캬 교회가 현대적이라면 란다코츠키르캬는 중세적인 이미지가 흐른다.

주소_ Tungata 401
위치_ 정부청사 앞 도로를 따라 왼쪽으로 직진하여 15분 정도 소요

ICELAND Tip

구드욘 사무엘손
현대 아이슬란드 건축의 명장이미지를 가지고 있는 건축가이다. 1887년에 태어난 그는 아이슬란드를 형상하는 '화산'에서 나오는 결과물을 모티프로 삼았다. 화산에서 터져나오는 마그마가 냉각되면서 형성된 주상절리와 폭포가 흘러내리는 이미지로 간결하면서 현대적인 이미지를 형상화하여 표현되었다.
할그림스키르캬 교회와 란다코트 대성당, 국립 아이슬란드 대학, 북부 아쿠레이리의 성당인 아쿠레이랴르키르캬 교회가 그의 대표적인 건축물이다.

호프디 하우스
Hofdi House

1909년에 세워진 호프디 하우스는 가장 아름답고 역사적으로 중요한 빌딩이다. 1986년, 로날드 레이건 미국 대통령과 미하일 고르바초프 소련 서기장이 냉전의 종식을 알린 역사적인 건물이다. 호프디 하우스는 아이슬란드에 건축된 최초의 프랑스풍 건물이다.

국립갤러리
The National Gallery

리스타사픈 섬Listasafn Íslands은 프리키르큐베구르Fríkirkjuvegur 7번지에 위치하며 옆으로는 회색과 녹색이 잘 어우러진 프리키르칸Fríkirkjan(자유 교회)가 나란히 서 있다. 이 역사적인 건물은 애초에 호수에서 얼음을 잘라내어 보관하던 냉동창고 역할을 했는데, 이는 물고기를 보존하는 데 쓰였다. 후에는 물고기 냉동장으로 사용되다가 뜨거운 무도회장으로 사용되기도 하였다.

한번은 어찌나 열기가 뜨거웠는지 실제로 불이 난 적도 있다. 현재는 보수를 거쳐 특별전시회와 함께 아이슬란드 작가들의 작품을 상설전시하고 있는데, 이 작품들 가운데에는 아이슬란드 최초의 직업화가인 아우스그리무르 욘슨Ásgrímur Jónsson(1876~1958)의 것도 있다. 2층에는 인터넷 사용이 가능한 카페가 있다.

홈페이지_ www.listasafn.is

Open_ 화~일 6~8월 10:00~15:00

9~5월 11:00 – 17:00

슈토르나라우디드(총리관저)
Stjórnarráðið

아이슬란드 총리 관저인 슈토르나라우디드Stjórnarráðið는 아르나르홀에 있는 최초 정착민 잉골푸르의 동상에서 바로 앞에 있는 작은 둑 위에 자리하고 있다. 1765년에서 1770년 사이에 지어진 관저는 레이캬비크에서 가장 오래된 건물 중 하나로, 소박한 자태의 백색 건물은 총리의 집무실 역할을 하고 있으나 처음에는 교도소 노역장으로 사용되었다. 이 건물은 또한 1996년까지 아이슬란드의 대통령 집무실로 쓰였는데, 후에 솔레이야르가타Sóleyjargata 1번 부지로 옮겨 갔다.

크베르피스가타의 국립극장 뒤로는 컬처하우스인 쇼드메닝가르후시드 Þjóðmenningarhúsið가 위치해 있다. 이 박물관은 아이슬란드의 고대 사가와 다른 중세시대의 기록물과 작품들을 전시하고 있다. 이곳으로의 방문은 또 다른 세계로 여행을 떠나는 것과 같다. 혼란스러웠던 바이킹 시대, 북대서양에서의 삶의 이야기를 매 페이지 마다 전달해주는 화려하고 대담한 인물을 통해 전하고 있다.

위층으로 올라가면, 정기적으로 새로운 전시를 하는데, 여태까지 전시되었던 테마 가운데 서트지 섬의 폭발적인 형성에서부터 아북극대의 식물군, 아이슬란드 모르몬교도의 북미 이주까지 다양한 군상을 다룬다.

총리 관저가 있는 쪽으로 라이캬르가타를 따라 더 이동하면 19세기 중반에 지어진 집이 늘어서 있다. 이 집들은 몇 년 전 가까스로 폭파를 피했고 현재는 개보수되었다. 현재는 두 개의 레스토랑과 아이슬란딕 트래블 마켓(Icelandic Travel Market)이라는 이름의 개인 관광안내소 역할을 하고 있다. (정부에서 운영하는 관광안내소는 아달스트라이티에 위치). 트요르닌으로 가기 바로 전에는 레이캬비크 그래머 스쿨Reykjavík Grammar School, Menntaskólinn í Reykjavík이 자리하고 있다. 아이슬란드 최초의 문법학교로 두명의 노벨상 수장자를 배출하였다.

시청
The City Hall

시청The City Hall은 1980년대 호수의 끄트머리에 지어졌다. 많은 레이캬비크 시민들은 이 인상적인 포스트모던풍의 건축물이 조용한 경관과 어울리지 않는다는 이유로 별로 좋아하지 않는다. 입장홀을 바로 지나면 커다란 아이슬란드 입체도가 있는데 한 번 볼 만하다. 때로는 이곳에서 무료 콘서트나 전시회가 열리기도 한다. 또한 인터넷과 호수의 경관을 마음껏 누릴 수 있는 쾌적한 커피숍도 위치해 있다.

아이슬란드 대학교
Háskóli Íslands

아이슬란드가 덴마크의 지배하에 있던 1911년에 설립된 국립 대학교다. 트요르닌을 가로지르는 다리를 건너면 잔디로 덮인 공원 지역과 공공 조각품들이 놓여 있다. 뒤이어 1911년 설립된 아이슬란드 대학교Háskóli Íslands가 나오는데, 육중한 제3제국 스타일의 메인 빌딩은 1930년대의 것이다.

홈페이지_ www.hi.is

노르딕 하우스
Norræna Húsið

대학교 바로 남동쪽에 위치한 것은 노르딕 하우스Norræna Húsið로, 굉장히 존경 받는 핀란드 건축가 알바르 알토Alvar Aalto가 디자인한 건물이다. 노르딕 하우스는 북유럽 국가들 간의 연대를 키우고 강화하고자 세워졌다. 그 끝으로 가면 도서관, 디자인숍, 진행중인 스칸디나비아 문화사업 프로그램 등이 있다. 또한 딜(Dill) 이라는 레스토랑의 "뉴 노르딕New Nordic" 메뉴를 시키면 스칸디나비아식 음식을 맛볼 수 있다.

홈페이지_ www.nordichouse.is
Open_ 전시장 : 화~일 12:000~17:000

국립대학 도서관
National and University Library

국립박물관 건너편, 수두르가타의 반대쪽으로는 국립&대학도서관National and University Library이 위치해 있다. 거의 20년이 걸린 오랜 시공 끝에 1994년 개관된 도서관은 널찍하고 현대적인 구조의 건물이다. 도서관은 원고 콜렉션 소장은 물론 학자와 학생, 일반 대중을 위한 리서치 시설도 훌륭하다.

이메일_ upplys@landsbokasafn.is
Open_ 월~금 18:15~22:00, 토~일 10:00~18:00

국립박물관
National Museum

대학 캠퍼스 가장자리의 수두르가타 Suðurgata 41번지에는 국립박물관National Museum이 위치해 있으며, 아이슬란드의 역사와 현대 사회에 관심 있는 사람이라면 놓쳐선 안 될 방문지이다. 박물관의 메인 전시홀 '국가의 성립'에서는 정착기 시절의 아이슬란드 역사부터 오늘날까지의 대략적인 내용을 살펴본다.
DNA 실험을 사용하는 부분이 특히나 인상 깊은데, 자신들의 기원을 탐구하기 위해 최초 정착자의 치아를 자세히 연구한 내용을 보여준다. 현대 파트에서는 국가의 발전에 주요했던 시기를 연결 짓고 있는데, 그 예로 제한적 무역 독점과 공화국의 설립 등이 있다.

지난 수백년간 아이슬란드에서 발견된 고고학적 사료들은 대부분이 국립박물관에 소장되어 있다. 이 가운데에는 13세기 드래곤의 목을 벤 기사의 이야기를 새긴 중세의 목조 교회문이 대표적이다.

홈페이지_ www.natmus.is
Open_ 5~9월 중순 : 매일 10:00~17:00,
9월 중순~4월 : 화~일 11:00~17:00

페를란과 외스큘리드
Perlan and Öskjuhlíð

말그대로 레이캬비크의 스카이라인 중 가장 눈에 띄는 것은 유리로 만들어진 돔 형태의 건물 '페를란Perlan'일 것이다. 외스큘리드Öskjuhlíð 언덕 위에 자리한 온수탱크인 페를란의 꼭대기에는 회전레스토랑이 있어 관망대와 카페에서 도시의 파노라마를 감상할 수 있다.
온수탱크는 2천 4백만 리터의 온수를 저장할 수 있으며, 이는 레이캬비크 전체 수도 사용량의 거의 반 가까이를 차지한다. 나무심기사업을 통해 나무가 우거진 외스큘리드는 그 자체로 쾌적하고 산책이나 자전거 길도 잘 닦여 있다.

페를란에서 바라본 시내전경

사가 박물관
Sögusafnið

페를란은 레이캬비크의 사가 박물관 Sögusafnið이 자리를 잡았다가 현재는 올드 하버Old Harbor에 위치하고 있다. 아이슬란드 중세 문학에 등장하는 인물을 실제하는 사람 같이 실리콘으로 만든 모형들을 둘러볼 수 있다.

홈페이지_ www.sagamuseum.is
Open_ 매일 4~9월 : 10:00~18:00
10~3월 : 12:00~17:00

뇌이솔스비크
Nauthólsvík

페를란 너머에는 레이캬비크의 또다른 작은 보석인 인공지열해변인 뇌이솔스비크Nauthólsvík 황금 모래해변이 초승달 모양으로 늘어선 이 해변은 햇살 좋은 날이면 하나의 작은 행복이 되곤 한다. 사람들이 모여 일광욕을 하고 야외 온천욕을 즐긴다.

이용안내_ 5월 중순~8월 중순 매일 10:00~19:00,
11~5월 중순 월~금 11:00~01:00 : free

라우가르달루르
Laugardalslaug

레이캬비크의 확장에 있어서 도시의 자연의 보고는 여태까지 그래왔듯이 소중히 남아 있다. 구시가 중심의 동북쪽에 위치한 그린벨트인 라우가르달루르 지역은 개발 보다는 보존을 중시해 왔다. 이 지역은 도시의 주요 스포츠 공간으로, 축구경기장, 스포츠 홀, 수영장, 아이스스케이팅 링크장 등이 몰려 있다.

라우가르달스라우그 수영장

이곳은 또한 아이슬란드에서 가장 유명한 수영장 중 하나이자 지열로 데워진 넓은 야외 수영장인 라우가르달스라우그Laugardalslaug도 위치한 곳이다. 메인 풀장은 50m에 달하고, 미끄럼틀이 있는 어린이 전용 풀장과 온천장, 사우나를 겸하고 있다.

Open_ 월~금 06:30~22:00, 토~일 08:00~22:00
전화_ 411-5100

레이캬비크 동물원, 식물원, 가족 공원

바이킹을 주제로 한 미니 놀이기구가 있는 가족공원Fjölskyldugaðurinn과 인근의 레이캬비크 동물원Reykjavík Zoo 도 이곳에 위치한다. 동물원에는 가축과 아이슬란드 고유 동물, 작은 아쿠아리움이 있으나 호랑이와 사자 등의 동물은 없다. 근처의 식물원Grasagarðurinn에는 5천여 종의 식물과 아이슬란드 식물군의 대부분이 전시되어 있다.

동물원 | 홈페이지_ www.mu.is
Open_ 5월 중순~8월 10:00~18:00, 10~5월 중순 10:00~17:00

식물원 | Open_ 5~8월 매일 10:00~20:00, 9~4월 10:00~15:00

입장료_ 무료

크링란 쇼핑몰
Kringlan Shopping mall

2차 세계대전 이래로 레이캬비크는 동쪽으로 계속해서 확장하고 있다. 1980년대에 처음으로 10만대의 인구에 진입하였고, 더 현대적이고 거창한 건축물들이 들어서기 시작했다. 새로운 상업문화센터가 예전 센터가 있던 자리에서 약 4㎞ 떨어진 곳에 아예 처음부터 지어지기 시작했다. 센터 안에는 대형 실내 쇼핑몰인 크링클란Kringlan과 레이캬비크 시립 연극단이 들어선 복합몰도 들어섰다.

새로운 주거 지역이 늘어나면서 "콘크리트 라바"가 들어서기 시작했고, 브레이드홀드Breiðholt와 아우르바이르Árbær같은 지역에는 아이슬란드에서 가장 큰 지방 마을 보다도 몇 배나 많은 인구가 바글거렸

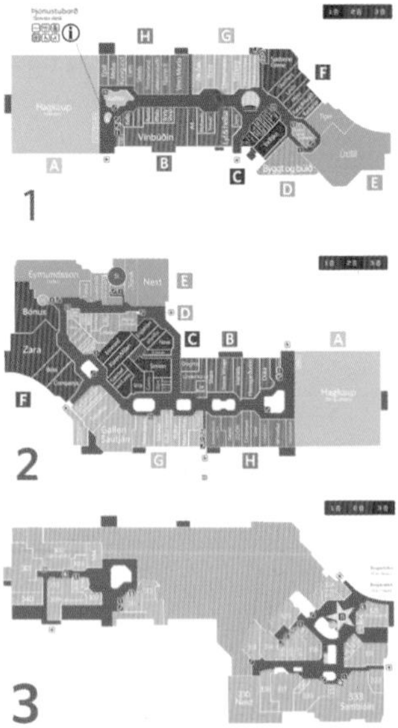

다. 그에 발맞추어 새롭게 레이캬비크에 추가된 이 지역은 지리적으로뿐만 아니라 비즈니스와 상업의 중심이 되어갔다. 이러한 확장이 아이슬란드가 전통적인 1차 산업 국가에서 현대 기술 사회로 급격히 변화한 것을 보여주는 가장 명확한 예가 아닌가 싶다.

아우르바이르 교회의 가장자리에 있는 아우르바이르 야외 박물관 Árbær Open-Air Museum에서는 여름 매 주말마다 다채로운 행사를 개최한다. 레이캬비크와 아이슬란드 곳곳에 위치하던 다수의 역사적 건물들이 이곳으로 옮겨졌고, 이곳에서 가능한 가장 정확하게 재창조되었다. 수 세기에 걸쳐 사용된 가정살림과 가구들이 상설전시관에 전시되어 있으며, 결혼식으로 인기가 좋은 오래된 잔디지붕 교회도 있다. 그러나 바로 옆으로 차가 많이 다니는 도로가 놓여져 있다는 것은 아쉽다.

브레이드홀트와 아우르바이르 사이로 목가적인 분위기의 에틀리다우르Elliðaár 강이 흐른다. 아이슬란드 최고의 연어 강으

로 해마다 약 1,600마리가 잡힌다. 전통시장에서는 매년 5월 1일 어획의 시작을 선언한다. 신중히 부여되는 낚시 허가는 일반 방문자들이 얻기는 좀 힘들지 모르지만, 하절기에 근처 에틀리다바튼 호수Lake Elliðavatn의 낚시허가권을 얻는 데는 전혀 문제가 없다. 호수는 놀라울 정도로 고요하고 그림 같이 아름다운 풍경의 한 가운데 있으며 지역 송어 잡이에도 탁월한 곳이다.

홈페이지_ www.kringlan.is
Open_ 6~8월 매일 10:00~17:00
위치_ 4-12, 103 레이캬비크, 아이슬란드

해양 박물관
Sjóminjasafnið

올드 하버Old Barbour에 커다란 군함이 있는 곳이 해양 박물관이다. 아이슬란드의 해양 역사를 간단하게 볼 수 있다. 수산물 가공 공장으로 사용한 건물을 박물관으로 개조해 수도 레이캬비크의 어업과 항해의 역사를 볼 수 있도록 전시해 놓았다. 해안 경비정으로 사용되던 배를 탑승할 수 있는 가이드 투어는 매일 13, 14, 15시에 시작한다.

Open_ 10~17시(6~8월), 13~17시(9~5월)
요금_ 박물관 1,600kr
가이드 투어 1,300kr
박물관과 가이드 투어 2,200kr
레이캬비크 웰컴카드 소지자는 무료

레이캬비크 예술 미술관
Rvk Art Museum of Hafnarhus / Kjarvalsstadir / Asmundarsafn

레이캬비크는 선조들의 발달된 문명은 없었지만 현대에 이르러 다양한 현대미술을 발전시키고 디자인으로 유명해졌다. 그래서 레이캬비크에서 3곳이나 되는 현대 예술 박물관을 개관하고 시민들의 문화 활동을 돕고 있다. 하프나후스Hafnarhus는 1930년대에 생선공장을 다시 리모델링하여 개장하였고, 캬르발스스타디르Kjarvalsstaðir는 1973년에 요냐네스가 디자인하였다.
아스문다르사픈Asmundarsafn는 아스문두르 스베인손Asmundur Sveinssin이 특색있게 건축하여 시네에서 떨어져 있음에도 많은 방문객들이 찾는다. 여행자는 아이슬린드의 현재 예술 활동을 알아볼 수 있는 기회를 가질 수 있다. 웰컴 카드 소지자는 무료로 입장이 가능하다.

Hafnarhus
가는길 _ 버스 1, 3, 6, 11, 12, 13, 14 번이용
Open_ 10~17시(목요일 10~20)

Kjarvalsstadir
가는길 _ 버스 1, 3, 6, 11, 13 번이용
Open_ 10~17시

아우르바이르 야외 박물관
Arbaejarsafn

아우르바이르 농장에 있는 전통 가옥, 약 20여 개를 작은 마을로 모아 놓은 야외 박물관이다. 흘렘무르Hlemmur 버스 터미널에서 5, 12번 버스를 타고 아르뱌르사픈Arbaejarsafn이나 흐라운바르Hraunbaer에서 내리면 된다. 레이캬비크에서 시골같은 분위기를 느껴보는 박물관으로 전통 의상을 입고 건초, 털실, 버터 만들기 등을 보여주기 때문에 자녀와 함께 온 부모들이 많다.

아스문다르사픈

Asmundarsafn
가는길 _ 버스 2, 4, 14, 15, 17, 19 번이용
Open_ 10~17시(5~9월), 13~17시(10~4월)

Open_ 6~8월 10~17시, 9~5월 13~17시
요금_ 성인 1,500kr
18세 이하 무료
레이캬비크 웰컴카드 소지자는 무료

레이캬비크 박물관 여행
Reykjavík Museum tour

레이캬비크에서 박물관을 주로 보는 여행을 하고 싶다면 반드시 레이캬비크 웰컴 카드를 구입하자. 박물관의 입장비용이 만만치 않지만 웰컴카드를 소지하고 있다면 무료나 할인이 된 가격으로 입장이 가능하여 여유롭게 박물관을 보면서 레이캬비크를 여행할 수 있다.

ICELAND Tip

레이캬비크 웰컴 카드

	성인	6~18세
24시간	3,500kr	1,300kr
48시간	4,700kr	2,400kr
72시간	5,500kr	3,100kr

카드 소지시 무료이용이 가능한 관광지
레이캬비크 시내 버스, 레이캬비크의 수영장, 비데이 섬 아일랜드 페리, 레이캬비크 미술관(Hafnarhus/Kjarvalsstadir/Asmundarsafn), 아이슬란드의 국립 박물관, 아이슬란드의 국립 미술관/ 문화 하우스, 레이캬비크시 박물관, 아우르바이르Árbær 야외 박물관, 해양 박물관, 사진 박물관, 레이캬비크 동물원과 가족 공원

레이캬비크 박물관여행

1. 볼케이노 하우스
Volcano House
↓
2. 레이캬비크 사진 박물관
Rvk Museum of Photography
↓
3. 레이캬비크 예술 박물관, 하프나후스
Rvk Art Museum of Hafnahús
↓
4. 국립 박물관
The National Museum of Iceland
↓
5. 네셔널 갤러리
The National Gallery of Iceland
↓
6. 레이캬비크 예술 박물관, 캬르발스스타디르
Rvk Art Museum of Kjarvalsstaðir
↓
7. 레이캬비크 예술 박물관, 아스문다르사픈
Rvk Art Museum of Asmundarsafn
↓
8. 아우르바이르 야외 박물관
Arbaejarsafn

EATING

카페 페리스 Café Paris

아마 레이캬비크에서 가장 유명한 카페 Cafe명소로 오랫동안 입지를 다지고 있는 브런치 카페이다. 라우가베구르 거리에서 밑으로 내려가 횡단보도를 건너면 아우스투르볼루르Austurvöllur광장과 정부청사를 바라보는 전망이라 여름에는 노천카페로 더욱 인기를 얻고 있다. 커피와 가벼운 브런치 식사를 먹을 수 있다.

홈페이지_ www.cafeparis.is
주소_ Austurstræti 14
전화_ 551-1020

호르니드 Hornið

바다쪽으로 바이야린스 베즈퉈 핫도그가 유명해 관광객들이 지나치기도 하지만 호르니드 Hornið는 아이슬란드에서 1979년에 처음으로 문을 연 이탈리안 레스토랑으로 유명하다. 다양한 지중해풍의 신선한 생선요리가 유럽 관광객들에게 특히 맛집으로 소문나 예약은 필수이다.

홈페이지_ www.hornid.is
주소_ Hafnarstræti 15
전화_ 551-3340

래캬르브레카 Lækjarbrekka

1834에 지은 통나무 건물이 인상적인 레스토랑으로 모르는 관광객들은 지나치기 바쁘다. 고풍스런 장식과 옛 분위기의 내부가 친근한 식사를 맛볼 수 있게 해준다. 랍스터, 퍼핀, 양 등의 전통 아이슬란드 음식을 맛볼 수 있다.

홈페이지_ www.laekjarbrekka.is
주소_ Bankastræti 2
전화_ 551-4430

아이슬란딕 피쉬&칩스
Icelandic Fish & Chips

젊은 청년들이 유기농 감자와 신선한 생선으로만 만들어 점점 인기를 높이고 있다. 피쉬&칩스는 반죽에 밀과 설탕을 쓰지 않고 튀기기보다는 구운 감자에 가까운데 맛은 두껍게 씹히는 감자튀김에 손이 더 간다. 드레싱도 저지방 요거트로 만들어 모든 메뉴에 믿음이 생겨나고 있다.

홈페이지_ www.fishandchips.is
주소_ Tryggvagata 8
전화_ 511-1118

바이야린스 베즈티
Bæjarins Beztu

꽃보다 청춘 아이슬란드에서 다들 아이슬란드에서 가장 기억에 남는 음식으로 손꼽았을 정도로 인기있는 핫도그가게이다. 70년 넘도록 한 장소에서 핫도그를 팔고 있는데 처음에는 이토록 인기가 높지는 않았다. 전 미국대통령인 클린턴이 먹고 나서 지금의 유명세가 시작되었다. 앉아서 먹을 테이블이 적어 서서 핫도그를 먹는 장면 때문에 더욱 인기가 있다고 생각이 된다.

가격은 보통 5천 원 미만이지만 양이 적어 누구나 2개 이상의 핫도그를 주문한다. 튀긴 양파와 소세지, 겨자소스, 마요네즈, 케첩만이지만 소스에 맛이 비결이 있다. 10시~새벽 1시까지, 예전에는 6~8시 사이에 영업을 안 하기도 했지만 지금은 영업을 하는 경우가 대부분이다.

홈페이지_ www.bbq.is
주소_ Tryggvagata 1

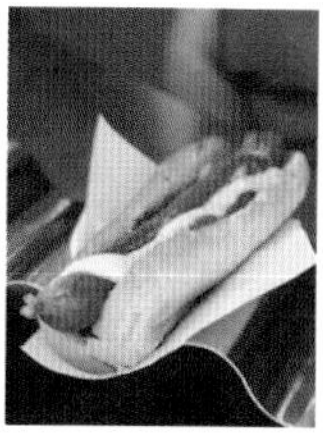

카페 로키
Cafe Loki

할그림스키르캬 교회 정면 왼쪽에 있는 카페로 아이슬란드 전통 요리인 양머리고기와 상어고기를 만들 수 있는 카페로 다수의 방송에 소개되며 유명세를 얻었다. 전통요리를 주문하지만 한국인의 입맛에 맞지 않아 다시 주문하는 경우가 상당히 많다. 음식이 맞지 않아도 2층에서 커피를 마시며, 할그림스키르캬 교회를 보면서 여유를 즐길 수 있다.

홈페이지_ www.textil.is
주소_ Lokastigur 28

라멘 모모
Ramen momo

지금 아이슬란드에는 일본 음식들이 상당한 인기를 얻고 있는데 카멘 모모도 일본음식 인기에서 찾을 수 있다. 올드 하버 Old harbour의 시바론 건너편에 있는 라멘 모모는 우리나라 관광객에게는 맛이 없

을 수도 없다. 아이슬란드인들에게 색다른 음식인 만두와 튀김, 라면 국물의 맛이 다른 매력을 가진 메뉴이다.

Open_ 11:00~21:00, 일요일 12:00~17:00
주소_ Tryggvagata 16
전화_ 571-0646

누들 스테이션
Noodle Station

카페 솔론에서 할그림스키르카 교회로 올라가는 스콜라보르두스키구르 거리에 있는 일본식 음식점이다.
추운 나라인 만큼 뜨거운 국물을 좋아하는 아이슬란드 사람들에게 인기가 많다.

주로 치킨과 쇠고기가 들어간 누들이 인기 있다.

Open_ 11:00~22:00
주소_ Laugavegur 86
전화_ 551-3198

씨바론
Sea Baron

외국의 여행 평가사이트에는 저조한데, 우리나라 관광객에게 유명하다고 인식이 된 해산물 레스토랑이다. 대부분의 관광객들은 고래고기와 해산물 스프를 먹기 위해 찾는다. 스프는 매우 느끼하고 고래고기는 너무 기름져서 다 먹지 못하고 남기는 관광객이 많아 비추천이다.

홈페이지_ www.seabron.is
Open_ 5~8월 11:30~23:00, 9~4월 11:30~22:00
주소_ Geirsgata 8
전화_ 553-1500

샌드 홀트
Sandholt

라우가베구르 거리의 보니스 마트 오른쪽에 위치한 세계요리박람회에서 금상을 수상한 빵집이다. 항상 사람들도 북적여 식사때는 기다려야 하지만 아침 일찍 오픈하기 때문에 레이캬비크에서 일찍 출발한다면 빵을 구입해 점심으로 먹는 것을 추천한다. 입구쪽에 있는 유기농 잼도 많이 찾는다.

홈페이지_ www.sandholt.is
Open_ 07:00~21:00
주소_ Laugavegur 36
전화_ 551-3524

피쉬 컴퍼니
Fish Company

여행자 센터의 건너편에 위치한 우리의 입맛에 맞는 레스토랑이다. 아이슬란드 음식을 글로벌하게 해석한 음식을 제공한다. 인기메뉴는 4가지 코스요리를 제공하는 'Around Iceland'이다.

홈페이지_ www.fishcompany.is
주소_ Vesturgata 2a, Grófartorg
전화_ 552-5300

아르젠티나 스테이크 하우스
Argentína Steak House

아이슬란드에서도 손꼽히는 스테이크, 양, 순록고기를 먹을 수 있는 고기집으로 값이 비싸다는 흠이 있지만 맛은 보장한다.

홈페이지_ en.argentina.is
Open_ 18:00~
주소_ Barónsstígur 11
전화_ 551-9555

스리르 프라카
Þrír Frakkar

고래고기로 스테이크를 제공하는 프랑스식 레스토랑으로 최고의 고래고기를 제공했던 레스토랑이다.
고래고기는 기름지기 때문에 느끼하면서도 신선한 맛을 내는 것이 핵심인데 아이슬란드에서 몇 안 되는 맛좋은 스테이크를 내놓고 있다. 생선요리와 전통 생선스프도 인기 메뉴이지만 스프는 약간 느끼하게 느낄 수도 있다.

홈페이지_ www.3frakkar.com
주소_ Baldursgata 14
전화_ 552-3939

딜
Dill

북유럽 스타일의 스칸디나비아 레스토랑은 유기농 재료를 사용해 훈제 대구와 푸른 홍합, 사슴고기 등을

담백하게 내놓고 있다. 현재 아이스크림을 곁들인 아몬드 케이크도 인기가 높다.

홈페이지_ www.dillrestaurant.is
주소_ Nordic House, Sturlugata 5
전화_ 552-1522

샤바르그릴드
Sjávargrillið

2011년에 문을 열었지만 올해의 아이슬란드 요리사에 뽑힌 요리사가 있어서 짧은 시간에 인기 레스토랑으로 자리를 잡았다. 구스타브 악셀 군라우그손Gústav Axel Gunnlaugsson은 조개수프, 구운 바닷가재, 딜 샤베트 초코릿무스 등을 아이슬란드 여행에서 영감을 받아 만들게 되었다고 인터뷰했다.

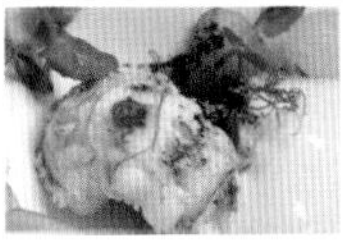

홈페이지_ www.sjavargrillid.com
주소_ Skólavörðstígur 14
전화_ 571-1100

아포텍
Apotek

아주 인기있는 유명한 키친&바로 신선한 생선부터 브런치 스타일까지 다양한 메뉴와 커피도 상당히 맛이 좋다.
토, 일요일에는 오후 4시까지 양과 맛이 모두 풍성한 브런치와 맥주를 저렴하게 제공한다.

홈페이지_ www.apotek.is
주소_ Austurstræti 14
전화_ 551-1021

스콜라 브루
Skorabru Restaurant

1907년에 문을 연 시청과 정부청사 사이의 스콜라 브루 레스토랑은 아이슬란드 전통 음식을 코스요리로 제공하고 있다. 와인을 곁들인 오리, 바닷가재, 고래스테이크가 인기있으며 독특한 생선요리가 미각을 자극한다.

건물도 아이슬란드 전통양식으로 오래된 분위기를 몸소 느낄 수 있을 것이다. 밤 10시까지 열기 때문에 늦은 저녁을 먹을 때에도 부담없이 찾을 수 있다.

홈페이지_ www.skolabru.is
주소_ Posthusstraeti 17
전화_ 511-1690

밤 문화
Nagitlife

Dubliner

시내 중심부의 오래된 아이리쉬 펍으로 기네스와 위스키를 마시면서 트로우바도르스Troubadours가 매일 공연을 하고 있다.

주소_ Hafnarstræti 4

Kaffibarinn

레이캬비크에서 대표적이며, 유럽 관광객들에게 매우 인기가 높은 작은 보헤미안 펍으로 화~일까지 디제잉을 들려준다.

주소_ Bergstaðarstræti 1

American Bar

정부청사 앞에 있는 미국 분위기의 펍이라서 미국 관광객이 다수를 차지하고 있다. 여름이면 밤새 술을 마시므로 항상 북적인다.

주소_ Austurstræti 9

Dillon

메탈음악을 좋아하는 관광객이 주로 찾는 술집으로 친근하며 음악 소리는 크고 위스키를 주로 마신다.

주소_ Laugavegur 30

SLEEPING

RENT

센터호텔 아르나르볼
Centerhotel Arnarhvoll

바다와 하르파Harpa, 에샤 산이 한눈에 들어오는 아름다운 뷰를 가지고 있어 인기가 높은 호텔이다. 깔끔한 내부 디자인과 깨끗하고 라우가베구르 중심거리에서 3분 거리로 모든 면에서 흠잡을 데 없는 호텔이다. 근처에 4개의 센터 호텔이 더 있다.

홈페이지_ www.centerhotels.is
주소_ Ingólfsstræti 1
전화_ 595-8540
이메일_ arnarhvoll@centerhotels.is

RENT

레이뷔르 에릭손 호텔
Hótel Leifur Eiríksson

할그림스키르캬 교회의 바로 맞은편에 위치한 4성급의 호텔로 직원들은 친절하며 24시간 무료 커피서비스와 조식 부페가 좋다고 소문나 있다.

유일한 단점은 룸이 작다.

홈페이지_ www.hotelleifur.is
주소_ Skólavörðustígur 45
전화_ 562-0800

RENT

보르그 호텔
Hótel Borg

레이캬비크의 최초 호텔로 하르파Harpa와 바이야린스베즈튀 핫도그의 바로 앞에 위치해 있다. 현대식으로 새로 리모델링하여 가죽소파, 어두운 나무 바닥과 뱅앤울룹슨 TV 등으로 장식된 럭셔리 호텔이다.

홈페이지_ www.hotelborg.is
주소_ Pósthússtræti 11
전화_ 551-1440

센트럼 레이캬비크 호텔
Hótel Reykjavík Centrum

가장 오래된 바이킹 하우스에 세워져 오래되었지만 리모델링을 하여 낡은 모습대신 현대적이고 편안한 분위기를 연출한다.

홈페이지_ www.hotelcentrum.is
주소_ Aðalstræti 16
전화_ 514-6000

포스 호텔 바론
Fosshótel Barón

아파트형 호텔 룸이 30개가 있어 호텔이지만 취사가 가능하다. 흘렘무르Hlemmur

버스터미널에서 가깝다. 여름 성수기에 더블룸 아파트가 1박에 28~40만 원 수준까지 올라간다.

홈페이지_ www.fosshotel.is
주소_ Barónsstígur 2-4
전화_ 562-3204
이메일_ baron@fosshotel.is

포스 호텔 린드
Fosshótel Lind

헬름무르 버스터미널에 위치해 라우가베구르 거리가 시작되는 위치에 있어 도심에서 편안하게 지낼 수 있으며 직원이 친절히 관광지 소개까지 해준다.
깨끗한 내부 인테리어에 비해 외관은 낡은 느낌이다.

홈페이지_ www.fosshotel.is
주소_ Rauðarárstígur 18
전화_ 562-3350
이메일_ lind@fosshotel.is

아이슬란드에어 호텔 **마리나**
Icelandair Hotel Reykjavik Marina

아이슬란드 에어 호텔은 에다(Edda)호텔과 같은 아이슬란드 전국 체인 호텔이다. 레이캬비크 시내에 가장 최근에 오픈하였다. 현대적인 내부 인테리어는 상당히 고급스럽다. 스탠다드, 가족과 단체를 위한 아파트 형태, 개별 발코니를 가진 다락방 등 다양한 룸이 준비되어 있다.

홈페이지_ www.icelandairhotels.com
주소_ Myrargata 2
전화_ 444-4000, 560-8000

아이슬란드에어 호텔 **나투라**
Icelandair Hotel Reykjavik Natura

2011년에 리모델링을 하여 스파, 수영장들을 구비하였다. 페를란Perlan 근처에 위치해, 시내에서 걸어서 25분 정도 거리에서 떨어져 있지만 조용한 분위기는 장점이다.

홈페이지_ www.icehotel.is
주소_ Reykjavíkflugvöllur
전화_ 444-4000, 444-4500

힐튼 호텔 노르디카
Hilton Reykjavík Nordica

가장 유명한 호텔체인이지만 라우가달루르Laugardalur지역에 위치해 시내 중심이 아니라는 단점이 있다. 하지만 고급스러운 레스토랑과 호텔 분위기, 투숙객들은 무료 버스패스를 받아 시내까지 쉽게 이동할 수 있다. 도보로 약 25분정도 소요된다.

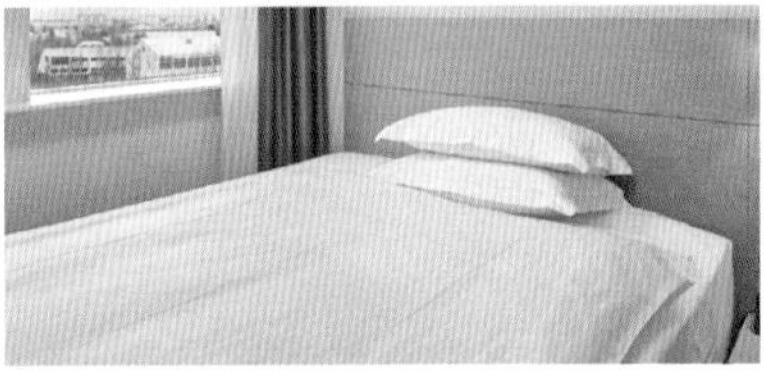

홈페이지_ www.hiltonreykjavik.com
주소_ Suðurlandsbraut 2
전화_ 444-5000

베스트 웨스턴 호텔 레이캬비크
Best Western Hótel Reykjavík

금액은 다소 비싸지만 친절한 직원과 좋은 분위기는 평균 이상의 호텔로 자리매김하게 했다. 시내 중심부와 가깝고 헬무르 버스터미널이 바로 길 아래쪽에 있다.

홈페이지_ www.hotelreykjavik.is
주소_ Rauðarárstígur 37
전화_ 514-7000

루나 호텔 아파트먼츠
Luna Hotel Apartments

1920년대 타운하우스를 리모델링한 아파트형 호텔. 시내중심가 위치. 2011년에 두 번째 건물이 인근에 지어졌다. 작은 스튜디오부터 딜럭스 3베드룸까지 스타일리하면서 편안한 객실을 보유하고 있다.

홈페이지_ www.luna.is
주소_ Spítalastígur 1
전화_ 511-2800

레이캬비크 로프트 호스텔
Reykjavik Loft Hostel

하이 아이슬란드HI Iceland에서 레이캬비크에 3곳의 호스텔을 운영중이다. 라우가베구르Laugavegur 거리의 입구에 위치해 할그림스키르캬 교회를 옥상에서 바라볼 수 있다. 레이캬비크 시내에 있는 호스텔에서 가장 좋은 시설로 호스텔이용객이 항상 많다.

홈페이지_ www.hostel.is
주소_ Bankastræti 7
요금_ 도미토리 5,500kr~
전화_ 553-8140

레이캬비크 시티 호스텔
Reykjavik City Hostel

레이캬비크 외곽의 라우가달구르Laugadalur 지역, 캠핑장 옆에 위치한 호스텔로 시내에서 도보로 30분 정도 소요된다. 시내 중심에서 떨어져 있지만 옆에는 수영장, 캠핑장, 축구장까지 있어 쾌적한 분위기로 머무를 수 있다.

홈페이지_ www.hostel.is
주소_ Sundlaugavegur 34
요금_ 도미토리 6,500kr~ **전화_** 553-8110

레이캬비크 다운타운 YHA
Reykjavík Downtown Youth Hostel

3곳의 YHA에서 가장 저렴한 호스텔로 시내에서 2.5㎞ 떨어져 있다. 친절한 직원들과 깨끗하고 친환경적인 서비스를 제공하고 있다.

홈페이지_ www.hostel.is
주소_ Vesturgata 17
이메일_ reykjavikdowntown@hostel.is
전화_ 553-8120

로토스 호텔
Lotus Hótel

나이가 많으신 부부가 운영하는 호텔로 시내에서 걸어서 20분 거리, 룸 크기가 작은 단점이 있지만, 조식이 푸짐하며 부부가 상당히 친절하고 정이 많다.

홈페이지_ www.hotellotus.is
주소_ Alftamyri 7
전화_ 511-6030

아이슬란드인들이 사랑하는 커피 & 카페 Best 10

1. 레이캬비크 로스터스 | Reykjavik Roasters

할그림스키르캬Hallgrimskirja 올라가다보면 진한 커피향으로 발길을 사로잡는 카페를 만날 수 있다. 작은 실내에는 3개의 테이블만 있어서 대부분은 테이크 아웃으로 가지고 가지만 가게 앞에 앉을 수 있는 의자들이 있다. 그들은 로스팅 마스터스들로 시내 중심에서 매일 로스팅해 커피를 내려주어 더욱 신선한 커피 맛을 즐길 수 있다.

위치_ Karastigur 1, Brautarhlt 2

2. 카피펠라기드 | Kaffifelagid

레이캬비크에서 가장 작은 커피 전문점이지만 레이캬비크 시민들이 가장 좋아하는 커피맛을 가지고 있다. 대부분의 시민들은 테이크 아웃Take away으로 이탈리아 에스프레소를 주문하여 간다.

위치_ Skolavordusttigur 10

3. 티우 드로파 | Tiu Dropar

라우가베구르 번화가의 중심에 있는 지하의 조그만 카페로 레이캬비크에서 가장 오래된 카페중의 하나이다. 밝은 인테리어가 특징이며 우리나라 관광객들이 많이 찾는 카페이다.

위치_ Laugavegur 27

4. 모카 | Mokka

아이슬란드에서 1958년부터 가장 오래된 커피전문점으로 단순한 인테리어에 커피를 한잔 마시기 좋은 커피를 내준다. 간판이 작아 지나치기 쉽고, 음악도 나오지 않는 모카Mokka에서 홀로 커피를 마실 때는 더욱 쓸쓸해지기도 하지만 연인과 친구와 커피 한잔하며 밀린 이야기를 하기 좋은 장소이다. 할그림스키르캬 교회에서 스콜라보르두스티구르Skólavörðustígur 거리로 내려오면 중간의 자전거 모양의 바리케이트가 보이면 찾을 수 있다.

위치_ Skólavörðustígur 3A

5. 록 레스토랑 | Rok Restaurant

2016년에 새롭게 문을 연 레스토랑으로 할그림스키르캬 교회를 바라보면서 커피를 마실 수 있는 위치가 매우 좋은 장소이다. 커피뿐만 아니라 와인, 맥주도 상당히 맛좋은 아이슬란드의 대표적인 카페로 부상하고 있다. 항상 많은 사람들로 붐비는 장소로 자리를 잡기가 힘들기 때문에 오후 3~5시 사이에 갈 것을 추천한다. 일리illy커피의 맛을 진하게 우려내는 커피는 아이슬란드의 진한 추억을 만들어 낼 수 있다.

위치_ Frakkastigur 26a

6. 블라칸난 카페 | Blaa Kannan Cafe

아쿠레이리에서 가장 커피 맛이 좋기로 소문난 카페로 레이캬비크의 카페 페리스의 주인이 아쿠레이리에도 낸 카페이다. 일리illy커피 맛은 일품이다. 특히 날씨가 좋으면 야외에서 커피를 마시는 관광객들을 볼 수 있어 여유로운 여행의 풍경을 선사하는 아쿠레이리의 대표적인 커피 전문점이다. 또한 케이크도 상당히 맛이 좋아 여성들이 많이 찾는다.

위치_ Hafnarstraeti 96

7. 카페 일무르 | Cafe Ilmur

아쿠레이리에서 가장 전망이 좋은 카페일 것이다. 높은 위치의 커피 전문점에서 여유롭게 오후를 즐기는 여행자의 하루는 더없이 행복해지는 분위기를 만들어 낸다. 커피맛이 좋다고는 하지만 분위기가 좋아 커피 맛도 좋게 느껴지는 것이 아닐까 생각한다.

위치_ Hafnarstraeti 106

8. 보가피오스 | Vogafjos Cowshed Restaurant

아이슬란드를 처음으로 여행하는 관광객들은 미바튼 호수를 레이캬홀리드Reykahlid 지역만을 둘러보고 아쿠레이리나 후사비크로 이동하기 때문에 보가피오스Vogafjos지역을 놓치고 가는 경우가 많다. 하지만 보가피오스에는 카페와 숙박을 동시에 운영하는 유명한 카페와 숙소가 있다. 특히 그들은 유기농 식품으로 음식을 만들고, 커피도 일리illy의 커피를 사용하여 진한 커피 맛을 제공한다. 이곳의 숙소는 매우 빨리 이곳의 숙소는 매우 빨리 예약이 완료되므로 일찍 준비해야 한다. 레이캬홀리드의 좌측으로 돌아 도로를 따라가면 3분 내에 보가피오스 카우쉐드 레스토랑을 갈 수 있다.

호수를 보면서 마시는 커피는 여행의 피로를 풀어줄 것이다. 공짜 커피를 맛보고 싶다면 겨울에 숙박을 해서 30% 이상 할인을 받고, 조식을 제공하는데 같은 커피를 맛볼 수 있다.

위치_ Vogafjosi 660, Myvatn

9. 동부 듀피보구르 호텔 프리미티드 | Hotel Frimitid

동부 피오르드를 지나가는 시작점이 듀피보구르이다. 버스투어나 렌트카 여행 여행자들이 듀피보구르에서 점심을 먹고 지나가는 경우가 많다. 대부분은 랑가버드Langabud나 비드보긴에서 점심과 커피를 마시는데 관광객이 너무 많아 북적인다.

여유롭게 커피를 마시고 싶다면 호텔 프리미티드Hotel Frimitid에서 마시기를 권한다. 듀피보구르에서 가장 오래 자리를 잡은 호텔로 아파트, 게스트하우스까지 운영하며 호텔 고객을 위한 음식과 커피를 제공하고 있다. 숙박을 하지 않은 관광객에게도 커피와 음식을 제공하고 있다. 항구를 바라보면서 여유로운 커피를 마셔보자.

위치_ Vogalandi 4, Markarland

10. 북부 글라움베어 아스카피 | Askaffi

잔디 지붕 마을인 글라움베어에서는 아이슬란드 전통 가옥을 볼 수 있다. 또한 북부에서 수도 레이캬비크로 가는 390㎞에 이르는 긴 시간 동안 중간에 쉴 수 있는 곳이기도 하다. 잔디지붕마을인 터프 하우스Turf House를 보고 옆의 카페인 아스카피에서 운전의 피로를 풀기에 좋은 진한 커피 맛을 맛볼 수 있다. 글라움베어는 아이슬란드 북부의 중심인 스카기 반도로 진입하는 입구에 위치해 있다. 아름다운 전원의 풍경을 진한 커피와 함께 옛 아이슬란드의 전통복장을 보면서 즐겨 보자.

위치_ Glaumbær

레이캬비크의 대표적인 축제 2가지

레이캬비크 빛 축제

레이캬비크에서는 매년 2월 초에 환상적인 빛 축제를 개최한다. 겨울이 길어 낮의 길이는 매우 짧은 아이슬란드에서는 겨울에 어둡고 우울하기 때문에 겨울을 지낼 갖가지 방법을 생각해 낸다. 현재 아이슬란드의 겨울에 가장 유명한 축제가 레이캬비크 빛 축제이다. 매년 2월 초에 시작해 약 10일 동안 이어지는 환상적인 빛의 향연에 빠져보자. 매년 2월 초에 시작해 약 10일 동안 이어진다.

레이캬비크 게이 프라이드 퍼레이드 축제

아이슬란드의 수도 레이캬비크에서 8월 6일에 매년 정기적인 '게이 프라이드 퍼레이드'가 열린다. 성소수자를 보호하고 다양한 생각을 가진 사람들이 공존하며 사는 세상을 알리기 위해 퍼레이드를 하고 이어서 공연을 하고 끝이 난다. 그들은 하프나스트레티 거리에 길거리 바닥에 페인트 칠을 하여 먼저 게이 프라이드 축제를 알리고 8월 6일에 퍼레이드를 하면서 화합을 강조하는 축제를 펼친다.

Eymundsson

SCANDIC

아이슬란드의 수도, 레이캬비크의 대표 투어

아이슬란드를 여행하는 관광객 중에서 여행 일정이 짧을 때에 레이캬비크에서 다녀올 수 있는 다양한 투어를 이용해도 좋다. 근교를 가는 다양한 투어만 이용해도 아이슬란드 남부와 서부 내륙인 란드만나라우가까지 다녀올 수 있다. 모든 투어는 숙소를 알려주면 숙소까지 투어회사에서 와서 태우고 가기 때문에 미리 예약만 하면 된다.

1. 골든 서클 투어 | Golden Circle Tour / 요금 : 9,900kr~

레이캬비크에서 가장 유명한 투어로 1년 내내 운영한다. 아이슬란드에서 가장 유명한 관광지라고 하는 싱그베들리르 국립공원, 게이시르, 귀들포스를 여행하는 투어로 8~9시간 정도 소요된다. 오전 9시 이전에 픽업하여 출발한다. 여름에는 백야로 낮이 길어서 로가바튼의 폰타나 온천이나 레이캬네스 반도의 블루라군, 말타기,싱벨리어 국립공원의 스노쿨링과 결합한 투어까지 하루에 이용할 수 있다.

2. 남부해안과 스카프타펠 국립공원 투어 | South Shore Tour & Skaftafell National Park / 요금 : 12,900kr~

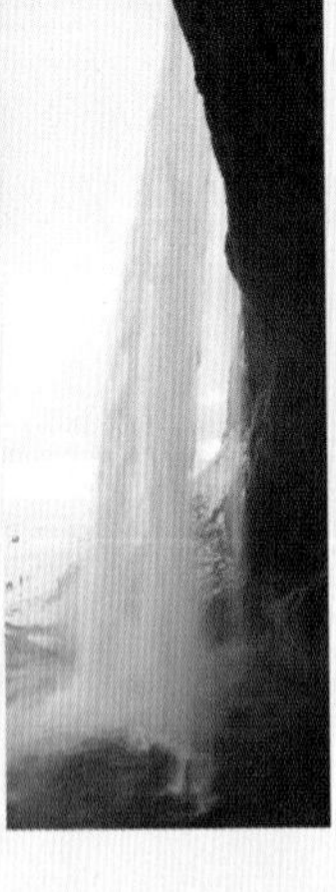

1년 내내 운영하지만 겨울에는 기상에 따라 운영하지 않는 경우도 많으니 반드시 미리 예약해야 한다. 남부를 하루에 둘러보는 투어이기 때문에 1박 2일이나 2박 3일로도 운영하고 있다. 13시간 이상 소요되는 투어이기 때문에 아침 7시 30분 정도에 픽업하여 밤까지 진행되는 투어이다. 남부의 주요 관광지인 셀랴란즈포스, 스코가포스, 디르홀레이, 비크, 요쿨살론을 다녀온다.(겨울에는 빙하보트투어가 빠지기도 함) 남부에서 할 수 있는 엑티비티인 스노우모빌, 오프로드, 스카프타펠의 빙하트레킹을 포함하는 투어도 진행되고 있다.

3. 레이카네스 투어 | Reykjanes Tour / 요금 : 15,600kr~

레이캬네스 반도의 화산지대인 셀툰지역을 보고, 아이슬란드의 대표적인 온천인 블루라군을 보는 투어가 진행되고 있다. 또한 오토바이를 타는 ATV를 타고 엑티비티를 즐길 수 있다.

4. 랑요쿨 얼음동굴 투어 | Langjokull Ice Cave Tour / 요금 : 29,900kr~

랑요쿨에서 거대한 얼음 동굴이 발견되어 2014년부터 랑요쿨 얼음 동굴 투어가 시작되었다. 6월 1일부터 9월 30일까지는 매일 투어가 운영되고 겨울에는 수, 금요일에만 진행된다. 거대한 빙하투어 차량을 타고 이동하는데 빙하를 내부까지 깊게 들어가는 투어가 인기를 얻고 있다. 하지만 스카프타펠 국립공원의 빙하트레킹과는 같이 하지 않는 것이 좋다. 같은 빙하를 걷고 속을 보는 투어이기 때문에 지루해질 수 있다.

The Reykjanes Peninsula

레이카비크 반도

그린다비크
Grindavík

오늘날 그린다비크는 조용하고 무난한 마을이지만, 중세시기, 이곳은 주요 무역 무대의 중심이었으며, 1532년에는 영국 상인들과 한자동맹 상인들 간의 경쟁으로 결국 영국인 존이 살해당하기까지 이른다. 1627년 잔혹한 해적이 그린다비크를 습격하여 덴마크인과 아이슬란드인 다수와 두 척의 상선을 포획해 갔다. 바다에서 가족을 잃은 사람들을 위한 동상이 인상적이다.
컬처Kvikan House of Culture & 천연자원 크비칸 하우스Natural Resources 등이 자리하고 있다. 지금은 인구 2,900명의 전형적인 어촌이지만, 파란만장한 역사를 가지고 있다.

크비칸 하우스
홈페이지_ www.grindavik.is
주소_ Hafnargata 12a
Open_ 하절기 매일 10:00~17:00,
동절기 토~일 11:00~17:00

크리쉬비크
Krýsuvík

아이슬란드를 여행하려는 사람들이 누구나 다른 행성에 와 있는 기분을 느끼게 된다는 장소는 북부의 지열 지대, 나마피알 흐베리르Námafjall Hverir일 것이다.이 곳을 보기 위해 북부 아이슬란드로 향하는 관광객이 많다. 레이캬비크 바로 옆에도 같은 외계행성같은 장소가 있다.

아이슬란드에 처음으로 도착하는 케플라비크 공항이 있는 레이캬네스 반도, 땅 아래는 매우 뜨끈뜨끈한 지열 지대이다. 아이슬란드 북부에 흐베리르가 있다면,
서부에는 셀툰Seltún이 있다. 흐베리르와 다른 점은, 전체적으로 땅에서 김이 모락모락 나고 땅 아래를 1㎞만 파더라도 200도 가볍게 넘어간다고 한다.
그래서 지하수가 끊임없이 증발할 수 밖에 없다. 레이캬비크에서 30㎞ 정도 떨어진 지역이라 짧은 일정으로 북부를 가기 힘들다면 이곳에 다녀오는 것이 좋다.
셀툰을 가기 전에 셀툰 바로 아래, 풀리풀

루르Fúlipollur라는 곳이 있다. Four-Smelling Puddle(악취가 나는 물웅덩이)라는 뜻으로 달걀 썩는 냄새의 황 냄새가 나서 이 같은 이름이 붙었다. 지하로부터 올라오는 황화수소와 이산화탄소 같은 가스 덕분에 물이 산성화가 되면서 땅을 녹여버리며 웅덩이가 생긴다.

셀툰과 인근 전체 지역을 크리수비크 지열대Krýsuvík Geothermal Area라고 부른다. 934년에 아이슬란드에 도착한 두 명의 바이킹 중에 몰다Molda – 그누푸르Gnúpur의 자손들이 그린다비크 지역에서 모여 살았고, 다른 한명 쏘리르Þórir의 자손들이 모여 살았던 곳이 이 곳, 크리수비크이다. 19세기까지도 농장이 있었지만 지금은 없고, 유일하게 남아있던 교회 크리수비쿠르키르캬Krýsuvíkurkirkja도 불타버렸다.

블루라군
Blue Lagoon

온천의 대명사가 되어버린 블루라군Blue Lagoon은 용암대지이다. 이 곳에 오면 마치 외계행성에 온 느낌을 받는다. 입구에 다다르면 블루라군의 간판이 보인다. 간판에서 사진을 찍고 용암길을 따라 걸어가면 입구가 나온다. 줄을 서서 티켓을 제시하고 입장하면 파란색에 크림색을 섞어 놓은 듯한 온천을 보게 된다.

밖은 춥지만 온천으로 들어가면 "아! 시원하다"라는 말이 절로 나온다. 물의 온도는 너무 뜨겁지 않은 적당한 온도라서 오랫동안 온천을 즐길 수 있다. 위는 춥고 아래는 따뜻한 신비한 느낌이 몸에 전해진다. 몸과 마음의 피로를 다 풀고 갈 수 있는 온천이 블루라군이다.

아이슬란드에서 가장 인기 있는 여행지는 그린다비크 바로 바깥쪽, 공항에서 15㎞ 떨어진 지점의 블루라군은 스파종합단지로, 아이슬란드를 가장 잘 보여주는 장소이다. 작은 나무 다리가 십자로 사파이어빛 온천수 위를 가르고, 동굴 같은 사우나가 용암석 안쪽으로 파고 들어가 있다. 큰 소리를 내며 떨어지는 폭포는 마사지에 제격이다. 단지 내에는 스파 치료 공간, 레스토랑, 스낵바, 가게, 회의 시설 및 게스트하우스가 자리하고 있다. 블루라군의 치유성분에 감명 받았다면, 피부 및 목욕용품을 구매할 수 있다.

블루라군의 비밀

레이카네스 반도, 남서부의 스바르챙기Svartsengi에서는 과열된 물(3분의 2는 소금물)이 열교환공정을 거쳐 담수에 열을 제공하고 전력 발전을 하고 있다. 한 가지 더 득이 된 것은 지표수로 인해 형성된

뜨거운 호수가 유명한 스파인 블라 뢰니드Bláa Lónið, 즉 블루라군이 되었다.

근방의 스바르챙기 발전소에서 지구 표면 2㎞ 아래까지 섭씨 240℃의 물을 끌어올린다. 극도로 뜨거워진 물이 이중 공정을 거치는데, 한 쪽에서는 전기를 생산하고 다른 쪽에서는 물을 데우는 역할을 한다. 이렇게 사용된 물은 인체의 온도와 비슷한 38℃를 유지하는데, 실리카, 소금, 기타 광물을 풍부히 머금은 채로 현재 블루라군이 있는 곳까지 수 백 미터를 흘러오게 된 것이다.

염분과 여타 미네랄이 풍부한 블루라군의 물은 피부에 굉장히 좋다고 평판이 나 있고, 건선이나 습진을 앓고 있는 사람들에게 이곳의 온천욕이 증상을 완화하는 데 도움이 된다고 한다.

홈페이지_ www.bluelagoon.com

전화_ 420-8800

Open_ 매일 7~8월 중순 09:00~24:00
6월, 8월 말 09:00~21:00
9~5월 10:00~20:00

Lava Restaurant

블루라군 내로 입장하다 보면 오른쪽에 보이는 레스토랑이 블루라군의 라바 레스토랑이다. 동굴 같은 분위기에 음식 맛도 다들 만족한다. 바쁠 때는 서비스가 느리기도 하지만 다른 온천의 스파 내의 식당인 것을 감안하면 꽤 괜찮은 음식 맛에 놀랄 것이다. 랍스터수프를 추천한다고 하지만 우리의 입맛에는 맞지 않다.

ICELAND Tip

1. 2015년부터 중국인 관광객이 늘어나면서 블루라군은 항상 초만원이다. 여름 내내(6~8월) 붐비므로 일찍 입장하는 것이 아니라면 늦게까지 머물거나 저녁을 먹고 이용하는 것이 번잡하지 않아 사람들을 피하기에 좋다.

2. 블루라군의 가장 자리로 가면 다들 얼굴에 무언가를 바르고 있다. 통안에 있는 것은 천연 진흙 팩인 "실리카머드"이다. 얼굴에 바르면 피부가 부드러워진다.

3. 미네랄이 풍부한 블루라군의 온천수는 머리카락이 뻣뻣해져 다음날에도 영향을 줄 수 있으니, 헤어컨디셔너를 준비해가면 예방할 수 있다.

블루라군(Blue Lagoon) 예약하기

아이슬란드를 여행하고 싶은 이유 중에 하나가 세계인의 버킷리스트인 블루라군Blue Lagoon을 방문하고 싶어서이다. 그런데 2015년부터 블루라군Blue Lagoon은 반드시 예약을 해야 갈 수 있다. 블루라군Blue Lagoon은 온천만 이용하는 컴포트Comfort, 프리미엄Premium, 럭셔리Luxury가 있는데 음료 한잔을 마실 수 있고 수건도 나오는 컴포트를 대부분 선택한다. 블루라군을 예약하는 방법은 먼저 블루라군Blue Lagoon을 가려고 하는 날짜와 원하는 시간을 정해야 한다. 오후 1시 이후부터 매우 많은 관광객이 방문하므로 되도록 오전이나 저녁에 예약하는 것이 여유롭게 온천을 즐길 수 있다.

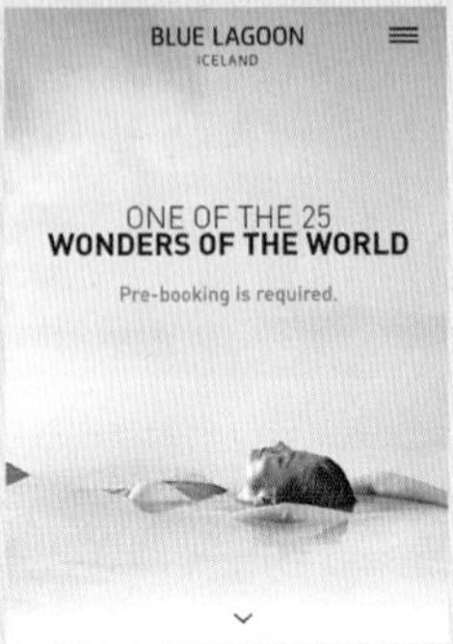

홈페이지 메인 화면

예약 순서

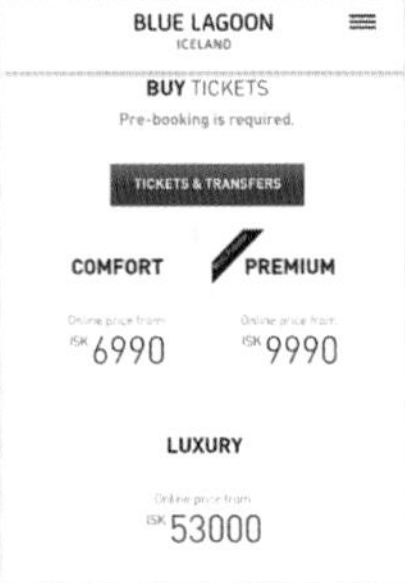

① 가려는 날짜와 시간을 정하고 인원도 입력한다.

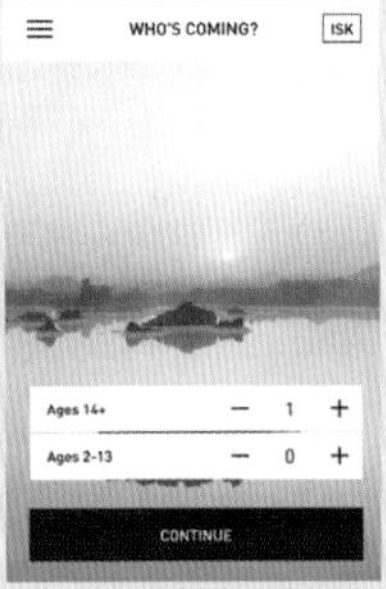

② 다음 페이지에 블루라군(Blue Lagoon) 버스 편 예약을 묻는데 렌트카를 예약했다면 필요가 없다.

③ 이름과 성, 이메일, Korea, 핸드폰 번호를 입력한다.(국가번호 82와 앞자리 '0'을 제외하고 입력한다.

④ 카드정보를 입력하고 결제를 하면 이메일로 티켓이 온다.

블루라군(Blue Lagoon) 예약 후 주의사항

① 투어는 매일 진행(연중무휴)되므로 출발 전 투어에 참여하실 날짜와 블루라군 입장 시간을 정한다.
② 블루라군 버스는 블루라군 입장 시간 (09시~19시 중 매 1시간 간격으로 정시 입장) 1시간 전 레이캬비크를 최종 출발 (매시 정각 출발)하며, 레이캬비크 최종 출발 시간보다 30분 전에 각 호텔의 픽업 장소에서 셔틀 픽업이 진행되기 때문에 차량 픽업 시간에 맞춰 대기하여야 한다.

예) 블루라군 9시 입장 투어 예약이라면, 8시 레이캬비크를 최종 출발하며 (BSI Bus Terminal 기준), 7시 30분에 호텔 픽업 진행한다.

③통보를 안 하는 불참자가 많아 지각을 하면 별도의 연락을 취하지 않아 픽업시간 최소 10분 전에는 대기하고 있어야 한다. 미팅 시간 지각으로 인한 불참은 환불이 불가하다는 점을 알아야 한다.
④ 호텔 픽업 장소에서 대기할 때 버스기사가 확인할 수 있는 장소에서 대기해야 한다.
⑤현지의 날씨나 도로 사정상 픽업시간이 지체 될 수 있기 때문에 30분 정도 여유롭게 기다는 것이 좋다.
⑥ 블루라군 티켓 바우처를 실물로 소지하는 것이 안전하다. 바우처가 없다면 스마트폰 화면으로 캡쳐를 해둔다)

아이슬란드 폭포 top 10

1. 글리무르Glymur | 190m(아이슬란드 서부)
2. 하이포스Haifoss | 122m(아이슬란드 내륙)
3. 헹기포스Hengifoss | 110m (아이슬란드 동부)
4. 딘얀디Dynjandi | 100m (아이슬란드 서부 피오르)
5. 셀랴란즈포스Seljalandsfoss | 65m (아이슬란드 남부)
6. 스코가포스Skógafoss | 62m (아이슬란드 남부)
7. 데티포스Dettifoss | 44m (아이슬란드 북부)
8. 굴포스Gullfoss | 31m (아이슬란드 골든서클)
9. 흐라우네야포스Hrauneyjafoss | 29m (아이슬란드 서부)
10, 할파르포스Hjalparfoss | 13m (아이슬란드 남부)

굴포스

데티포스

셀랴란즈포스

하이포스

헹기포스

스코가포스

Reykjavík Outskirts

레이카비크 근교

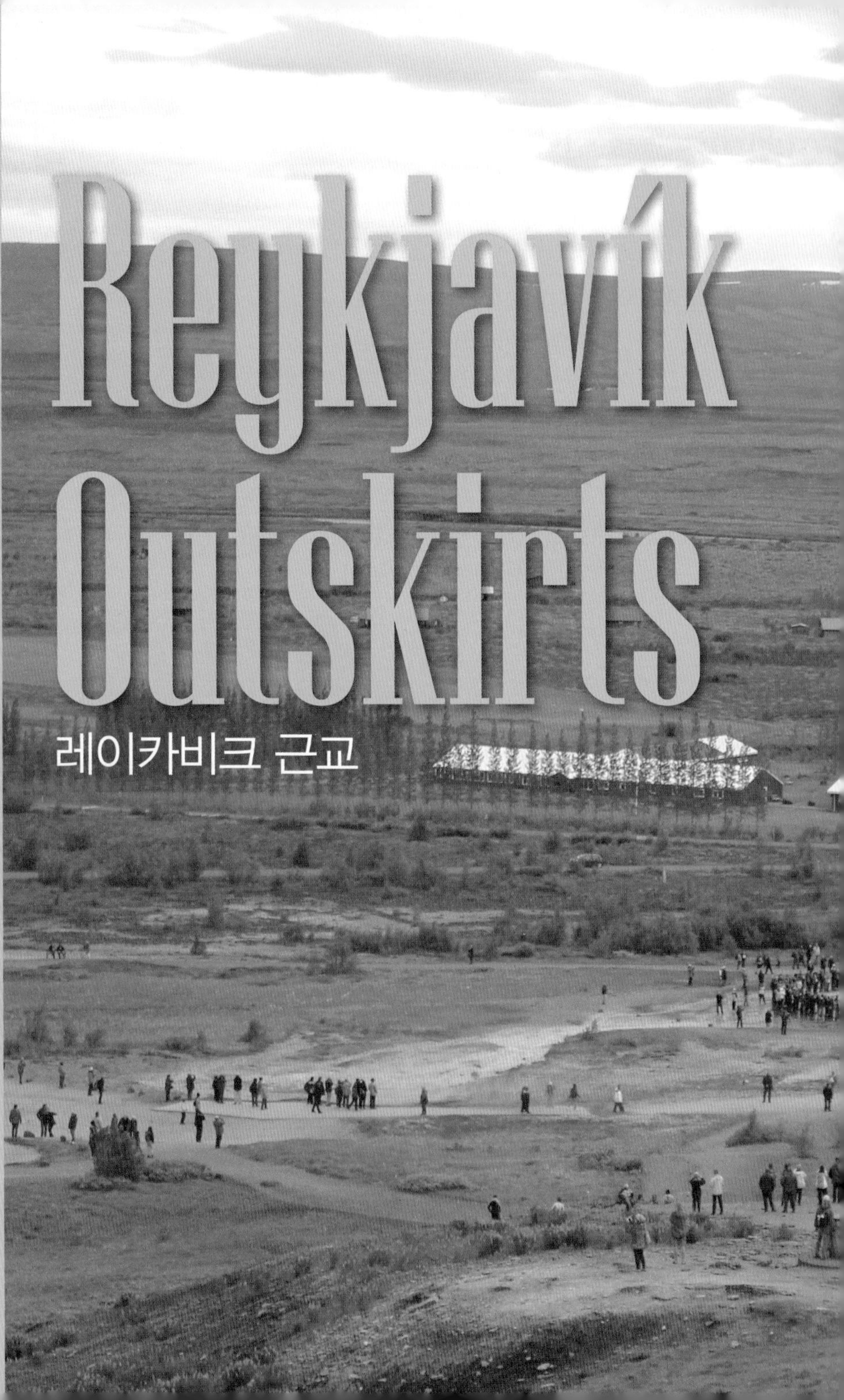

골든서클 맛보기

싱벨리어 국립공원

유네스코 세계문화유산으로 지정된 싱벨리어 국립공원은 유라시아판과 북아메리카판이 매년 2㎝씩 벌어진다고 한다. 대지가 벌어진 틈을 볼 수 있어 세계적으로도 특별한 곳이다. 전망대에서 보면 왼쪽이 유라시아판, 오른쪽이 북아메리카판이다. 아이슬란드인들에게는 세계에서 가장 오래된 민중회의가 열린 장소로 세계 최초의 의회가 열린 곳이다.

게이시르

다들 카메라를 들고 무언가를 기다리고 있다. 놀랍게도 물이 솟아오르고 "와!"라는 함성과 함께 너무도 짧은 광경에 "에이~~"라는 실망감이 교차한다. 게이시르는 마그마에 의해 데워진 물이 분출되는 것으로 "마그마의 호흡"이라고 생각하면 된다. 물기둥 간격과 높이가 일정하지 않아 계속 머무르게 된다.

굴포스

계단식의 3단 폭포인 굴포스는 가장 높은 곳의 낙차가 32m나 된다. 땅 속으로 떨어지는 굴포스를 보면 말문이 막힌다. 이 아름다운 폭포를 오래전 댐을 만들어 수력발전을 하려는 계획에 맞서 "나는 나의 친구를 버릴 수 없다"라며 댐을 건설하면 투신하겠다고 막은 소녀로 인해 굴포스는 지켜졌고 지금은 아이슬란드를 대표하는 관광지가 되었다.

싱벨리어
Þingvellir

35번 국도를 타고 셀포스 북쪽으로 조금만 올라가면 최초 정착민 잉골푸르 아르나르손이 묻혀졌다고 전해지는 잉골프스퍄틀Ingólfsfjall이 나온다. 계속해서 북쪽으로 올라가면 싱벨리어 국립공원Þingvellir National Park를 만날 수 있다.

레이캬비크에서 바로 접근 가능하며, 아이슬란드 역사의 심장부이기도 한 이곳은 유네스코 세계유산으로 등재되어, 그 자연과 중세 북유럽 문화를 동시에 느낄 수 있는 곳이다.

싱벨리어는 아이슬란드인들의 자부심으로 1928년 국립공원으로 지정된 싱그바틀라바튼Þingvallavatn의 북쪽으로 역사적인 장소가 펼쳐져 있다. 용암지대 자체인 싱벨리어는 여름에는 야생화로, 가을에는 붉은 그림자로 물든다.

유라시아판과 북아메리카판이 아이슬란드를 두 쪽으로 가르고 있는 지점이기도 하다. 항공사진으로 보았을 때, 깊은 균열의 알만나가우Almannagjá와 그 측면에서 열렸던 알싱기의 흔적이 보이는데, 이는 평원을 북동쪽으로 가로지르는 어마어마한 열구의 일부에 불과하다. 이따금 지진으로 그 형태가 변하기도 하였는데, 예를 들어 1789년 지진으로 평원지대가 1미터가량 가라앉게 되었다. 두 판은 매년 약 2cm의 속도로 서로 멀어지고 있다.

싱벨리어 국립공원의 벌어진 틈이 몇 개 있는데 그 중에는 강처럼 보이는 곳도 있다. 물 안에 동전들이 있는 웅덩이는 오래전 덴마크 왕이 동전을 던지고 소원을 빈 후, 동전을 던지고 소원을 비는 풍습이 생겨났다고 한다.

'소원을 비는 샘'이라는 뜻으로 많은 관광객이 던진 동전들이 가득하다.

ICELAND Tip

About 알싱기

아이슬란드 초기 정착민들이 930년 커먼웰스를 결성하고자 했을 때, 새로운 국회 알싱기의 설립장소로 선택한 곳이 바로 싱벨리어("국회 평원"이라는 뜻)의 자연 원형바위였다. 이는 당대 나머지 유럽 국가들이 엄격한 중세 왕조에 뒹굴고 있던 때와 비교하여 보았을 때, "공화주의"라는 큰 실험을 한 것이었다.

10세기 아이슬란드, 쫓겨난 수장들은 다시는 한 사람의 지배자만을 인정하는 전통적 권위 형태에 안주하지 않겠노라 마음먹었다. 그들은 각자의 지역(혹은 싱þings)을 지배하고 스스로를 "신"이라는 의미의 고다르goðar라고 불렀다. 930년 세워진 연방 알싱기Alþingi는 의회로서 그 역사가 지금까지도 이어지고 있다. 의장 혹은 법률 의장이 주도한 알싱기는 특정 문제에 있어서는 중앙 권력이 필요하다는 것을 인식했음을 보여준다. 법적 분쟁이나 법 제정의 문제는 의회의 핵심이라 할 수 있는 뢰그레타Lögrétta라는 법률위원회에 의해 조정되었고, 이 위원회는 수장들과 투표권을 갖지 않는 자문단으로 구성되어 있었다. 더 작은 사건들은 아이슬란드의 각 "쿼터"별 법정에서 다루어졌으며, 이는 36명의 수장으로 구성되어 있었다.

알싱기는 매년 2주간 싱벨리어Þingvellir

에서 만남을 가졌으며, 이곳은 지리적으로 가장 인구가 많은 지역의 중간지점이었던 데다가 천연 원형무대를 가지고 있었기 때문이다. 이렇듯 연례적으로 이루어진 모임은 독특한 문화의 발전에 영향을 주었을 뿐만 아니라 왜 아이슬란드에는 지방 사투리가 없는지 설명해준다.

비록 알싱기는 최고 정신이자 임시적이나마 권위를 갖지만, 군사력을 일으키거나 경찰력을 행사할 수 없었다. 게다가, 법률 의장의 권력을 고의적으로 제한해 두었기에 그 지위를 왕조로 향하는 발판으로 삼을 수가 없었다. 예컨대 한 수장이 법률 의장과 반목하여 1,500여 명의 지지자를 이끌고 나타난다 하여도 법률 의장이 할 수 있는 것은 아무 것도 없었다.

따라서 알싱기는 일을 진척하는데 있어서 많은 어려움을 겪었다. 1012년, 한 소송인은 법의 세부조항을 이유로 자신의 사건을 어물쩍 넘기려 한다는 의심이 들자 그의 사병을 풀어버린 사례가 있다. 이로 인해 소송절차가 다시 시작될 때까지 싱벨리어 평원은 온통 시체로 뒤덮였다. 소송은 넘쳐났지만 법은 너무 복잡했고 사회는 앙갚음과 복수로 깊은 난제에 빠졌다. 그리하여 법정에서의 정당한 절차는 항상 칼날 위에 놓인 형국이었다.

게이시르
Geysir

레이캬비크에서 도로를 따라 바깥으로 운전하다보면 35번 국도와 37번 국도 모두 게이시르로 향하는데 게이시르라는 명칭은 전 세계의 모든 간헐천geyser이라는 이름의 시초이다. 1294년부터 최대 60m까지 솟아올랐던 그레이트 게이시르the Great Geysir는 최근까지 수 십년 동안 분출하지 않고 있다.

20세기 동안 자갈이나 잡동사니를 분출구로 던져 넣어 폭발하게끔 유도해 보기도 하고, 독립기념일 등 특별한 날에 표면장력을 저하시켜 분출시키기 위해 가루비누 등을 사용해보았지만, 간헐천은 분출하지 않았다. 휴면기에 가까운 상태로 접어든 것으로 판단하였지만 2000년 6월 난데없이 게이시르가 갑자기 솟구쳐 올랐을 때 많은 사람들이 어리둥절하였다. 뜨거운 간헐천의 물은 상공 40m까지 솟아올랐고 그 이후로도 몇 주간은 주기적으로 활동을 이어나갔다. 남부 아이슬란드의 지진이 잠시나마 지반의 압력에 변화를 주면서 게이시르에게 새로운 활동을 주는 것으로 판단했지만 다시 그 이후로 휴지기에 접어들면서 활동을 중지하고 있다. 다행히도 그레이트 게이시르의 옆, 스트로쿠르Strokkur는 약 5분마다 약 20~30m의 높이로 솟아오른다.

전체 게이시르 지역은 지열적으로 활동중이며, 산책로를 따라 걷다 보면, 수증기가 나오는 기공이나 옥색 못, 반짝거리는 다양한 색의 진흙탕 등을 볼 수 있다. 홀딱 젖고 싶지 않다면 스트로쿠르 방향으로 바람이 부는 쪽에 서있지 말아야 한다. 줄이 쳐진 곳 뒤쪽에 머물러야 하며, 온도가 어떤지 궁금해서 손을 넣는 일 같은 것은 절대 해선 안 된다.

굴포스
Gullfoss

35번 국도를 따라 9㎞ 정도 더 나아가면 아이슬란드에서 가장 잘 알려진 황금폭포라는 뜻의 굴포스Gullfoss를 만날 수 있다. 위쪽의 메인 주차장에 차를 주차하고, 길을 따라 내려가면, 굉음을 내며 흐르는 폭포를 빨리 보고 싶어 마음이 바빠진다.

흐비타Hvítá강이 32m 높이에서 2.5㎞ 깊이의 협곡으로 떨어지는 것을 볼 수 있는데 폭포로 다가가면 폭포의 북면을 지나서 계속해서 이어지고, 폭포물이 흐르는 곳의 바로 옆까지 갈 수 있다. 반드시 방수가 되는 겉옷을 준비해야 한다.

폭포수를 바로 옆에서 보는 것은 기쁘지만 맑은 날 무지개를 만들어내는 바로 폭포의 물보라가 온 몸에 물을 뿌려댈 것이다.

ICELAND Tip

About
시그리두르 토마스도티르 Sigriður Tómasdóttir

한때 수력발전을 위해 굴포스를 판매하려는 계획을 가졌던 적이 있었다. 그때, 굴포스를 구한 인물이 굴포스인근의 농장 브라트홀트에서 살았던 농부의 딸인 시그리두르 토마스도티르 Sigriður Tómasdóttir이다.

1920년대, 굴포스폭포의 낙차를 이용해 수력발전을 하려는 목적으로 흐비타 강에 댐을 설치하려는 계획이 나왔다. 그러나 시그리두르는 이 안에 반대하기 위해 레이캬비크까지 걸어가 정부에 항의했으며, 공사에 착수한다면, 스스로 폭포로 몸을 내던지겠다고 선언하며 대응하였다. 결국, 정부는 댐을 설치하는 대신 굴포스를 사들이고, 1975년에는 국가기념물로 지정하게 되었다.

로가바튼 Laugarvatn & 폰타나 Laugarvatn Fontana

아직은 우리나라 관광객들에게는 생소한 호수와 온천이지만 미네랄이 다량 포함되어 1929년부터 시작된 오랜 역사를 가진 노천온천이다. 아름다운 로가바튼 호수에서 게이시르지역의 온천을 즐길 수 있다.
아이슬란드만의 색다른 경험을 느낄 수 있는 장소로 자연 그대로의 사우나를 즐기기 때문에 사우나의 온도(평균 80~90°C)는 조절이 불가능한 온천이 로가바튼의 폰타나 온천이다. 골든 서클을 다 둘러봤다면 피곤한 몸의 피로를 풀어보자. 폰타나온천도 경험하고 지열로 빵을 만드는 체험까지 할 수 있는 좋은 관광지이다.

Open_
매일 11:30, 14:30
여름(6월 10일~8월 21일) 10:00~23:00
겨울 11:00~21:00
(단, 12월 24~31일은 11:00~16:00)

입장요금_
성인(17세~) 3,400kr
유스(13~16세) 2,000kr
어린이(0~12세) 무료 ㅕ
시니어(67세~) 2,000kr
가족 그룹(성인 2명, 소인 4명) 8,500kr

사용요금_
타월(Towel) 800kr
목욕 수트(Bathing suit) 800kr.
라이 브레드 체험 관람
(RYE BREAD EXPERIENCE)

주소_ Laugarvatn Fontana, Hverabraut 1,840 Laugarvatn
홈페이지_ www.Fontana.is
Tel_ (+354) 486-1400

플루뒤르
Flúðir

골든서클을 여행하면 대부분의 코스가 싱벨리어 국립공원, 게이시르, 굴포스를 가는 것이 일반적이다. 그나마 아이슬란드에 관심이 있다면 레이캬비크에 돌아오는 도로에 있는 로가바튼 폰타나 온천에 들른다. 로가바튼 폰타나 온천도 모르는 관광객들이 많으니 아이슬란드에서 비밀 온천으로 알려진 플루뒤르Flúðir지역의 감라 라우긴Gamla Laugin은 우리나라에는 거의 알려져 있지 않다.

플루뒤르는 게이시르와 굴포스에서 멀지 않는 곳에 있는 인구 약 400명 정도의 작은 마을이다. 아직 모르는 관광객들이 많아 현지인들이 주로 이용하지만 골든서클에서 1박을 한다면 꼭 가보라고 추천하는 숨겨진 온천으로 인공적인 부분을 최소화하여 자연적이고 독특한 풍광을 가지고 있다. 레이캬비크에서 76번 버스를 타고 레이크홀트 다음역에서 내리면 플루뒤르에 도착할 수 있다.

Open_ 여름(5월 1일~9월 30일) 10:00~22:00
겨울(10월 1일~4월 30일) 12:00~20:00
요금_ 성인(17세~) : 2,500kr / 16세 이하는 무료
수건과 목욕 수트(Bathing suit)는 500kr

싱벨리어 국립공원

게이시르

굴포스

Iceland West

아이슬란드 서부

스나이팰스요쿨 정상에 만년설이 덮혀 있는 서부반도는 레이캬비크에서 가장 근접한 거리에 있는 빙하로 70만 년 된 성층화산이다. 헬가펠을 비롯해 레이캬비크에서 1박 2일이나 2박 3일로 여행하기에 좋은 장소이다.

아이슬란드를 일주하는 여행에서는 잘 여행하지 않는 지역이지만 레이캬비크에서 5시간 정도를 차로 이동하면 쥘 베른의 소설 지구 속 여행Journey to the Centre of the Earth에서 나오는 동굴을 탐험해 볼 수 있다. 또한 빙하트레킹도 할 수 있어 레이캬비크에서 주로 머무는 여행이라면 1박 2일로 다녀올 수 있는 장소로 아이슬란드의 색다른 느낌을 가질 수 있다.

이밖에 많은 할리우드영화들이 아이슬란드에서 촬영됐는데 2008년에 개봉한 '잃어버린 세계를 찾아서'는 스나이펠스네스 반도에서 촬영되었다고 한다.

스나이펠스네스 반도
Snæfellsnes Peninsula

보르가네스Borgarnes에서부터, 포장도로인 54번 도로를 따라 서쪽으로 이동하면 스나이펠스네스 반도와 빙하가 있다. 54번 도로에서 처음으로 마주치는 랜드마크는 완벽하게 좌우대칭인 60m 높이의 분화구 엘드보르그Eldborg로 5,000~8,000년 전의 화산폭발로 인해 형성되었다. 엘드보르그Eldborg 분화구는 장엄한 경관을 내려다 볼 수 있는 곳에 위치해 있어 아래의 아름다운 전경을 볼 수 있다.

케르린가르스카로드Kerlingarskarð 패스는 해수면 위 311m 높이에 있으며, 한때 악천

후로 많은 생명을 앗아갔던 위험한 길이었다. 이곳에 대한 유령 이야기가 오랫동안 전해져 왔으며, 심지어 오늘날에도 이 길을 지날 때 차 안에 누군가가 있는 것 같은 느낌을 받는 사람들이 있다고 한다.

스나이펠스네스 반도Snæfellsnes peninsula의 기이한 특징 중 하나는 천연 탄산수를 생산하는 약수터mineral springs가 있다는 것이다. 아이슬란드에서도 매우 드문 현상이다.

말 농장Lýsuhóll에서는, 지열 구역에서 광천수가 발견된다. 이 구역은 뜨겁고 거품나는 물을 생산하는데, 이 물은 수영장을

따뜻하게 하는 데 사용된다. 한때 어업의 중심지였던 Búðir는 현재는 고립되고 로맨틱한 Búðir 호텔로 더 유명하다. 스나이펠스요르쿠트 빙하 아래 위치한 작은 어촌 아르나르스타피Arnarstapi와 헬나르Hellnar는 기묘한 암층과 조류로 유명하다.

헬나르 근처에는 바다 동굴 바즈토파Baðstofa가 있는데, 태양빛에 따라 색이 변하는 기이한 현상을 볼 수 있다. 동굴 맞은편 해안가에서 여름철에 작은 커피숍이 운영된다. 헬나르는 AD1000 무렵 그린란드를 발견했던 영웅인 구드리두르Guðríður의 탄생지이다. 그녀는 어렸을 때 그린란드로 이주해왔다.

아르나르스타피Arnarstapi에 있는 자연의 불가사의로는 목소리를 내면 메아리처럼 울리는 놀라운 음향 효과를 지닌 송헬리르Sönghellir와 거대한 돌 아치stone arch가 있다. 절벽에는 바닷새 수천 마리가 둥지를 틀고 있다.

구드리두르Guðríður
구드리두르는 남편 칼세프니Karlsefni와 함께 북미에 있는 노르웨이 식민지 빈랜드Vínland에 정착했고 이곳에서 그녀는 아들 스노리Snorri를 낳았다. 스노리는 북미에서 처음으로 태어난 백인 아이였다.

스나이펠스요쿨 빙하
Snæfellsjökull glacier

남쪽으로는 아르나르스타피Arnarstapi에서, 북쪽으로는 올라프스비크Ólafsvík에서부터 이곳에 도달할 수 있다. 아르나르스타피에서 가는 것이 더 쉽다. 정상까지는 걸어서 4~5시간이 걸린다. 자가용이 있다면 F570 도로를 따라 운전해서 가다가 중간부터 걸어가는 방법도 있다. 렌터카는 F-roads에 대해서는 보험처리가 안된다. 음침하고 연구가 활발하지 않은 화산 분화구에 있으며, 주변 경관을 압도한다. 스노모바일snowmobile 투어를 이용해 빙하를 올라갈 수도 있다. 올라프스비크에서부터 뻗어있는 바퀴 자국이 깊이 나있는 도로로 가기 위해서는 4륜 구동 차가 꼭 필요하다. 빙하까지 걸어 올라가는 것은 꽤 쉽지만, 여름철에는 크레바스(빙하 속의 깊이 갈라진 틈)가 생기기 시작하기 때문에 가이드 투어를 추천한다. 거울에는 산 중간까지 스키 리프트가 운행한다.

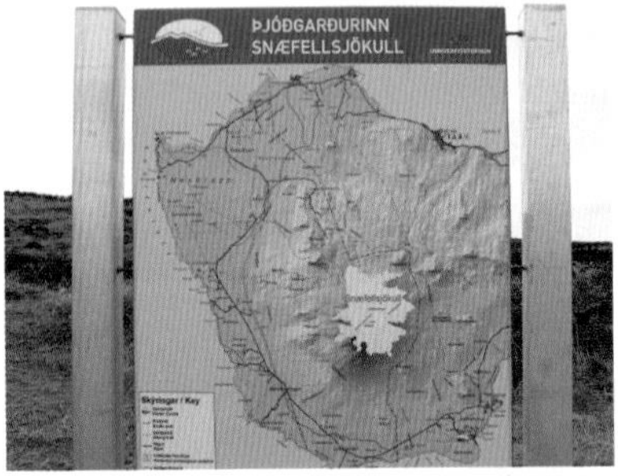

ICELAND Tip

Arnarstapi 여행자 센터에서 출발하는 스노모바일snowmobile이나 설상차를 타고 스나이펠스외쿨 정상까지 올라갈 수 있다.

바튼 쉘리르
Vatnshellir

19세기 후반 동안, 프랑스 작가이자 SF문학의 선구자인 쥘 베른의 저서 〈지구 속 여행Journey to the Centre of the Earth〉이 필독서가 되었다. 1864년에 출간된 이 책은 독일 지질학자와 함부르크 출신 교수 리덴브로크Lidenbrock, 그리고 그의 조카 악셀Axel에 대한 이야기이다. 이들은 스나이펠스외쿨 빙하에서 내려가는, 지구 중심으로 가는 길에 대한 암호화된 메시지를 발견한다. 이 세 명의 겁 많은 탐험가들은 가이드와 모험을 시작하는 내용이다.

땅 속으로 내려가 놀랄 만한 모험에 착수한다. 그들의 지하 세계는 거대한 바다로 가득 차 있다. 불쾌한 괴물들, 선사시대 사람, 강력한 소용돌이를 차례로 마주친 이 영웅들은 마침내 지구 표면을 향하여 위쪽으로 휩쓸려간 후 이탈리아 남부 해안의 화산섬 스트롬볼리Stromboli에서 모습을 드러낸다. 스나이펠스외쿨은 활화산이며, 마지막 폭발은 약 1,800년 전에 일어났다. 산의 표면은 용암 형성, 분화구, 낮은 동굴로 인해 구멍이 숭숭 뚫려 있다. 또한 이 산의 독특한 모양과 인상적인 크기는 소설가들의 상상력을 자극하는 데 있어 충분하다.

준 북극 군도
Subarctic archipelagos

블라두르Baldur 페리가 웨스트 피오르에 있는 스티키스홀뮈르와 브랸스래쿠르Brjánslækur 사이의 브레이다피오르Breiðafjörður까지 정기적으로 다니며, 중간에 플라테이Flatey에 들른다.

브레이다피오르에는 약 2,700개의 섬이 산재해 있다. 이곳은 풍부한 어장 때문에 한 때 많은 사람들이 살았다. 플라테이에는 1800년대까지 12세기 수도원이 있었고 주요 문화 중심지였다.

겨울에는 이 섬에 사람이 거의 없지만, 여름에는 많은 아이슬란드인들이 선조들의 사랑스러운 목재 가옥을 보수해서 이곳에서 시간을 보낸다.

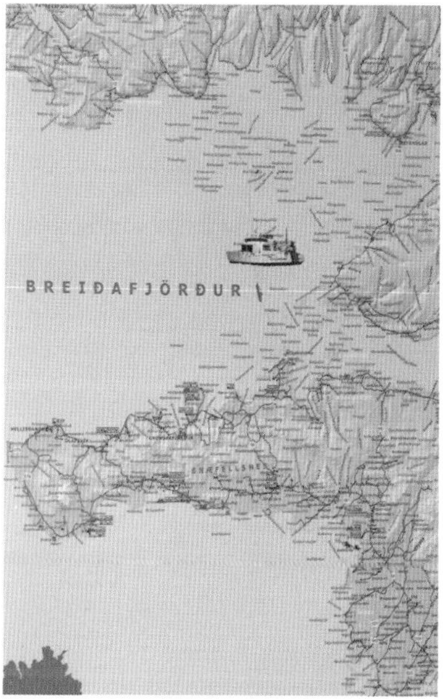

올라프스비크
Ólafsvík

리프Rif산맥 내륙에 위치한, 지금은 버려진 농장 겸 교회인 일갈드스홀Ingjaldshóll은 한때 영주의 저택이자 지역의 중심이었다. 바로 동쪽에 있는 1,010명 인구의 올라프스비크Ólafsvík는 이 반도에 있는 대규모의 마을 중 하나이다. 올라프스비크는 여전히 어촌으로서 생계를 꾸려가고 있어 아이슬란드 내에서 불경기에도 끄떡없는 곳 중 한 곳이다.

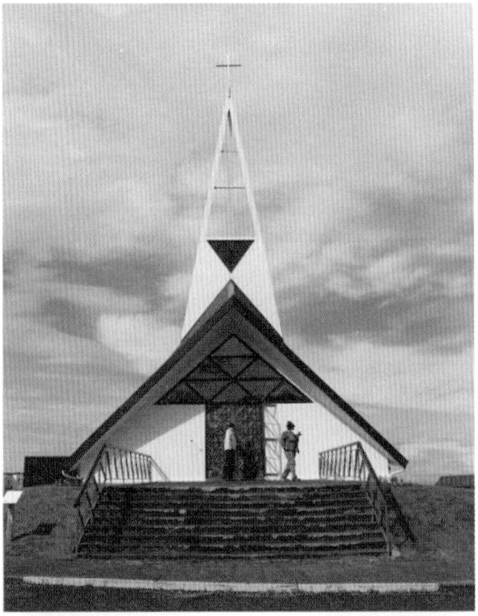

일갈드스홀
Ingjaldshóll

해양 박물관Sjávarsafn은 서부지방의 해양사를 엿볼 수 있다.

Open_ 6~8월 매일 11:00~17:00

스티키스홀뮈르
Stykkishólmur

올라프스비크보다 90명이 더 많아 스나이펠스네스 반도에서 가장 큰 마을인 스티키스홀뮈르는 페리를 이용하여 웨스트피오르로 가려는 사람들을 위한 출발점이다. 근처에는 신성한 산이라는 의미의 언덕인 73m의 헬가펠Helgafell이 있다. 전

설에 의하면, 헬가펠에 처음 올라가는 사람이 몇 가지 조건을 지키면 3가지 소원을 이룰 수 있다고 한다. 비록 소원이 이루어지지 않을지라도, 브레이다피오르 만Breiðafjörður bay의 멋진 광경을 볼 수 있기 때문에 올라갈 만한 가치가 있다.

스나이펠스네스 반도의 북쪽 해안가에 있는 브레이다피오르 만Breiðafjörður bay은 희귀종인 흰꼬리바다독수리와 다른 조류들을 보기에 최적의 장소이다.

스티키스홀뮈르에는 세 개의 호텔과 몇 곳의 좋은 게스트하우스가 있다. 이곳의 하이라이트는 피오르로 조류 관찰 혹은 바다 낚시를 가는 것이다. 1828년에 노르웨이에서 들여온 아름다운 목재 가옥 안에 민속 박물관(6~8월 매일 정오~17:00)이 있다.

ICELAND Tip

시투어즈Seatours
여름에 스티키스홀뮈르에서 출발하는 보트 투어가 5월 중순부터 9월 중순까지 운영되는데 시투어즈Seatours를 통해 예약하면 된다
홈페이지 _ www.seatours.is
전화_ 433-2254

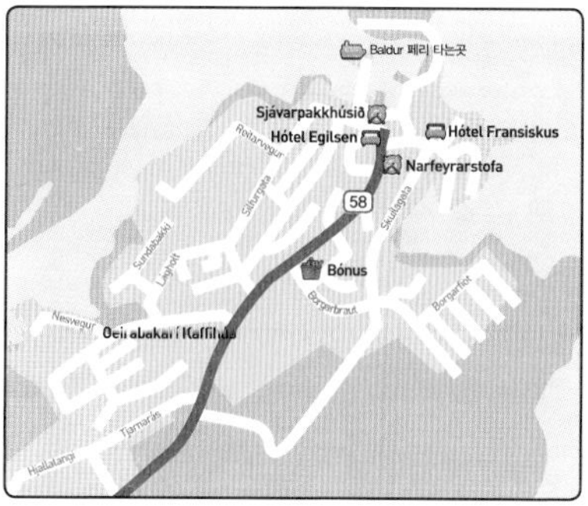

1. 가는 길에 뒤를 돌아보거나 말을 해서는 안 된다.
2. 동쪽을 마주보고 소원을 빌어야 한다.
3 자신의 소원이 무엇인지 누구에게도 말해서는 안 된다. 그리고 선의의 소원만이 허용된다.

또한 물 도서관(www.libraryofwater.is/6~8월 매일 01:00~18:00, 9월 토~일 01:00~17:00)도 가볼 만한 곳이다. 한때 마을의 도서관이었던 이 건물에는 미국 예술가 Roni Horn의 설치 미술품이 있다. 비교적 최근에 현지 화산학자에 의해 만들어진 화산 박물관(www.eldfjallasafn.is / 5~9월 매일 11:00~17:00)은 방문객들에게 아이슬란드의 폭발적 특성에 대한 통찰력을 제공한다.

헬가펠
Helgafell

스나이페들스네스반도에 위치한 73m의 작은 산으로 토르의 신전이 있는 곳으로 유명하다. 영화 어벤져스로 한창 인기가 올라가서 관심을 많이 받고 있는 곳이다.

그라브록
Grabrok

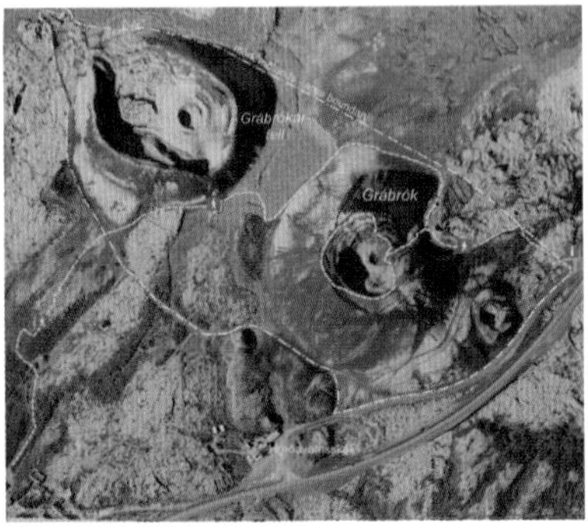

그라브록 전경

잔디지붕마을인 글라움베어에서 그라브록까지는 195㎞ 정도의 거리이다. 그라브록을 지나면 103㎞ 정도로 1시간 정도만 가면 레이캬비크로 들어갈 수 있다. 가는 동안에 왜 그라브록 휴게소를 들리면 좋을지 알려주면 좋을 듯 1번도로 오른쪽 바로 옆에 그리브록Grabrok 표지판이 보이고 옆으로 나오면 주차장이 있다.

그라브록은 화산이 폭발한 분화구에 다시 작은 폭발로 생긴 이중분화구이다. 분화구에는 하얗게 이끼식물이 나 있고 나무로 계단이 만들어져 있지만 중간중간

에 부서진 곳도 듬성듬성 나타난다.

올라갔다 내려오는데 1시간 30분 정도의 시간이 소요된다. 운전의 피로를 풀려고 올라갔다 내려오면 피로가 더 몰려올 수도 있다. 그럴 때는 그라브록 휴게소에서 쉬었다 가면 좋다. 그라브록은 정상에서 주위의 아름다운 전경을 한번에 볼 수 있어 충분히 올라갔다 내려올만한 장소이다.

헬나르
Hellnar

헬나르Hellnar에서 해안가 쪽으로 더 내려가보면, 등대Malarrif 옆에 있는 로운드랑가Lóndrangar라는 이름의 암석에 두 개의 기둥이 우뚝 솟아있는 모습을 볼 수 있다. 75m의 더 큰 높이의 기둥은 크리스티안 필나르Christian pillar라고 불리며, 더 작은 기둥은 헤아쓴 필나르heathen pillar라 불린다. 여전히 어업이 이 반도의 생계 수단인 반면, 몇몇 공동체는 사라져 버리고 오직 지난 세기 동안의 자취만을 간직하고 있다.

아르나르스타피
Arnarstapi

서부 지방으로 들어가려면 54번도로를 타고 이동하는데 56번도로로 바꾸어 이동하지 않고 54번도로에서 574번도로로 이동하면 나오는 독특한 해안선을 가진 마을이다. 여름에 낚시를 하기 위해 들어온 관광객들이 주로 찾는데, 지금은 바르두르Bardur상을 보기 위해 관광객들이 잠시 들르는 마을로 더 인기를 끌고 있다.
헬나르Hellnar의 해안선에 있는 해안 절벽은 1979년, 자연보호구역으로 지정되어 돌로 쌓아 만들어낸 바르두르Bardur상의 모습을 형상화해낸 작품이다.

보르가네스
Borgarnes

수도인 레이캬비크에서 약 45분 정도 떨어진 도시인 보르가네스Borgarnes는 레이캬비크를 가기 위해 지나치는 장소로만 여행자들은 생각하였다. 하지만 보르가네스는 영화 '월터의 상상은 현실이 된다'에서 월터가 파파존스를 먹으면서 아버지와의 추억을 생각하는 장면이 나오는 파파존스가 보르가네스에서 촬영되었다. 영화에서 나오던 파파존스는 실제 주유소 옆의 대중적인게이라바카리Geirabakari이라는 레스토랑이다.

세틀먼트 센터 Settlement Centre
아이슬란드의 정착 역사를 볼 수 있는 2개의 멀티미디어 전시가 열린다. 에이일의 사가에서 가장 극적인 부분을 보여주는 독특한 조각, 조명, 음향효과로 바이킹의 활약을 느낄 수 있다.

위치_ Landnamssetur islands
Open_ 6~9월 11:00~21:00, 10~5월 11:00~17:00
요금_ 1개 전시 1,800kr/1400kr
2개 전시 2,400kr/1,800kr
홈페이지_ www.landnam.is

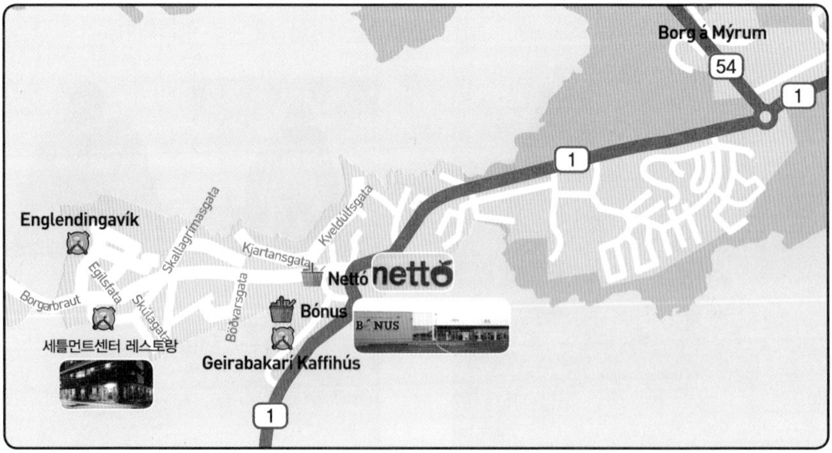

부다르클레투르 Budarklettur

보르가네스에서 가장 오래된 건물인 보르가네스 세틀먼트 센터에 같이 있는 레스토랑이다. 아이슬란드에서 가장 유명한 레스토랑 중의 하나로 전통적인 아이슬란드 음식을 현대인의 입맛에 맞도록 변형시켜 유럽 관광객들의 인기코스이다. 저녁때는 단체 손님이 많아 북적인다. 특히 식감이 부드러운 고래 스테이크는 이 집만의 자랑이다.

레이크홀트
Reykholt

링로드에서 동쪽으로 약 22㎞정도 떨어져 있는 레이크홀트는 현재, 인구 40명의 아주 작은 마을이지만 13세기에는 정치 종교의 중심지였다. 13세기, 스튀르들룽그sturlung 시대에 아이슬란드의 위대한 야심가인 스노리 스튀르들뤼손Snorri Sturluson이 살았던 마을로 유명하다.

그는 사가 작가이자 역사가, 야심가였다. 그가 살해당한 지하실 근처에는 둥근 모양의 온천인 스노리의 풀Snorri's Pool / Snorralaug이 남아있다.

스노리풀

레이캬비크에서 금,토요일(17시 출발)에 약 2시간 정도 버스가 달리면 레이크홀트(데일다르튄귀크베르 경유)에 도착한다.(3,100kr)

헤임스크링글라 Heimskringla

스노리의 삶이 궁금하다면 박물관에 가면 된다. 대단한 박물관은 아니니 섣부른 기대는 하지 말자.

Open_ 월~금 5~9월 10:00~18:00
10~4월 17:00까지
요금_ 900kr
홈페이지_ www.snorrasto-fa.is

데일다르툰귀크베르 Deildartunguhver

레이크홀트의 서쪽 약 4㎞ 지점에 유럽 최대 규모의 온천인 데일다르툰귀크베르에서는 초당 180ℓ의 물이 솟아오른다.

흐라운포사르 hraunfossar

레이크홀트에서 북동쪽으로 18㎞ 떨어진 지점에는 '마법의 폭포'라는 이름의 흐라운뽀스르 폭포가 있다.

아이슬란드 엑티비티 Best 10

1. 래프팅(Rafting)

아이슬란드의 빙하가 내려오는 강 중 3곳은 5~9월 중순까지 빙하의 스피드를 즐기며 래프팅Rafting을 할 수 있다. 레이캬비크에서 미리 예약하면 쉽게 참여가 가능하다. 레이캬비크에서 1시간 정도 남동쪽으로 운전하면 나오는 흐비타Hvítá강의 급류는 꽤 완만한 편이어서 여성들도 쉽게 래프팅이 가능하다.
아이슬란드 북부는 좀 외졌지만 스카가피오르의 동쪽 요쿨사우 아우스타리Jökulsá Austari와 서부 요쿨사우 베스타리Jökulsá Vestari로 가야한다. 서쪽은 가족여행객들에게 적합하고 동쪽은 거친 강을 만날 수 있다.

전화_ 571-2200
홈페이지_ www.raftinginiceland.com

2. 바트나요쿨(Vatnaj kull) 빙하트레킹 & 얼음동굴

바트나요쿨Vatnajökull 빙하트레킹
여름 주말에 이곳은 매우 소란스럽고 어수선하기 때문에 자연과 교감하고 싶은 사람들은 주중에 가는 것이 좋다. 공원 안으로 이어지는 모든 길이 여기서부터 시작된다. 가장 쉬운 길은 스카프타펠스요쿨Skaftafellsjökull 빙하의 돌출부로 가는 길로, 30분이 채 걸리지 않는다. 빙하는 화산재로 뒤덮여 실제로는 흑암처럼 회색빛이다. 빙하 가장자리까지 올라가 볼 수도 있다. 하지만 매우 미끄럽기 때문에 조심해야 한다.
떨어지면 곧장 얼음장 같은 물속으로 빠져 지하로 사라져버릴 것이다. 빙하 위까지 올라가고 싶다면 가이드 투어를 예약하는 것이 최선의 방법이다.
여름에 몇몇 회사에서 주차장에서 투어 상품을 판매한다. 아이젠과 피켈(얼음 깨는 도끼)등의 장비를 갖춘 가이드 워킹 투어가 있고 산악자전거나 하이킹 프로그램도 있다.

빙하트레킹순서

1.장비착용
2.차량탑승/이동
3.빙하트레킹

빙하트레킹은 스카프타펠 방문자센터에 있는 2개의 회사를 통해 예약하여 빙하트레킹을 할 수 있다.

얼음동굴

아이슬란딕 마운틴 가이드Icelandic Mountain Guides와 더 글레이시아 가이드the Glacier Guides에서 빙하트레킹과 얼음동굴투어가 오후 4시 전에 가능하다. 아이슬란딕 마운틴 가이드는 조금 더 고난도의 빙하트레킹도 가능하니 문의를 해볼 수도 있다. 스카프타펠의 90㎞동쪽으로 스칼라펠 농장Skálafell farm에서 스칼라펠스요쿨Skálafellsjökull로의 빙하투어도 가능하다.

바트나요쿨Vatnajökull국립공원에서 즐길 수 있는 얼음동굴투어는 가장 인기 있는 겨울투어이다. 자연발생적으로만 생기는 얼음동굴은 매년 위치와 규모가 다르기 때문에 누구도 어떤 모습인지는 예측할 수 없다. 1,000년의 빙하가 여름동안 만들어 내는 얼음동굴은 몽환적이어서 지구가 아닌 것 같은 느낌이 든다. 얼음동굴이 아이슬란드 여행의 인기가 높아지면서 겨울투어 중 가장 높은 예약률을 보이고 있어 반드시 사전예약이 필요하다. 다만 방한대책을 대부분 잘 준비하지만 발의 방한대책이 중요하다. 발가락이 추워서 두꺼운 등산양말과 등산화는 필수이며 발에 붙이는 핫팩도 효과가 있다. (주의 사항 : 등산화가 없으면 투어참가 불가)

빙하트레킹에 필요한 장비

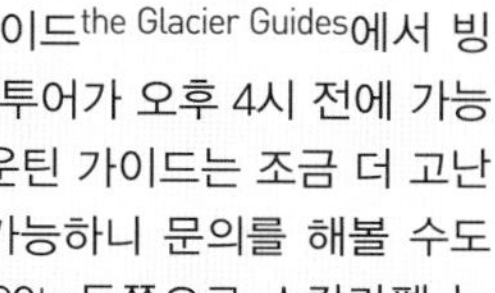

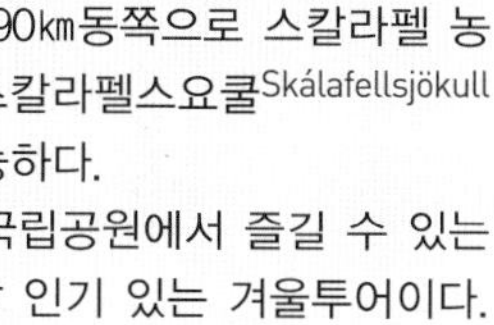

얼음동굴 투어 준비

사전 예약 → 요쿨살론 카페 예약 확인 → 9시30분/13시/16시 출발 → 차량 30분 이동 → 10~15분 도보 이동 후 얼음동굴 도착 → 가이드 설명 → 1시간 투어

3. 빙하 보트투어

'베트맨 비긴즈'와 '007 다이 어나더 데이Die Another Day'를 찍은 장소로도 유명한 관광지로 바트나요쿨 만년설에서 흘러온 빙하들이 떠내려 오는 곳이다. 지나가는 다리에서 빙하를 볼 수 있다는 것이 마치 다른 지역에 와 있는 듯한 느낌을 받는다.

요쿨살론 빙하를 단순히 구경하는 것도 아름답지만 수륙양용보트를 타고 가까이에서 체험해 보면 빙하의 아름다운 초록색을 볼 수 있다. 빙하가 초록색 빛깔을 내는 이유는 빙하의 얼음이 압축되어 햇빛이 투과되지 못하고 반사되어 나오는 빛이 우리 눈에 초록색으로 보이기 때문이다.

4. 스노우모빌(Snowmobile Ride)

겨울에 눈으로 덮힌 눈밭을 질주하는 투어로 인기가 높다. 여름에도 가능하지만 겨울이 제맛이다. 반나절 정도를 즐기고 나머지 시간은 이동시간으로 하루 투어가 구성된다. 오전 9시 정도에 픽업을 하고 오후 2~5시 정도에 돌아온다. 투어회사마다 스노우모빌을 타는 장소는 다르다. 먼저 헬멧과 부츠 등의 복장을 입고 2인이 1대의 스노우모빌을 타면서 흥미로운 스릴을 즐긴다. (9,900kr~)

스노우모빌 투어 회사

글래시얼지프 글래시얼 투어스 | Glacier Jeeps Glacier Tours
- 주소_ 780 Hornafjörðu
- 전화_ 478-1000, 894-3133
- email_ glacierjeeps@simnet.is
- 홈페이지_ www.glacierjeeps.is
- 바트나요쿠들 빙하에서의 스노우모빌, 요쿨사우론 빙하라군 세일링, 빙하워킹체험 등. 장비제공

아이스리미티드 | Ice Ltd
- 주소_ Álftaland 17, 108 Reykjavík
- 전화_ 588-5555
- email : ice@icemail.is
- 홈페이지 : www.adventure.is
- 8륜 구동, 스노우모빌, 수퍼지프차 투어를 랑요쿨 빙하에서 제공

아이슬란드 익스커젼스 | Iceland Excursions
(그레이라인 Gray Line; for more information**)**
아이슬란드에서 가장 큰 투어 회사로 버스투어 외에, 지프와 ATV, 스노우모빌, 빙하 하이킹, 빙벽등반 등 다양한 상품 제공

마운티니어스 오브 아이슬란드 | Mountaineers of Iceland
- 주소_ Skútuvogur 12E, 104 Reykjavík
- 전화_ 580-9900
- email_ ice@mountaineers.is
- 홈페이지_ www.mountaineers.is.
- 수퍼지프와 스노우모빌 여행 제공

5. 고래투어

고래투어는 근래들어 꾸준히 인기가 늘어가고 있으며 아이슬란드에선 많은 고래투어가 있는데 4개 지역(후사비크, 달비크, 아쿠레이리, 레이캬비크)에서 가능하다. 아이슬란드에서는 쥐돌고래harbour porpoises와 흰부리돌고래white-beaked dolphins, 밍크고래minke whale가 가장 흔히 눈에 뜨이며 범고래killer whales, 향유고래sperm whales, 참고래fin whales, 혹등고래humpback whales와 흰긴수염고래blue whales까지 가끔 볼 수 있다.

고래투어가 가장 인기가 높은 지역은 북부의 후사비크Húsavík이다. 하지만 몇 년 전부터 달비크Dalvík가 고래투어와 바다낚시를 함께 투어상품으로 만들어 인기를 얻고 있다. 레이캬비크와 아쿠레이리에서도 고래투어를 할 수 있다. 하지만 레이캬비크에서의 고래투어는 고래를 못 볼 확률이 높아 추천하지 않는다.

고래투어 여행사

Arctic Sea Tours
620 Dalvík / tel: 771 7600
www.bataferdir.is.

Elding
Ægisgarður, 101 Reykjavík
tel: 519 5000 / www.whalewatching.is.

Gentle Giants
Húsavík / tel: 464 1500
www.gentlegiants.is.

Hvalalíf – Lif e of Whales
Suðurbugt, Old Harbour, 101 Reykjavík
tel: 562 2300
www.hvalalif.is.

North Sailing Whale-Watching
Hafnarstétt 11, 640 Húsavík
tel: 464 7272
www.northsailing.is.

Sjósigling
Old Harbour, 101 Reykjavík / tel: 562 5700
www.sjosigling.is.

Viking Tours
Tangagata 7, 900 Vestmannaeyjar
tel: 488 4884
www.vikingtours.is.

6. 낚시

다른 나라와 달리 아이슬란드는 수질이 깨끗하며, 산란을 위한 연어의 이동이 바다의 어업으로 인해 방해받지 않는다. 강에서 낚시를 하려면 보통 일주일 단위 패키지로 허가를 받아 예약을 해야 할 수 있다.(한화 13~20만 원으로 매우 비싸다.) 바다의 송어낚시는 (한화 5천~5만 원) 가격이지만 달비크에서는 고래투어에 참여하면 송어낚시를 공짜로 즐길 수 있다.

Angling Club of Reykjavík
- **주소_** Rafstöðvarvegur 14, Reykjavík
- **전화_** 568-6050
- **email_** svfr@svfr.is
- **홈페이지_** www.svfr.is

Federation of Icelandic River Owners
- **주소_** Hagatorg, 107 Reykjavík
- **전화_** 563-0308
- **홈페이지 :** www.angling.is

7. 말타기

강인한 아이슬란드 말은 독특한 종으로 9세기 노르웨이에서 초기 정착민들이 데려 온 이후로 순종을 유지해 왔다. 800년 동안 수입된 말이 없기 때문이다. 거친 날씨와 험한 지형에 순응해 왔기 때문에 현지의 조건에 이상적이다.

아이슬란드 말은 여전히 가을 양몰이round-up에 아주 중요한 역할을 한다. 나라 전역의 농부들은 말을 타고 그들의 양을 모으기 위해 하이랜드로 떠난다. 그러나 대부분의 말들은 레크레이션으로 이용되며 승마는 인기가 있는 스포츠 종목이다. 아이슬란드 전역의 농장에서 1시간 코스의 말타기부터 일주일간의 승마코스를 제공하기도 한다.(시간당 약 5,500kr~ / 장거리 승마는 30,000kr(1일 기준), 음식과 임시숙소가 포함)

8. 퍼핀 & 새(Sightseeing)

아이슬란드는 세계에서 가장 규모가 큰 새 번식지를 가지고 있으며, 270종에 달하는 조류의 서식지로 유명하다. 수많은 절벽 서식종들은 서부 피오르의 라우트라비야르그Látrabjarg에서 볼 수 있어 관광객들을 끌어모으고 있으며, 퍼핀Puffin, 북극제비갈매기와 같은 바닷새들을 아이슬란드 어디에서나 볼 수 있다. 북부의 미바튼 호수는 오리와 수상새들의 중요한 번식 장소이다. 새 관찰을 위한 여행은 5월 말~6월이 최적의 시기이다.
많은 관광객들이 아이슬란드에서만 볼 수 있는 '새'로 '퍼핀'을 이야기한다. 하지만 퍼핀은 아이슬란드에만 있는 것은 아니다. 북유럽에도 일부 서식하고 페로제도에도 서식하고 있다. 다만 아이슬란드에 전 세계 퍼핀의 60%가 살고 있다고 한다. 퍼핀은 하늘을 잘 날지 못하고 땅에 곤두박질치는 경우도 많다. 퍼핀은 물속에 있는 모래장어를 먹고 살기 때문에 물에서 여유롭게 지낼 수 있다. 그래서 옛날에는 물고기의 종류라고 생각하던 때도 있었다고 한다. 퍼핀은 바다쇠오리의 한 종류로 서부 피오르 지역 중에 라우트라비아르그에서 볼 수 있다. 아이슬란드 전통 음식 중에는 퍼핀의 메뉴도 있다고 한다.

9. 골프(Golf)

아이슬란드 전역에 65개의 골프코스를 가지고 있다. 아이슬란드 골프장은 인공적으로 만들기 보다 대부분 있는 그대로의 초원 위에 조성하였다. 대부분의 골프코스는 9홀이지만 17개 골프장은 18홀 코스이다. 보통 5월 말~9월 초까지 운영하므로 골프를 즐기고 싶다면 여름의 아이슬란드 골프를 활용하자. 자세한 사항은 아이슬란드 골프협회Golf Federation of Iceland 홈페이지에서 예약이 가능하다.
매년 6월에 아틱 오픈Arctic Open이 열리며, 프로와 아마가 모두 참여가 가능하다.(풀 패키지 상품이 국내외 여행사를 통해 예약가능)

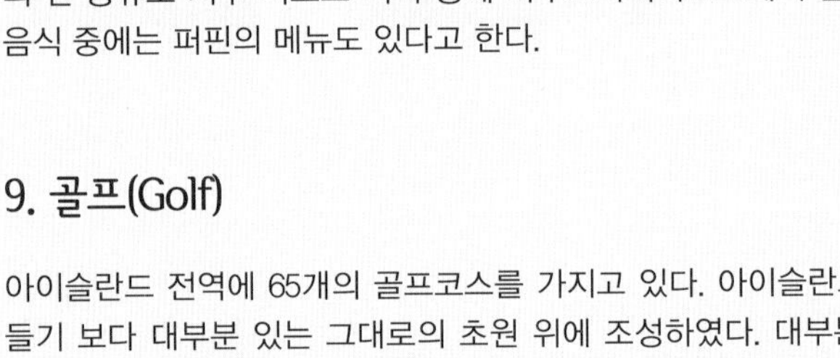

Golfsamband Íslands
주소_ Engjavegur 6, Reykjavík
전화_ 514-4050
홈페이지_ www.golf.is

Akureyri Golf Club
주소_ 600 Akureyri
전화_ 462-2974
홈페이지_ www.arcticopen.is

10. 하이킹

사람의 발길이 닿지 않은 곳을 걷거나 다양한 풍경을 보는 데는 아이슬란드가 최고가 아닐까 생각한다. 아이슬란드에서의 하이킹은 내외국인 통틀어 매우 인기있으며, 1990년대 초 이후, 하이킹 시설과 다양한 하이킹 코스 개발이 이루어졌다. 가장 유명한 장거리 트레킹 코스는 란드만나라우가Landmannalaugar 남쪽에서 스코가르Skógar의 해안까지 연결된 라우가베구르 트레일Laugavegur Trail(4~5일 코스)이다. 숨이 멎을 것 같은 풍경에 황무지같지만 길이 잘 정비되어 여름에는 많은 관광객들의 왕래가 있다.

2008년 6월, 요쿨사우르글리우푸르Jökulsárgljúfur와 넓은 보호구역을 가진 스카프타펠Skaftafell 국립공원이 합쳐져, 유럽최대의 국립공원인 바트나요쿨Vatnajökull이 탄생했다. 스카프타펠은 아이슬란드에서 가장 인기있는 자연보존 구역이며 멋진 워킹 도로와 다양한 빙하, 삼림지역이 특색이다.

북부의 요쿨사우르글리우푸르 지역에는 아우스비르기Ásbyrgi에서 데티포스Dettifoss에 이르는 2일간의 스펙타클한 루트가 있다. 배낭여행객들을 끌어 모으고 있는 북서부의 호른스트란디르Hornstrandir도 있다. 동부의 보르가르피오르Borgarfjörður-Eystri 코스는 동부 피오르 지역과 동남부 론소래피Lónsöraefi는 도전적이고 황량한 야생의 하이킹을 보여준다.

Reykjavík South

레이카비크 남부

흐베라게르디
Hveragerði

흐베라게르디는 유명한 온천은 아니었지만 '꽃보다 청춘'에 소개된 이후로 유명세를 타고 있다. 레이캬비크에서 1번 도로를 따라가다가 40분 정도를 운전하다 보면 오른쪽에 흐베라게르디 간판이 보인다.

셀포스까지는 차로 약 15~20분 정도 소요된다. 지열 활동이 활발하게 일어나는 아담하고 아기자기한 마을로 레이캬달루르Reykjadalur로 향하는 하이킹시 출발 지점이다. 블루라군과 같은 흐베라게르디 지열공원에서 머드팩과 온천을 즐길 수 있다.

레이캬달루르는 강에 흐르는 따뜻한 온천이 있는 지열 협곡으로 자연 노천온천에서 목욕을 할 수 있다. 꽃보다 청춘에서 나온 자연 온천지역은 정확히 레이캬달루르라고 할 수 있다. 레이캬달루르까지 하이킹 투어나 승마 투어를 주로 즐기는 관광지이다.

입장시간_ 월~금요일 10~18:00,
주말 : 12~16시/ 6~9월 중순까지 운영

헤이마에이
Heimaey Island

베스트만내야르Vestmannaeyjar의 헤이마에이 섬은 배를 타고 30분 정도 들어가야 한다. 배 크기는 상당히 크고, 시설도 좋지만 보기와는 다르게 흔들림이 조금 심하고 속도가 느린 편이다.

헤이마에이에서 가장 높은 장소인 엘드펠eldfell은 1973년에 화산이 터져서 아이슬란드를 놀라게 만든 섬이다. 화산폭발로 섬의 면적은 더욱 커졌다고 한다. 엘드펠은 정상까지 약 두시간 정도 소요된다. 붉은 화구와 알록달록한 마을의 전경이 잘 어울리는 엘드펠은 정상으로 올라가면 특별할 건 없다. 올라가면서 마을 풍경과 정상에서 보는 파란 바다가 매력적이다.

홈페이지_ www.herjolfur.is
요금_ 왕복 3,000kr
이용 시간_ 14시 45분 출발하여 16시 30분 배를 타면 1일 동안 섬 관광이 가능하다(출항 30분 전부터 탑승 가능).

셀랴란즈포스
Seljalandsfoss

남부로 여행하면서 처음으로 보게 되는 65m의 폭포로, 폭포 뒤의 오른쪽으로 따라 들어가 왼쪽으로 나오면서 폭포의 내부모습을 볼 수 있다.

폭포 뒤쪽으로 나오면 포토존이 있어 폭포수를 맞으면서 생생한 셀랴란즈포스의 사진을 찍을 수 있다. 폭포수를 맞기 전에 우비나 방수옷을 입고 들어가야 온 몸이 젖는 것을 방지할 수 있다.

1번 도로를 따라 가다가 F249번 국도로 들어가는 샛길로 들어간다.

ICELAND Tip

겨울에 셀랴란즈포스의 뒤로 들어가려면 반드시 아이젠을 신고 가야 한다. 폭포수가 빙판위로 떨어지기 때문에 바닥이 매우 미끄럽다.

글리우푸라르포스
Gljúfurárfoss

대부분의 관광객들은 셀라란즈포스를 보고 스코가포스로 이동하지만, 셀라란즈포스와는 전혀 다른 매력을 가진 폭포인 글리우푸라르포스Gljúfurárfoss를 보고 가야 한다. 글리우푸라르포스의 뜻은 협곡 사이로 떨어지는 폭포canyon river waterfall라는 뜻으로, 폭포가 작은 틈으로 나있는 협곡사이에 위치해 있어서, 폭포를 보려면 이 작은 틈으로 들어가야 한다.

대부분의 관광객들이 지나치는 이유는 셀랴란즈포스보다 지명도가 떨어지기 때문이다. 셀라란즈포스에서 800m 정도 북쪽에 위치하고 있는 글리우푸라르포스는 약 10분 정도 걸어가야 한다. 별도의 주차장도 있어서 차로도 이동이 가능하다. 돌을 밟고 개울을 건너가야 해서 신발이 물에 젖지 않도록 주의해야 한다. 틈으로 들어가면 여름에도 한기가 느껴진다. 작은 틈을 지나면 우렁찬 소리와 함께 폭포가 새차게 쏟아진다. 폭포수가 처음에는 미스트처럼 느껴지다가 조금만 다가서면 뺨을 때리듯이 떨어진다.

셀랴란즈포스 & 글리우푸라르포스의 비교

셀랴란즈포스와 글리우푸라르포스는 같은 원리로 만들어진 폭포로 셀랴란즈포스는 바위가 위에 있고 아래가 다양한 바위여서 물 때문에 약한 바위가 깎여 나간 모양이고, 글리우푸라르포스는 틈으로 나있는 협곡의 부드러운 부분이 물에 녹아 만들어진 폭포이다. 빛이 들어오는 공간이 작아서 여름에 사진을 찍으면 신비롭게 나온다.

에이야프얄라요쿨 화산
Eyjafjallajökull

2010년 유럽내의 모든 항공기들을 묶어 놓은 화산으로, 1달간 화산재가 분출했다고 한다. 근처의 마을은 화산재가 쌓이고 용암의 열로 빙하가 녹으면서, 인근 마을에는 홍수가 났다.
아직도 당시의 상처가 남아 있는데 강이 화산재에 파묻혀 부근의 강은 아직도 강물이 군데군데 흐르고 있다. 1번 도로를 따라 가다 박물관이 있고 당시의 분출 장면이 담긴 영상을 볼 수 있다.

스코가포스
Skógafoss

스코가포스는 높이 62m, 폭 25m로 남부의 최대 폭포로 상징적인 폭포이다. 이 마을 근처에서 1박을 하고 이동하면 스코가포스의 아침과 저녁의 모습을 볼 수 있다. 날씨가 맑다면 아이슬란드에서 최고의 사진을 찍기에 적절한 무지개를 보면서 아름다운 스코가포스Skógafoss를 만날 수 있다. 스코가포스 들어가는 입구에는 여름에만 운영하는 에다 호텔Edda Hotel과 게스트하우스가 있다.

ICELAND Tip

스코가포스 Mia's Country Va

보통 관광객이 '스코가포스 피쉬앤칩스(Fish and Chips)'라고 부른다. 남부 지방을 여행하면 문제점이 점심을 해결할만한 레스토랑과 카페가 부족하다는 것이다. 스코가포스 근처에는 보통 점심 때에 도착하여 폭포를 보고 전망대를 올라갔다가 내려오는 데 점심을 먹을 레스토랑은 호텔의 레스토랑만 있다. 레스토랑은 비싸기 때문에 대부분의 관광객은 비크까지 이동하여 점심을 해결한다.

이러한 애로사항을 알고 아이슬란드의 한 젊은이가 푸드트럭을 이용해 관광객의 점심을 해결해 주고 인기를 끌고 있다. 아이슬란드의 비싼 물가에서 비교적 합리적인 가격으로 한 끼를 해결할 수 있고 맛도 좋아 인기가 높아지고 스코가포스의 명물이 되고 있다. 소스는 케첩과 타르타르 소스가 있는데 케첩이 한국인의 입맛에 더 맞다.

스코가포스

전망대

전망대까지 약 30분을 걸어 올라가면 스코가포스의 전경과 폭포의 물줄기를 위에서 볼 수 있다. 오른쪽으로 폭포를 내려다 볼 수 있는 전망대에서 스코가포스 근처에 있는 조그만 스코가르Skogar 마을을 볼 수 있다.

스코가르 박물관

지붕이 잔디로 덮여있는 아이슬란드의 전통 가옥을 지금은 박물관으로 사용하고 있다. 옛 아이슬란드인들이 자연지형을 이용해 살았던 모습을 확인할 수 있다. 셀라란즈포스를 떠나 약 20분이 지나면 스코가르 마을에 조그만 집들이 모여 있고 왼쪽에 스코가포스를 볼 수 있다.

캠핑장

폭포 앞에는 캠핑장이 있는데 캠핑장 규모는 매우 크기 때문에 언제나 캠핑장에서 캠핑이 가능하다. 샤워실과 휴게실은 작아서 불편하지만 폭포소리를 들으며 잠자리를 청할 수 있는 장점이 있다

핌뵈르두할스Fimmvörðuháls 스코가포스 하이킹 트레일 Skógafoss Hiking Trail

스코가포스는 남부에서 가장 많이 찾는 등산루트인 핌블로홀스 트레일이 쏘르스뫼르크까지 약 23㎞정도의 거리가 떨어져 있다. 폭포구간, 화산재구간, '신의 땅' 구간, 총 3구간으로 이루어져 있는데, 일반적으로 트레일을 걸으면 휴식시간까지 포함해 3구간 모두 걸으면 10시간 정도 소요된다.

7~8월에는 눈이 대부분 녹기 때문에 길이 막히는 일이 없어서 모든 구간을 걸을 수 있다. 스코가포스의 전망대를 올라가서 전망대의 뒤쪽에 있는 사다리를 타고 낮은 철조망을 건너가면 핌블로홀스 트레일이 시작된다. 트레일을 걸으면 땅에 박아놓은 나뭇가지로 길을 표시해두었기 때문에 이동로를 몰라도 어렵지 않다.

나뭇가지 표시를 보며 충분히 갈 수 있다. 약 10시간을 걷는 동안 날씨의 변화가 심하다. 폭포구간은 문자 그대로 폭포가 많은 구간으로 브릿지Bridge까지이다. 화산재 구간의 핵심은 2010년도에 유럽전역의 항공대란을 일으킨 장본인인 에이야프팔라요쿨

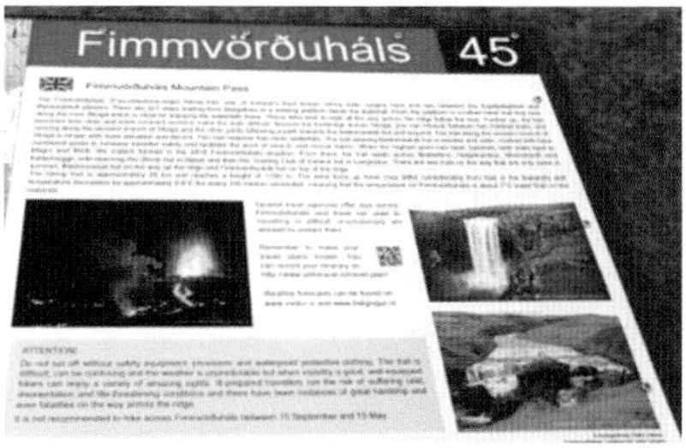

화산을 보는 것이다. 신의 땅(고다랜드 구간)이라 불리는 마지막 구간은 화산폭발 지역을 지나 쏘르스뫼르크에 이르는 구간이다. 날씨가 변덕스러우니 여름이라면 반팔입고 바람막이, 초경량패딩 가져가면 편리하다. 흐렸다 맑았다, 안개가 자욱했다 걷히기를 반복하기도 하니 미리 대비를 해두어야 한다. 돌아오는 버스는 하루에 1대, 바사르에서 오후 8시에 있다.

홈페이지_ www.nat.is

Þórsmörk Panorama (1.5~2시간)
Þórsmörk Highlights (3~4시간)
Tindfjöll Circle (5~6시간)
Merkurrani Plateau (2~3시간)
Stakkholtsgjá Canyon (2~4시간)

코끼리 바위

디르홀레이
Dyrholaey

디르홀레이는 주상절리 지형으로 유명한 관광지로 바닷바람이 매우 강하여 여름에도 햇살은 강할지라도 춥기 때문에 바람막이 점퍼가 필요하다. 해안을 따라 나 있는 검은 모래 해변을 걸을 수 있으며 주차장 왼쪽으로 나있는 길을 따라 올라가면 아이슬란드를 대표하는 새인 퍼핀Puffin도 볼 수 있다.

코끼리 바위를 찍으려면 주차장으로 들어오기 전에 보이는 비포장도로를 올라가야 한다. 겨울에는 매우 미끄럽기 때문에 조심해야 사고가 나지 않는다.

비포장 도로 위에는 중앙에 등대가 보이고 오른쪽에는 검은 모래 해변이 길게 펼쳐져 있는 장관을 볼 수 있다. 등대 뒤로 가면 코끼리 바위를 가장 근접하여 촬영할 수 있다.

레이니스피아라
Reynisfjara

디르홀레이를 나오면 바로 10분만 지나서 레이니스피아라가 나온다. 검은 모래 해변을 직접 걸을 수 있고 밝은 검은 색의 주상절리를 만날 수 있다. 주상절리 지형은 바람으로 동굴도 만드는데 할스네프스헬리르Halsanefshellir라고 부른다. 주상절리의 아랫부분을 볼 수 있지만 겨울에는 파도가 들어와 피할 곳이 없게 되기도 한다. 비크쪽으로 보면 두 개의 뽀족 바위가 솟아 있는데 2명의 어둠의 트롤이 3개의 돛이 달린 배를 끌고 해안으로 오다가 해가 떠오르자 햇빛을 받아 모두 돌이되었다는 레이니스드란가르Reynisdrangar라고 부르는 돌이 솟아 있다.

쏘르스모르크
Þórsmörk

레이캬비크에서 남동쪽으로 130㎞정도 떨어진 곳에 위치한 쏘르스모르크Porsmork는 아이슬란드에서 가장 아름다운 숲을 가지고 있다. 토르의 숲이라는 이름을 가진 이 곳은 관목, 자작나무, 화초, 눈 쌓인 산 봉우리와 빙하에 둘러싸여 굽이굽이 흐르는 강과 맑은 시내가 있는 빙하 계곡이다. 멋진 트레킹을 할 수 있어 여름에는 사람들로 북적대기도 한다.

쏘르스모르크가 아이슬란드에서 가장 인기 있는 트레킹인 란드만나라우가Landmannalaugar에서 쏘르스모르크까지, 쏘르스모르크에서 스코가르Skogar까지 이어진 80㎞ 코스의 종착점이다. 쏘르스모르크에 있는 3곳의 오두막은 쏘르스모르크Þórsmörk, 바사르Basar, 후아달루르Huaadalur가 있지만 여름에는 사람들로 가득차기 때문에 미리 예약하지 않으면 머무르기가 힘들다.

여름에 버스가 레이캬비크의 BSI터미널에서 매일 오전 8시 30분, 월~목요일까지는 오후 5시에 출발해 21시경에 도착하는 버스가 운행하고 있다.

비크
vík

영화 '드래곤 길들이기'의 첫 장면의 배경이 되었던, 언덕위의 교회가 아름다운 비크vík는 아이슬란드에서 가장 남단에 위치한 도시이자, 남부 최대의 도시이지만 인구는 360명 정도로 매우 적다.

레이캬비크에서 스코가포스까지 1일 투어로 만들어져 1년 내내 관광객들이 많이 찾는다. 비크 휴게소에서 점심을 먹고 야생화 '루핀'이 피어있는 해안을 따라가면 마을 서쪽에는 레이니스크베르피라는 블랙 비치가 있는데 레이니스피아라에서 바다에 서 있는 두 개의 바위인 레이니스드란가르Reynisdrangar를 반대편인 비크에서도 볼 수 있다.

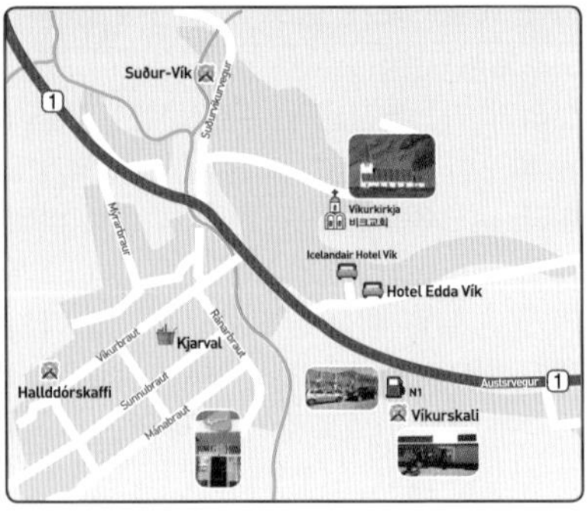

샤크길
Þakgil

비크를 지나 1번 도로를 따라가면 왼쪽에 214번도로가 나온다. 214번 도로를 따라 1시간 정도 비포장도로를 가면 미르달스요쿨Myrdalsjökull 근처에 캠핑장이 나온다. 주변의 높은 산들이 바람을 막아주기 때문에 화려한 경관과 안락한 느낌이 든다. 샤크길은 단순히 캠핑장으로서의 역할을 넘어서서 주변을 트레킹 하다보면 마음의 안정까지 찾아주는 장소이다.
바람소리가 심해도 샤크길 캠핑장은 300동정도는 수용이 가능한 캠핑이 가능하고 평소에는 100~200명정도가 여름에 캠핑을 즐긴다고 한다. 가는 길을 잘 모른다면 비크의 관광안내소에서 팜플렛을 받고 가는 방법을 안내받아 이동하면 편리하다.

바트나요쿨 국립공원
Vatnajökull National Park

빙하로 인해 발생한 피해 때문에 연안 지역 대부분이 수세기 동안 통행할 수 없는 상태였다. 1974년 마침내 링 로드가 만들어지기 전 까지 남동부 대부분의 지역은 아이슬란드에서 가장 외딴 곳이었다. 예를 들어, 육로로 스카프타펠Skaftafell이나 호픈Höfn에 가기 위해서는 북쪽을 거쳐 총 1,100㎞를 가야만 했다. 오늘날에는 레이캬비크에서 남동부까지 이어지는 1번 도로가 생겼고 바트나요쿨 국립공원의 빙하로 가득한 스카프타펠은 가장 인기있는 명소가 되었다. 바트나요쿨 국립공원 안에는 스카프타펠, 스바르티포스, 피알살론, 요쿨살론 등이 있다.

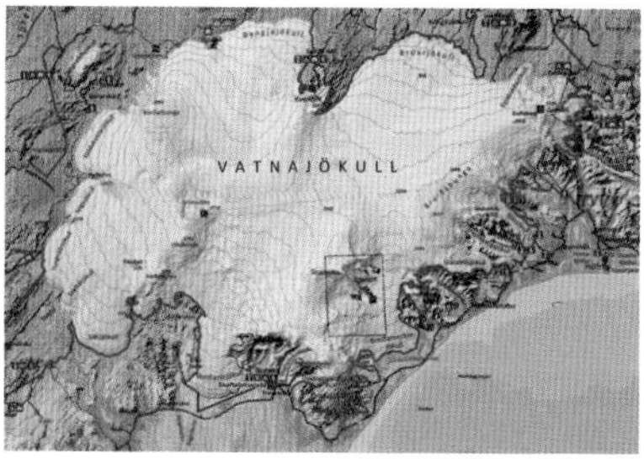

스바르티포스 Svartifoss

이 폭포 양쪽은 검은 현무암 기둥으로 둘러싸여 있어 "검은 폭포Black Waterfall"이라는 이름을 갖게 되었다. 길은 쇠나르스케르 정상Sjónarsker까지 계속된다. 높은 산들과 거대한 만년설로 둘러싸인 모르샤달루르Morsárdalur계곡에서는 10m에 달하는 인상적인 자작나무숲을 만날 수 있다. 이곳에서는 또한 아이슬란드에서 많이 볼 수 있는 핫 폴스hot pools 중에 하나를 발견할 수 있다. 모르샤Morsá 강을 건너 뒤에 있는 언덕을 조금 올라가면 길 하나가 있는데 이 길을 따라가면 작은 호수를 만들기 위해 댐이 건설된, 장엄한 지열의 원천이 있다. 이곳에서 지친 하이커들은 전혀 오염되지 않은 거대한 국립공원의 경치를 즐기며, 트레킹을 경험할 수 있다.

스카프타펠 Skaftafell

광활한 빙하 암설위에 위태롭게 위치한 이 지역의 하이라이트는 바트나요쿨 국립공원Vatnajökull National Park의 스카프타펠Skaftafell이다. 바트나요쿨국립공원에서 가장 인기 있는 장소인 스카프타펠은 험악한 봉우리들과 그 사이에서 자신들만의 자리를 지키고 있는 세 개의 빙하로 잘 알려져 있다. 이 세 빙하는 왼쪽에서부터 각각 모르샤요쿨Morsárjökull, 스카프타펠, 스비나펠스요쿨Svínafellsjökull이다.

조금 더 들어가면 한 쌍의 빙하 흐비나요쿨Kvíárjökull과 팔스요쿨Fjallsjökull를 볼 수 있다. 이 빙하들은 외래파외퀴들Öræfajökull에 비하면 매우 작아 보인다. 외래파요쿨의 봉우리 흐바나달스뉴쿠르Hvannadalshnúkur의 높이는 2,110m로 아이슬란드에서 가

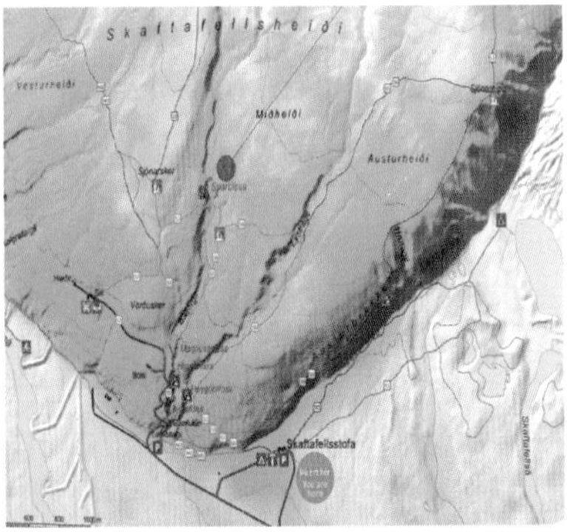

장 높다. 스카프타펠 국립공원은 1967년에 설립된 후 1984년에 확장되어 현재는 크기가 13,600㎢로 아이슬란드 전체 면적의 13%를 차지하는 유럽에서 가장 큰 국립공원이다.

사가 시대Saga Age에 정착민들이 처음으로 도착한 곳이 스카프타펠이다. 해안가를 따라 드라이브하면 작은 농장들과 유적지들이 산재해 있는 화려하고 잊을 수 없는 풍경을 만날 수 있다.

공원 주차장 근처에 인포메이션 센터와 카페, 캠핑장이 운영되고 있다. 인포메이션 센터에서 다양한 투어에 관한 정보를 얻을 수 있다. 7~8월의 여름, 주말에는 사람이 너무 많아서 한적한 곳을 원하는 관광객들은 다른 장소로 이동해야 한다.

피얄살론
Fjallsárlón

빙하보트를 탑승하여 빙하를 볼 수 있는 곳이 요쿨살론Jökulsárlón만 있는 것은 아니다. 요쿨살론으로 가기 15분 전 정도에 피얄살론Fjallsárlón이 있다. 요쿨살론보다 한적하게 빙하를 볼 수 있으며 가장 가까이 빙하를 볼 수 있어 피얄살론을 찾는 관광객이 늘어나고 있다. 호수 끝에 보이는 요라이파요쿨은 2,110m로 아이슬란드에서 가장 높은 위치의 빙하라고 한다.

수륙양용 보트와 조디악 보트의 차이점

수륙양용 보트는 육지에서 타고 물로 들어가고 빙하 사이사이를 볼 수 있고, 조디악 보트투어는 빠르고 작은 보트로 물에서 출발한다. 조디악 보트는 보트가 작아서 물이 튀면 옷이 젖을 수도 있다.

요쿨살론 파이어워크 페스티벌(Jokulsarlon Firework Festival)

2016년부터 시작된 요쿨살론Jokulsarlon의 8월 2째주 토요일에 열리는 축제로 빙하위에서 불꽃축제가 열린다. 축제를 보기 위해 20시 정도부터 자동차들이 주차장에 몰리고 8월의 해가 지는 23시에 불꽃축제를 하고 있다. 아이슬란드 정부는 새로운 축제로 자리매김할 것으로 기대하고 있다.

요쿨살론
Jökulsárlón

요쿨살론Jökulsárlón 강 위의 현수교 바로 다음에 사진에 가장 많이 실리는 곳 중 하나인 빙산으로 가득한 호수인 요쿨살론이 있다. 이 빙괴들은 브레이다머요쿨Breiðamerkurjökul 빙하에서 분리되어 호수로 들어왔다. 이 호수가 형성된 것은 겨우 20세기로, 지각 변동으로 인해 바다로 통하는 길이 막혔을 때 형성되었다. 그러나 기후변화로 인해 빙하가 빠르게 녹자 요쿨살론은 현재 깊이가 250m로 아이슬란드에서 가장 깊은 호수가 되었다.

7월과 8월에는 하루에 약 40번의 보트 투어가 있다. 해안가에 서서도 빙산들을 볼 수 있지만, 이 빛나는 얼음들 사이를 떠다니는 경험은 매우 신나는 일임이 분명하다. 이 1000년 된 얼음을 쉽게 잡을 수 있는 곳에 이르게 된다면, 얼음을 하나 집어 자세히 보자. 놀라울 정도로 깨끗하다. 제임스 본드James Bond의 팬들은 요쿨살론을 어디선가 보았다고 느낄 것이다. 영화 007시리즈의 '뷰 투 어 킬A View to a Kill'의 오프닝 장면 뿐 아니라 '다이 어나더 데이Die Another Day'의 일부분도 이곳에서 촬영되었다.

1. 표구입

2.수륙양용보트탑승

3. 가이드 설명

4. 빙하보기

바트나요쿨 국립공원

요쿨살론 호수에서 바다로 흘러가는 빙하

멋진 사진의 배경이 되는 떨어진 빙하

바다에 떠밀려온 빙하 조각

호픈
Höhn

호픈은 남부의 가장 끝에 있는 도시로 요쿨살론에서 빙하체험을 마치고 호픈에서 1박을 하기 위해 잠시 머무는 도시로만 알고 있다. '항구'라는 뜻의 호픈Höhn은 아이슬란드에서 작은 도시는 아니다. 호픈은 랍스터로 유명하지만, 랍스터요리의 가격은 비싸서 망설이게 된다. 시내 레스토랑에서는 항상 신선한 랍스터 요리를 맛볼 수 있는 레스토랑의 스페셜 메뉴로 유명하다. 아침에 고요한 항구를 보는 장면도 아름답다. 호픈 입구의 캠핑장과 통나무집, 수영장은 남부여행의 피로를 풀기 좋다. 레이캬비크에서 51번 버스가 운행을 하고 있다.

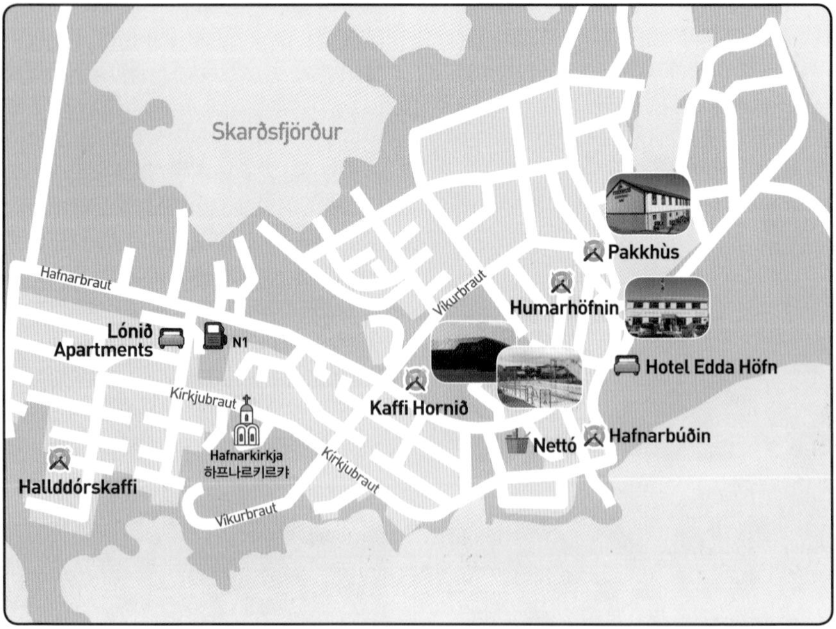

EATING

후마르호픈인 Humarhöfnin

깔끔한 디자인의 랍스터 요리 전문점으로 회픈에서는 상당히 인기 있는 식당으로 '월터의 상상은 현실이 된다'에서 주인공으로 나온 벤 스틸러가 다녀가서 더 유명해졌다. 이 레스토랑의 인기 메뉴인 랍스터요리는 3,000~5,500kr정도의 가격이 부담스럽지만, 양도 푸짐하고 북해에서 잡히는 랍스터 요리는 쉽게 먹을 수 없는 요리이므로 먹어보라고 추천한다. 또한 양고기 요리도 상당히 훌륭하다.

홈페이지_ www.humarhofnin.is
주소_ Hafnarbraut 4, Höfn
전화_ 478-1200

파크후스 Pakkhus

유럽인들에게는 이곳이 호픈에서 가장 아늑한 레스토랑으로 알려져 있다. 메인 도로 옆에 있는 통나무로 된 레스토랑에서는 주로 신선한 랍스터 요리를 주문하지만 맛있는 파스타, 피자, 버거를 맛보는 것도 좋다.

홈페이지_ www.kaffihorn.is
주소_ Hafnarbraut 42, Höfn
전화_ 478-2600

SLEEPING

호텔 호픈 Hotel Höfn

호픈에서는 상당히 시설이 좋은 호텔로 빙하를 바라보는 전망이 아름다워 매우 인기가 좋다. 2008년에 신관을 개관해 신관은 항상 예약이 쉽지 않다. 조식도 잘 나와서 숙박자들의 만족도가 높은 호텔이다.

홈페이지_ www.hotelhofn.is
입장시간_ 09시~19시(6~9월),
10시~17시(5월과 9월)
숙박비_ 싱글: 20,000kr~ / 더블: 28,000kr~

키르큐바이야르클레이스투르 kirkjubaejarklavsfir

비크vik를 지나 1번도로를 가면 바트나요쿨의 만년설이 점점 뚜렷하게 다가오면서 스카프타펠 국립공원을 만날 생각에 신이난다. 그 전에 아이슬란드의 아름다움에 작은 감탄을 하게 되는 장소가 키르큐바이야르클레이스투르kirkjubaejarklavsfir 이다.

농장이나 회랑이라는 뜻의 키르큐바이야르클레이스투르는 커다란 산과 폭포만이 있는 마을이다. 입구에는 관광정보를 제공하는 인포메이션센터(교회 반대편 / 월~금 : 오전9시~오후9시, 오후 1~3시 사이는 휴식시간)가 있어 마을의 간단한 역사와 뷰 포인트에 대한 설명도 들을 수 있다.

베스트만나야르
Vestmannaeyjar

매혹적인 평온함과 더불어 자연 그대로의 아름다움을 느낄 수 있는 곳이다. 아이슬란드 남부에 위치한 웨스트만 지역은 수십만 년 간 바다 속에서 화산 활동이 일어나고 있었지만, 처음으로 섬이 모습을 나타낸 것은 약 10,000여 년 전이며, 대부분의 섬들은 약 5,000여 년 전에 생성되었을 것이라고 과학자들이 판단하고 있다.

이곳은 16개의 작은 섬과 30여개의 암초 지대로 이루어져 있으며, 거칠고 황량한 모습으로 차가운 바다 위에 솟아있다. 최근 화산활동으로 생긴 섬중에 사람들이 살고 있는 섬은 유일하게 헤이마에이Heimaey섬 뿐이다. 헤이마에이는 다른 지역에 비해 관광객, 즉 외부인이 드물다. 그래서일까, 어디를 가나 대접받는 기분이다. 헤이마에이는 화산 꼭대기에 불안정하게 위치해 있는데, 1973년 화산 폭발로 인해 섬이 거의 영원히 사라질 위기에 처했을 당시에 전 세계인들의 주목을 받았다.

플레인 렉
Plane Wreck

스코가포스에서 디르홀레이를 가다보면 아이슬란드의 여러 책자에서 나오는 플레인 렉Plane Wreck은 1973년 11월 24일 미군의 해군 수송기 DC-3가 쏠헤이마싼두르Solheimasandur에 불시착한 장소를 보러 가는 것이다.

비행기의 형체를 보면 모든 인원들이 죽었을 거라는 생각을 하게 되지만, 다행히 모든 탑승자들은 생존을 하였다. 사진 작가들에 의해 사진화보집에 실리면서 유명세를 타게 되었고 지금은 디르홀레이를 가는 아이슬란드 여행객들은 그 생존의 장면을 보러간다.

아이슬란드의 대표적인 온천 즐기기

아이슬란드는 화산지형이기 때문에 온천은 전국 어디서나 쉽게 이용할 수 있다. 마을에는 어디나 수영장과 반드시 옆에 온천이 있고 뜨겁지 않은 적당한 30도 정도라서 오랜 시간 온천을 즐길 수 있다. 대부분은 '노천'이고 자연 온천수를 그대로 사용한다. 아름다운 풍경 안에서 여행의 피로를 풀어보자.

01 블루라군 Blue Lagoon

세계인의 버킷리스트 10에 포함되면서 아이슬란드의 상징적인 여행지가 되었다. 그린다비크 바로 바깥쪽, 공항에서 15㎞ 떨어진 지점의 블루라군Blue Lagoon은 입구에 다다르면 블루라군의 간판이 보인다. 입구를 따라 들어가면 오랫동안 노천온천을 즐길 수 있다. 물의 온도는 너무 뜨겁지 않은 적당한 온도라서 차가운 겨울에도 위는 춥고 아래는 따뜻해 훈훈한 느낌을 받는다. 몸과 마음의 피로를 다 풀고 갈 수 있는 온천이다.

02 레이캬비크의 **라우가르달스라우그** Laugardalslaug

레이캬비크의 시내에서는 떨어져있지만 캠핑장 바로 옆에 있는 라우가르달스라우그 Laugardalslaug는 레이캬비크 시내에서 수영장과 온천을 동시에 이용할 수 있어 편리하다. 물의 온도는 20도 이상으로 추운 날에도 수영이 가능하고 옆에는 온천도 있다. 국제 규격의 50m수영장과 실내 수영장도 있는 매우 큰 수영장이자 온천이다.

03 로가바트 폰타나 Laugarvatn Fontana

아직은 우리나라 관광객들에게는 생소한 호수와 온천이지만 미네랄이 다량 포함되어 1929년부터 시작된 오랜 역사를 가진 노천온천이다. 아름다운 로가바튼 호수Laugarvatn에서 게이시르지역의 온천을 즐길 수 있다.

04

아이슬란드의 비밀 온천으로 불리우는

감라 라우긴 Gamla Laugin

아이슬란드에서 비밀 온천으로 알려진 플뤼디르Flúðir지역의 감라 라우긴Gamla Laugin은 우리나라에는 거의 알려져 있지 않다. 아직 모르는 관광객들이 많아 현지인들이 주로 이용하지만 골든서클에서 1박을 한다면 꼭 가보라고 추천하는 숨겨진 온천이다

05 꽃도다 청춘이 즐긴
흐베라게르디 Hveragerði

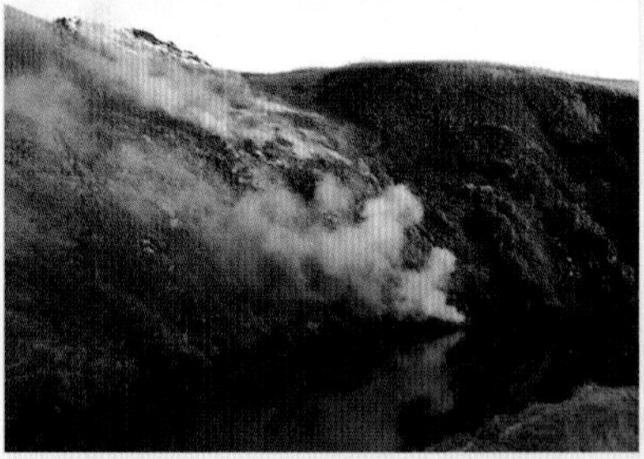

꽃보다 청춘에서 나온 흐베라게르디는 마을의 지명이다. 아이슬란드에서 유명한 온천은 아니지만 이제는 유명한 온천이 되지 않을까 싶다. 레이캬비크에서 1번 도로를 따라가다 40분 정도를 운전하면 오른쪽에 흐베라게르디 간판이 보인다. 지열 활동이 활발하게 일어나는 아담하고 아기자기한 마을로 흐베라게르디는 레이캬달루르로 향하는 하이킹 출발 지점이다. 블루라군과 같은 흐베라게르디Reykjadalur 지열 공원에서 머드팩과 온천을 즐길 수 있다.

06 란드만나라우가 Landmannalaugar

란드만나라우가Landmannalaugar의 상징은 자연 노천온천이다. 캠핑장이 형성되어 있는 중심에 노천온천을 형성하고, 주위에는 연기가 피어 오른다. 란드만나라우가는 토르파요쿨Torfajökull 화산 지역 근처에 위치한다. 지난 화산활동은 약간의 북동부와 남서부 지대에서만 화산활동이 있어왔다. 란드만나라우가는 관광객들에게 자연 온천으로 매우 인기가 많은 장소이며, 한여름에 자연온천 근처에는 수영을 하려는 사람들로 항상 북적이면서 때로는 온천에 들어가려고 기다리는 경우까지 발생한다.

07 호픈
Höfn

남부지방의 마지막 마을은 아이슬란드어로 '항구'라는 뜻의 호픈이다. 작은 항구마을이지만 동부여행의 시작점으로만 생각되고 있다. 마을의 중앙에 캠핑장이 있고 그 건너편에 수영장과 온천이 있다. 아침에도 건강을 챙기는 현지인들의 이용이 많은 온천으로 긴 운전으로 피곤하다면 들러서 피곤을 풀고 가자.

08 호프소스 Hofsos

아이슬란드를 잘 아는 여행가들은 바다 옆에서 바다를 보면서 한적하게 수영을 즐기고 있는 사진을 본 적이 있을 것이다. 그 풍경을 바로 이곳 마을에서 볼 수 있다. 절벽 바로 옆에 있는 온천에서 몸을 담궈보는 경험은 아찔한 추억으로 기억될 것이다. 달비크에서 고래투어를 하였다면 해안도로를 따라 1시간 정도 걸려 도착할 수 있다. 아쿠레이리에서는 약 2시간 정도가 소요된다.

09 아쿠레이리
Akureyri

아이슬란드 제2의 도시인 북부의 아쿠레이리에서도 온천을 즐길 수 있다. 남부와 동부를 거쳐 미바튼 네이쳐 바스에서 온천을 이용하면 아쿠레이리에서는 온천을 이용하지 않는 경우가 많다. 그러나 시내에서 가까워 언제나 걸어서 온천을 이용하기 쉬우니 아침에 온천을 하고 브런치를 먹으면 아쿠레이리의 즐거운 추억을 만들 수 있을 것이다.

10 미바튼 네이쳐 바스
Myvatn Narure Baths

아쿠레이리에서 동쪽으로 약 15㎞ 떨어져 있으며 경치가 아름다워 이용한 관광객들이 블루라군보다 좋다고 평을 남기는 온천이다. 블루라군은 바닷물을 이용하는 해수이고 미바튼 네이쳐 바스는 담수인 점이 차이가 있다. 여름에는 밤 24시까지 이용할 수 있어 시간적으로도 편리하다.

Iceland East

레이카비크 북부

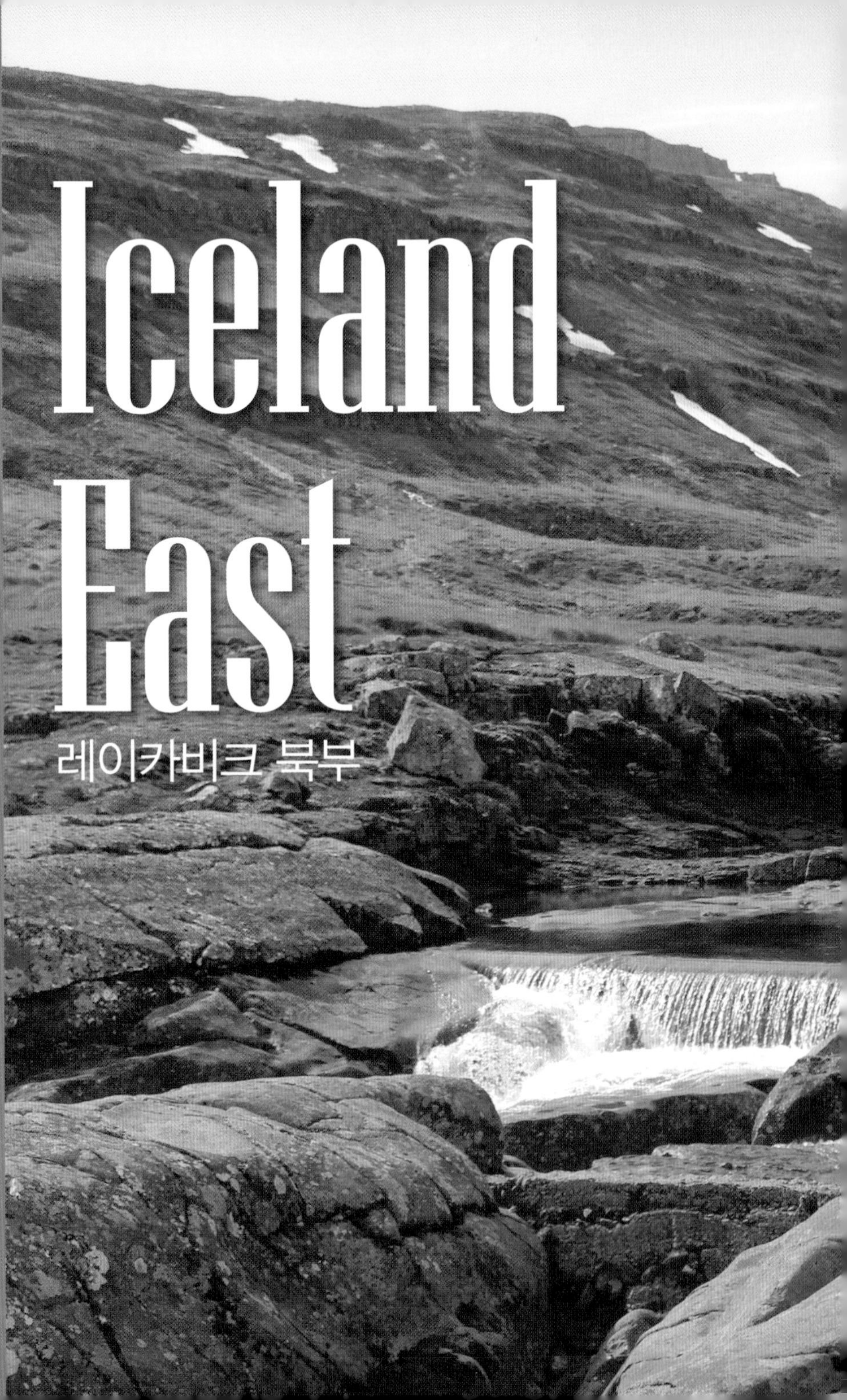

자동차

동부해안을 따라 아름다운 모습을 볼 수 있는 자동차여행에는 비포장과 포장도로를 이용하는 2가지 방법이 있다.

1. 듀피보구르에서 1번 링로드를 따라 가다가 939번 비포장도로로 들어갔다가 다시 1번 도로를 이용하는 방법

2. 듀피보구르에서 3번의 피요르를 지나 96번, 92번 도로를 따라 포장도로로만 이동하는 방법

버스

SVAUST의 버스 스케줄을 보고 호픈부터 에이일스타디르까지 이용해야 하는데 시간표를 잘 보고 이용해야 한다. 여름에는 매일 운행을 하지만 한번 버스를 놓치면 다음부터는 한참후에나 이용이 가능하다. 에이일 스타디르에서 아쿠레이리까지는 56번 버스가 여름에는 매일, 겨울에는 월, 수, 금, 일요일에 운행하고 있다.

항공

에어 아이슬란드Air Iceland에서 수도인 레이캬비크에서 에이일스타디르 공항까지 매일 운항하고 있다.

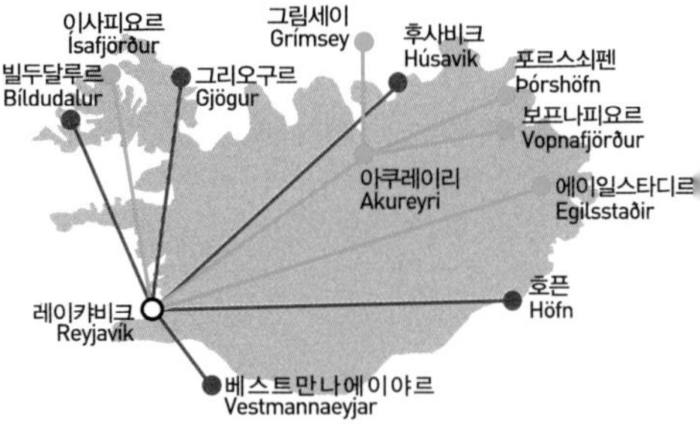

동부 피요르
The East fjords

파도와 바람이 조각한 아이슬란드 최고의 절경이 동부 피요르 지형이다. 아이슬란드 동부 피요르는 듀피보구르Djupivogur를 지나면서 나오는 동부 피요르 해안지역을 말한다.

바닷가를 따라 굽이굽이 펼쳐진 길은 너무 아름다워 렌트로 여행하면 아름다운 해안을 볼 수 있다. 여름에는 밤에도 백야현상으로 밝아서 이동이 가능하지만 비가 오거나 굴곡이 심해서 조심해야 한다. 피요르해안을 운전하다보면 안개가 자욱히 깔려 구름위에 떠 있는 듯한 느낌을 받기도 한다.

겨울에는 눈이 많이 오기 때문에 동부여행을 하는 관광객들이 적지만 잘못된 판단이다. 눈으로 미끄러워 조심해야 하지만 도로가 패쇄되지 않는다면 96, 92번도로를 따라 충분히 이동이 가능하다. 여름보다는 겨울 이동 중에 핑크색 발을 가진 거위 무리들, 순록 떼를 볼 수도 있다.

흐발네스
Hvalnes

호픈까지를 보통 남부지방이라고 부른다. 하지만 듀피보구르를 지나기 전까지를 남부지방이라고 생각해도 무방하다. 피요르 지형이 나오기 시작하는 곳이 듀피보구르이기 때문이다. 호픈에서 듀피보구르를 지날 때 잠시 쉬어가면 좋은 장소가 흐발네스로 호픈에서 듀피보구르 중간지점의 해안에 있다. 차를 멈추고 해안을 따라 산책하기 좋은 장소로 바람도 이곳에서는 잦아든다.

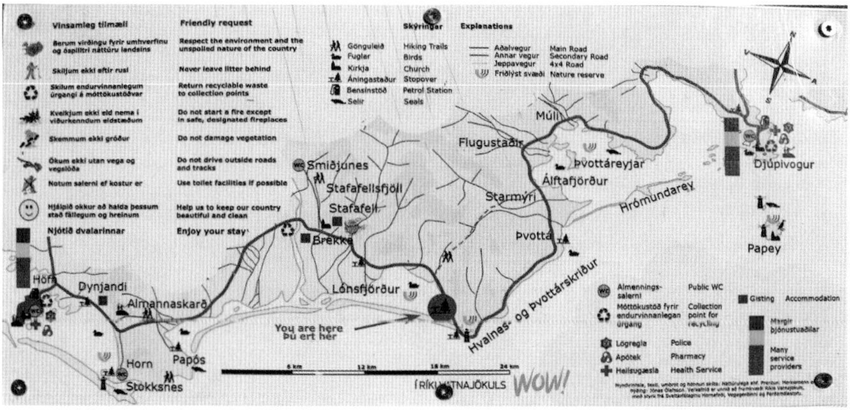

동부여행의 시작은 듀피보구르Djúpivogur 부터 시작된다. 대부분의 여행자들이 동부지역을 빠르게 훑어보고 지나가는데 참 안타까운 일이다.
구불구불한 굴곡진 해안가를 따라 슬로 라이프를 하고 있는 어촌마을들이 우리나라의 어촌처럼 바쁘고 부지런히 생활하는 모습과는 다른 어촌의 전경과 모습에 놀라곤 한다.

듀피보구르
Djúpivogur

이 도로의 앞에 흐발네스가 나온다. 만처럼 안으로 들어가 있어 파도가 잔잔하다. 해안으로 내려가 오른쪽 해안을 따라 힘든 운전에서 벗어나 잠시 산책하고 오면 아름다운 해안의 풍경이 눈에 들어온다.
테이블과 의자까지 있어 차에 먹거리가 있다면 점심을 먹고 출발해도 좋은 장소이다. 바다가 구름에 가려 끝을 모르는 아름다운 장면이 나온다.

EATING

호텔 프리미티드
Framitid

대부분의 관광객들은 랑버드와 비드보긴에서 식사와 커피를 하지만 안으로 조금 더 들어가면 호텔 프라미티드에서 운영하는 레스토랑에서 커피와 식사를 맛볼 수 있다.
상대적으로 들어오는 여행자들의 발걸음이 적어서 여유롭고, 맛도 상당히 좋아 만족할 것이다.

랑가버드 LANGABUD

동부피요르를 갈 때 중간에 들렀다 가기에 좋은 지점이 듀피보구르인데, 듀피보구르에서 가장 맛집으로 소문난 집이다. 스테이크와 커피가 소문나서 거의 스테이크세트와 커피를 마시고 간다. 창문으로 보이는 항구의 여유로운 모습이 음식맛을 여유있게 즐기도록 해준다. 점심과 저녁시간 사이에는 잠시 쉰다.

비드 보긴 Við Voginn

듀피보구르는 산과 산사이에 만으로 된 마을이다. 지형이 안정적이고 바다에 접해있어 바람이 많이 불거라 생각했는데 의외로 바람이 불지 않고 따뜻하다.

란가버드는 시간에 맞추어 음식을 먹을 수 있지만, 비드 보긴 레스토랑은 햄버거도 팔고 투어도 예약을 받아서 시간에 관계없이 먹을 수 있는 음식점으로 생각할 수 있다. 햄버거는 안의 고기가 직접 구운 맛좋은 스테이크 고기가 들어가서 정말 맛이 일품이다. 햄버거 세트 메뉴는 가격이 1,500kr로 조금 비싸다. 하지만 크기가 크고, 감자튀김까지 먹을 수 있으니 돈이 아깝다는 생각은 들지 않는다.

SLEEPING

베르네스 유스호스텔
Berunes Youth Hostel

순수한 아이슬란드를 맛볼수 있는 오래된 농가 숙소. 주인장은 시계나 TV없이 오로지 책과 산과 바다만 즐길 수 있는 것을 자랑스러워한다.
새로운 건물에는 방이 조금 더 있고 별장, 게스트 키친도 있다.

주소_ Berunes 1, 765 Djúpivogur
이메일_ berunes@hostel.is
전화번호_ (354) 478-8988 / (354) 869-7227

호텔 람티드
Hótel Framtíð

호텔과 아파트, 게스트하우스까지 같이 있는 매우 큰 숙박시설과 레스토랑을 가지고 있다. 맛있는 생선요리과 커피맛도 수준급이다.

주소_ Vogaland 4, 765 Djúpivogur
홈페이지_ framtid@simnet.is
이메일_ berunes@hostel.is
전화번호_ (354) 478-8887

스테이나사픈 페트루
STEINASAFN PETRU

1974년에 "페르라"라는 여성이 동부 아이슬란드의 스토드바르 피요르에서 모아온 돌과 미네랄들을 전시하여 지금에 이르고 있다. 미네랄 박물관으로 에이일스타디르를 가기 위해 듀피보구르에서 피요르를 2번 넘어가면 스토드바르 피요르를 찾을 수 있다.
듀피보구르에서 피요르를 2개 넘어갈 때 2시간 이상이 소요되는데 중간에 한번 스토드바르 피요르에서 쉬었다가 운전을 하는 것이 좋다. 미네랄박물관은 매우 아기자기한 박물관으로 개인이 운영하고 있다.

홈페이지_ www.petrasveins@simnet.is
영업시간_ 09:00~18:00
입장료_ 1,000kr

에이일스타디르
Egilsstaðir

동부에서 가장 큰 도시로 인구는 약 2,300명 정도이다. 무엇을 타고 도착하든

간에, 모든 여행자들은 에이일스타디르 Egilsstaðir을 오리엔테이션 포인트로 이용한다. 이 마을이 만들어진 지는 70년이 채 되지 않았으며, 딱히 마을 중심가라고 말할 만한 곳이 없다.
따라서 많은 사람들이 이곳에 오래 머무르기 보다는 경유지로 잠깐 들렀다 간다. 이 지역의 많은 작은 마을들이 그렇듯이 에이일스타디르의 사회 · 경제 생활 역시 N1 주유소를 중심으로 돌아가는 듯하다. 주유소 옆에 캠핑장, 관광안내소, 대형 슈퍼마켓이 있다. 또한 시설이 꽤 괜찮은 호텔들이 있어 이곳을 바탕으로 여행하면 편리하다.
자매 마을인 펠라바르Fellabær(인구 400명)은 301m 길이의 다리를 가로질러 놓여 있어 더욱 그림 같은 풍경을 자랑한다.
스키팔라쿠르Skipalækur 농장 호숫가의 오두막에서 하룻밤을 지내보는 것도 괜찮은데 미리 예약하는 것이 좋다.

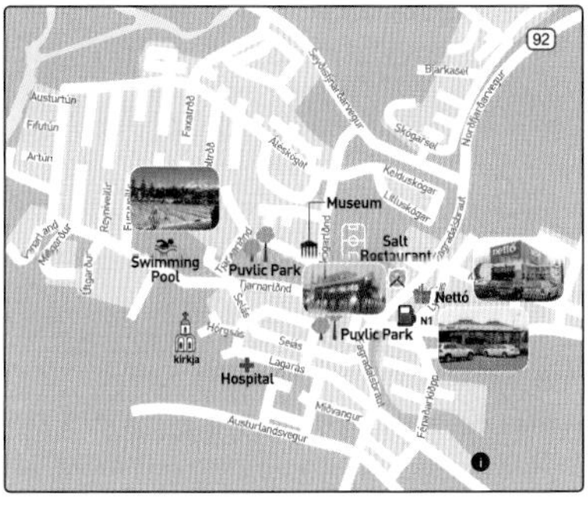

중간에 96번과 95번도로를 만나는 지점에 터널이 있어서 터널을 지나가면 포장도로를 따라 에이일스타디르로 이동할 수 있다.(비포장도로는 955번도로를 이용하면 된다.)

항공

매일 레이캬비크에서 에이일스타디르로 아이슬란드 에어에서 최대 4회 항공편이 운항한다.

버스

버스가 에이일스타디르의 관광안내소 옆에 정차하여 대중교통의 대부분은 버스를 이용한다. 북부지방인 아쿠레이리 – 미바튼 – 에이일스타디르로 버스가 이동하거나 호픈에서 에이일스타디르로 버스가 운행한다.
편의시설은 중앙 교차로지점에 모두 몰려 있어 관광으로 2시간 정도면 둘러볼 수 있다. 관광안내소도 중앙 교차로에 있다.

에이일스타디르에서 세이디스피요르 버스

6월 중순~8월 사이에 아우르란드Austurlands (472–1515, 852–9250) 버스가 월, 화, 금요일에는 하루 2회, 수, 목요일은 하루 3회 운행한다. 매년 시간이 바뀌기 때문에 관광안내소에서 물어봐야 한다.

위치_ Midvangur 123 **홈페이지_** www.east.is
운영시간_ 09:00~17:00 **전화번호_** 471–2320

EATING

카페 니엘센 Cafe Nielsen

버거부터 지역 특산음식인 순록 요리를 먹을 수 있는 카페이다. 이 건물은 에이일스타디르에서 가장 오래되었다.

위치_ Tjarnarbraut 1
식사비_ 점심 1,500kr, 저녁 2,000~4,000kr
운영시간_ 월~목 11:30~23:30, 금 02:00까지, 토 13:00~02:00, 일 23:30까지
전화번호_ 471-2626

네토 Netto / 보니스 마트 BONUS

에이일스타디르 입구에 네토와 보니스마트가 있다. 세이디스피요르에는 큰 마트가 없기 때문에 에이일스타디르에

서 장을 보고 이동해야 세이디스피요르에서 숙박을 하기에 편하다. 또한 마트옆에는 버스터미널과 휴게소와 주유소가 있어 필요한 물품과 기름을 넣고 이동하기에 좋은 장소이다.

SLEEPING

호텔 에다 Hotel Edda

수영장 맞은편 학교에 위치한다. 방마다 욕실이 있고 레스토랑도 있다.

운영기간_ 6~8월 중순
숙박비_ 14,600/18,300kr
전화번호_ 444-4000

기스티헤이밀리드 에이일스타디르 게스트하우스
Gistiheimilid Egilsstadir

농장의 이름을 따서 만들어져 부르기가 힘들다. 교차로에서 서쪽으로 300m 지점의 라가르플리오트 둑에 자리하고 있다. 아침과 저녁식사를 먹을 수 있고 호숫가의 전망이 좋다. 가격이 비싼 게스트하우스지만 머룰만하다.

홈페이지_ www.egilsstadir.com
운영기간_ 6~8월 중순
숙박비_ 19,900/25,900kr
전화번호_ 471-1114

캠핑장
Camping ground

작은 캠핑장이지만 주방, 세탁실, 인터넷 등의 시설이 잘 갖추어져 있다.

위치_ Kaupvangur 10
홈페이지_ tjaldstaedid@egilsstadir.is
운영기간_ 6월-9월 중순
숙박비_ 1,000kr 침낭도 빌려준다.
전화번호_ 470-0750

세이디스피요르
Seyðisfjörður

93번 도로 동쪽에 위치한 세이디스피요르Seyðisfjörður 항구는 유럽 본토에서 온 페리가 정박하는 곳이며, 가파른 산으로 둘러싸여 있다. 예쁜 집들, 눈 덮인 산과 폭포의 물줄기가 여행자들을 오랫동안 머무르게 하는 여행지로 만든다. 인구는 700명의 작은 마을이지만 동부에서는 2번째로 큰 도시로 에이일스타디르Egilsstaðir와는 다르게, 세이디스피요르는 컬러풀한 목조 가옥들과 친절한 주민들로 인하여 개성이 넘치는 곳이다. 목조 가옥들은 1930년대에 노르웨이에서 이미 만들어진 상태로 들여온 것이다.
세이디스피요르에 줄지어 있는 톱날 같고, 꼭대기가 눈으로 덮인 산들은 숨이 멎을 풍경으로 유럽 본토나 페로 제도에서

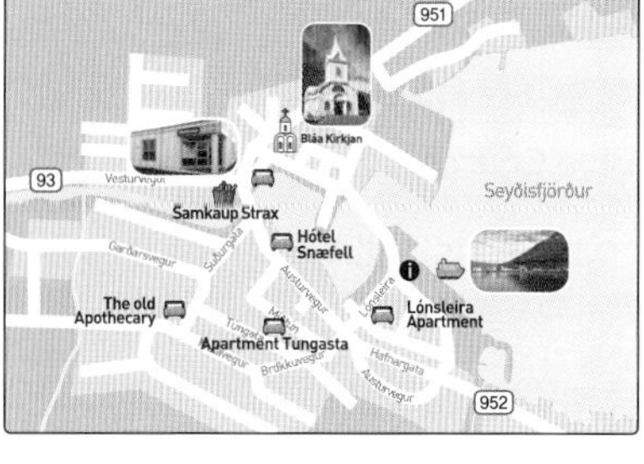

페리를 타고 온 여행객들을 맞이한다.이곳의 거대한 항구로 스미릴 라인Smyril Line사 소유의 노뢰나Norröna 페리가 드나들고, 이 페리는 4월부터 10월 말까지 운영되며 세이디스피요르와 페로 제도, 덴마크 사이를 각각 연결한다. 터미널 안에는 카페와 관광 안내소가 있다. 세이디스피외르뒤르 주민들 대부분은 어업에 종사한다.

매년 가을에 피요르 근처 얕은 바닷가로 몰려오는 청어 떼는 여전히 수산물 가공 공장이 대량으로 돌아가게 하는 원인이다. 성수기에는 매주 목요일마다, 비수기에는 매주 화요일마다 들어오는 페리가 이곳을 활기차게 만든다.

블루처치교회
Blue Church

산기슭을 따라 20분 걸어 올라가면 트비손구르Tvísöngur라는 조각이 있는데, 독일 예술가 루가스 쿠흐네Lukas Kühne이 부지에 맞게 설계한 것으로, 고대 핌문다르손구르fimmundarsöngur 혹은 트비손구르Tvísöngur 2중 창법에서 영감을 받았으며 바이킹 시대까지 거슬러 올라가는 것으로 알려진다. 동부가 청어잡이 어업마을로 유명할 때 지어진 건물이다. 매주 수요일 저녁(7월 중순~8월 중순)에 세이디스피요르 교회에서 클래식과 재즈 콘서트 등 다양한 음악 공연이 열린다.

홈페이지_ www.blaakirkjan.is
운영시간_ 7~8월 중순 ~20:30
입장료_ 1,500~2,000kr

관광안내소

홈페이지_ www.visitseydisfjordur.com
운영시간_ 7~8월 중순 : ~20:30
입장료_ 여름 월~금 09:00~12:00 &01:00~17:00,
나머지 기간 화~수만 운영
위치_ 페리터미널 안

EATING

삼카우프 스트라스 마트

위치_ Samkaup-Strax; Vesturvegur 1
운영시간_ 월~금 09:00~18:00,
토 11:00~16:00, 일 휴무

SLEEPING

캠핑장
Camping ground

작지만 있을 것은 다 있는 좋은 캠핑장으로 울타리와 피크닉 벤치, 휴게소, 샤워시설과 세탁실도 있고 인터넷접속도 할 수 있다.

홈페이지_ ferdamenning@ sfk.is
운영시간_ 5~9월 중순
위치_ Ranargata 교회옆
숙박비_ 1,000kr 침낭 대여 가능
전화번호_ 472- 1521

보르가피요르
Borgarfjörður

보르가피요르Borgarfjörður는 유명한 아티스트 요하네스 캬르발Jóhannes Kjarval이 태어난 곳으로, 그의 그림으로 인해 유명해졌다. 한 평론가는 그가 아이슬란드 사람들로 하여금 아름다운 풍경을 경험할 수 있도록 해주었다고 말했다.
마을 바로 밖에 있는 메인 도로에서 이 예술가를 위한 기념비를 볼 수 있으며, 마을 문화 회관에 그를 위한 작은 전시장이 있다. 교회 길 건너편에는 아직까지 사람이 살고 있는 잔디로 된 집이 있고, 해변 쪽을 향하여, 알파소르그Álfaborg("elf hill")라 불리는 돌로 된 작은 언덕이 있는데 이곳에는 과거 범죄자들이 숨었던 곳이다.

헹기포스
Hengifoss

에이일스타디르에서 약 2시간 정도가 소요되지만 처음 헹기포스로 이동한다면 2시간 30분 이상의 시간은 여유롭게 두어야 당황하지 않는다. 가끔 너무 촉박한 여행일정에 헹기포스를 찾으려는 관광객들은 포기하는 것이 좋다. 하지만 120m의 높이에서 떨어지는 폭포는 압권이다.

파스크루드스 피요르
Faskrudsfjörður

동부 피요르는 1번 도로를 따라가면 비포장도로를 만나게 되어 비포장도로를 만나지 않으려면 듀피보구르에서 피요르를 3번 타고 이동해야 하는데 피요르를 운전하는 것은 쉽지 않다.
파스크루드스 피요르를 통과하면 터널을 통과해 에이일스타디르를 향해 올라갈 수 있다. 작은 마을로 볼만한 풍경은 별로 없지만 운전이 피곤할 때 이곳에는 쉴만한 좋은 카페가 있다.

EATING

카페 수마르리나 Cafe Sumarlina

관광객들이 동부 피요르를 지날 때 대부분은 쉬었다가 가는 카페로 인기가 좋다. 규모는 작지만 아이슬란드만의 분위기를 가지고 있는 카페이다.
특히 커피와 생선요리가 유명하다. 여름에만 주로 운영하고 09:00~20:00까지 운영하고 있다.

보르가피요르 에스트리
Borgarfjörður Eystri

94번 도로를 따라 '박가게르디Bakkagerði' 라고도 알려져 있는 보르가피요르-에스트리Borgarfjörður-Eystri까지 가보는 것을 추천한다. 이 도로는 에이다르Eiðar를 지나 넓은 늪지대로 이어진 전 지역이 산들에 의해 둘러싸여 있고, 조류들로 가득한 광경을 볼 수 있다. 동쪽의 황토색 산맥은 산성 형태의 유문암으로부터 만들어졌다. 재스퍼jasper와 마노agate조각들과 함께 이 유문암은 빛나는 장신구로 만들어져 마을 북쪽 끝에 있는 알파카페Álfacafé에서 판매되고 있다. (5월 말~9월 말 매일 11:00~20:00)

후세이
Húsey

에이일스타디르Egilsstaðir 북쪽에 있는 또 다른 길인 925번 도로는 후세이Húsey로 이어진다. 후세이Húsey 농장은 멀리 떨어져 있지만 평안함으로 유명하다. 요쿨사 아 달Jökulsá á Dal강 서쪽 평지대에 있는 화려하게 칠해진 건물들은 1930년대에 지어졌다. 이곳에는 아직까지 말들이 길러지고 있어 방문객들은 짧고 긴 트레킹들을 통하여 동물에 대해 더 잘 알 수 있는 기회를 가질 수 있다. 낮은 산 · 황야지대에 나는 야생화와 보라색 · 분홍색 · 흰색의 꽃이 피어있는 아름다운 풍경을 볼 수 있다. 많은 여행자들이 후세이의 평화로움에 매혹되어 계획했던 것 보다 훨씬 더 오래 머무르는 경우가 많다.

호스텔들은 간소하고 안락하지만 인근에는 아무것도 없으므로 먹을 것을 챙겨가는 것이 좋을 것이다. 밤에 침대에 누워 황량한 바람소리를 들으면 아이슬란드인들의 고립된 거친 환경에서 생존을 위해 살아온 환경을 느껴볼 수 있다. 후세이 내륙에는 바트나요쿠들 만년설에서부터 미바튼 호수로 가는 도중에, 중앙 사막에 이르기 전까지 150㎞를, 링로드부터 요쿨사 아 달Jökulsá á Dal 강을 따라 나 있다.

아이슬란드의 외계행성같은 초현실적인 관광지 BEST 5

1. 누구나 "화성, 외계행성같다" 라고 말하는 '레이흐뉴크르'

아이슬란드를 여행하면 누구나 이야기하는 문구는 "여기는 지구가 아닌 것 같다라는 말이다" 지구가 아닌 '우주'같은 초현실적인 화성의 어디쯤에 덩그러니 놓여 있는 느낌이 드는 곳이 북부의 크라플라지대에 있는 레이흐뉴크르Leirhnukur이다. 땅은 바위처럼 부서져 평지처럼 걸을 수 없고 여기저기에서 김이 올라오고 있어 영락없는 화성이다. 여름에도 눈과 흙이 뒤섞여 있어 제대로 걷기가 힘들어 살벌한 미지의 느낌이다. 태초의 행성이 태어났다면 당연 레이흐뉴크르를 떠올릴 것이다.

2. 인터스텔라의 얼음행성 '스비나펠스요쿨'

아이슬란드 남부에 있는 바트나요쿨 국립공원. 인터스텔라 영화를 보고 맷 데이먼이 있는 얼음행성으로 나오는 장소가 이질적이라 CG라고 알고 있을 수도 있다. 이곳이 실제로 있는 '스비나펠스요쿨'이다. 아이슬란드는 화산지대이기 때문에 빙하에도 검은색으로 보이는 화산재가 빙하에 섞여 있다. 여름보다는 어디를 봐도 눈으로 둘러싸인 추운 겨울이 인터스텔라와 같은 분위기를 연출한다.
또한 빙하는 온도가 낮아지면 낮아질수록 푸른색을 띠기 때문에 추운 겨울이 더욱 신비롭다. 인터스텔라의 상영이후에 아이슬란드 여행에서 반드시 '트레킹'으로 해야하는 투어가 되었다. 직접 우주를 밟아보는 느낌은 안전하게 가이드가 동반해야 한다. 가이드 없이 빙하위를 올라가면 우주의 미아처럼 실종될 수도 있으니 조심해야 한다.

3. 흑백의 폭포, 영화 프로메테우스의 '데티포스'

'흑빛의 폭포', 믿기지 않지만, 영화 프로메테우스의 몽환적인 오프닝 장면을 찍은 데티포스는 북부 지방에 있다. 흑색을 띤 이유는 화산재가 섞여 있는 빙하가 녹으면서 폭포가 흑갈색을 표출하며 지구같지 않은 분위기를 연출한다.
데티포스는 864과 862번도로를 따라 볼 수 있지만 864번 비포장도로를 따라 들어가야 영화 프로메테우스와 같은 장면을 볼 수 있다.

4. 블루라군

블루라군은 온천으로 세계에서 가장 유명한 노천온천중의 하나이다. 블루라군이라는 입구의 간판을 나면 검은 바위가 부서져 있어 색다른 분위기를 연출한다. 블루라군으로 바로 들어가지말고 왼쪽으로 돌아가면 밀크 호수가 보인다. 블루라군은 스바르챙기 지열발전소에서 발전을 하고 남은 온천수에 들어가면 사해처럼 몸이 저절로 뜬다. 물의 색은 우윳빛을 띠는데 소금을 좋아하는 미생물들 때문이라고 한다.

5. 아이슬란드의 겨울 '오로라', 북부 '미바튼호수'

겨울 아이슬란드 여행은 뉴오로라를 보기 위해 방문하는 관광객이 대부분이다. 아이슬란드에서 오로라는 관광을 하다가 볼 수 있어 오로라만을 보기 위해 많은 시간을 기다릴 필요가 없어 매년 오로라 관광객은 늘어나고 있다. 오로라를 보기 위한 명소 중의 베스트는 단연 미바튼 호수이다.
마치 꿈결인 듯, 밤하늘의 은하수를 빼닮은 청보라빛 풍경. 몽롱함과 기시감은 그저 탄성만 자아낼 수밖에 없다. 게다가 미바튼 호수에서 오로라가 나타나면 황량함과 함께 우주의 공간 어딘가에 있는 듯한 환상적인 기분으로 빠져들기 때문에 미바튼에서 오로라를 보라고 권하고 싶다.

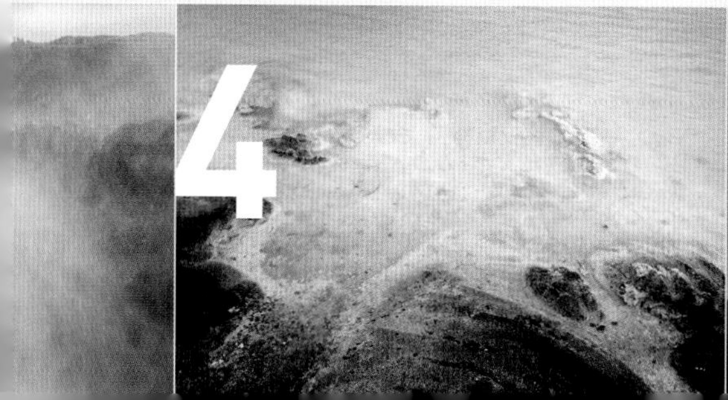

Akureyri

아쿠레이리

Reynil
Bjarkart
Holtateigur
Mýravagur
Melateigur
Mólalgur
Mosat
Hringte
Sunnutröð
Lækjargata
Höfðegata
Graveyard
Vallartún
Mýrantún
Skálatún
Stallatún
Vöróutún
Stekkjar
tún
Tjamartún
Miðhúsabraut
Skautahöllin
AKUREYRI
1
아쿠레이리 공항
2
모터사이클 박물관
3
산업 박물관
15
스케이트장
6
4
논나후스 박물관

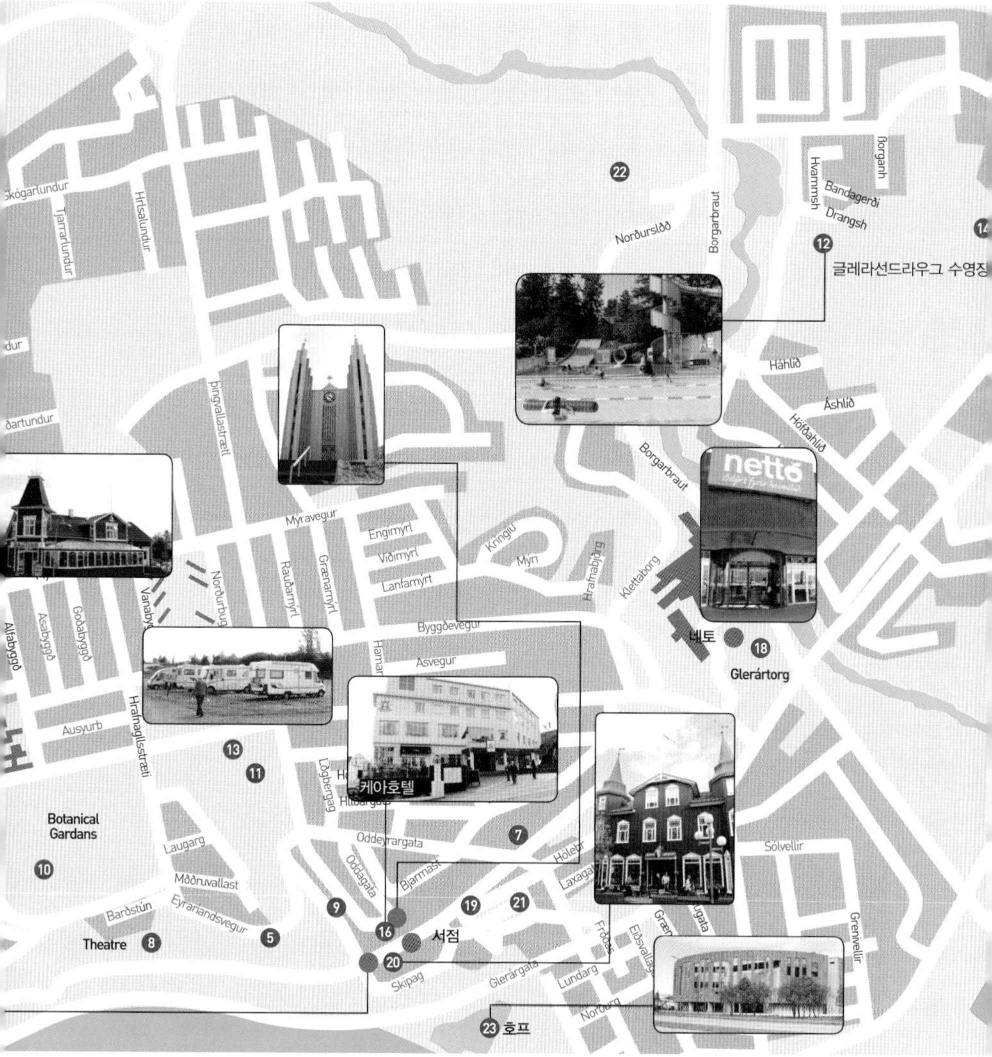

아쿠레이리 공항 / Airport
모터사이클 박물관 / Mototcycle Museum
산업 박물관 / Industry Museum
논나후스 박물관 / Nonni's House
시구르해디르 시 박물관 / Sigurhaeðir Poet's House
아쿠레이리 박물관 / Akureyri Museum
도서관 / Library
극장 / Theatre
아트 갤러리 / Art Gallery

⑩ 보타닉 정원 / Botancial Garden
⑪ 선드라우그 수영장 / Sundlaug Swimming Pool
⑫ 글레라선드라우그 수영장 / Glerarsundlaug Swimming Pool
⑬ 아탁 체육관 & 캠핑장 / Atak Gym
⑭ 보긴 스포츠 스타디움 / Boginn Sports Stadium
⑮ 스케이트장 / Ice Stadum
⑯ 케아호텔 / Kea Hotel
⑰ 병원 / Hospital

⑱ 글레라토르그 쇼핑몰 / Glerartorg Shopping Mall
⑲ 란츠반킨 은행(환전 가능) / Landsbankinn Bank
⑳ 블라칸난 카페 / Blaa Kanan Cafe
㉑ 노르두르란드 호텔 / Nordurland Hotel
㉒ 아쿠레이리 대학 / Akureyri University
㉓ 호프 문화 센터 / Hof Cultural and Conference Center

AKUREYRI

아쿠레이리의 랜드마크인 하얀 아쿠레이라키르캬 교회가 아쿠레이리에 온 관광객들을 가장 먼저 환영해 준다. 교회 안 순백의 하얀 색상이 서유럽도시들의 교회와는 다른 분위기를 연출한다. 소박하고 편안한 느낌을 전해 주는 교회는 아쿠레이리의 오랜 역사와 함께 외관이 조금씩 바뀌어왔다. 마을 가장 높은 곳에 자리잡아 온 마을이 한 눈에 내려다 보이는데, 교회에서 바라보는 동네는 평화롭기만 하다.

아쿠레이라키르캬 교회에 들르고 난 후 아름다운 카페에 앉아 도시를 둘러보면서 여유를 즐긴다면 여행의 여독을 풀기에 좋다. 거리를 걷다보면 바이킹의 나라답게 커다란 곰도 만나고, 북유럽 토르도 만날 수 있다. 작고 아담한 아쿠레이리를 걷다보면 이 작은 도시의 매력에 빠져나오기가 힘들어질 수도 있다.

아이슬란드의 인구는 약 33만 명(331,918명, 2016년 4월 기준)정도로 적은 인구이다. 생각하기에 쉽게 비교를 하자면 서울시 한 개의 동 정도의 인구가 약 30만 명이 넘으니 서울 한 개의 동보다도 적은 인구이다.
아이슬란드 제2의 도시라고 하는 아쿠레이리Akureyri의 인구도 18,900명 정도이다. 작은 도시이기 때문에 버스는 1번 버스노선 하나만 운행을 하고 있다. 버스를 탈 일은 많지 않지만 렌트를 하지 않고 아쿠레이리를 둘러보며 보니스같은 마트를 가기 위해서는 버스를 타고 이동해야 하기 때문에 알고 있어야 한다.
레이캬비크에서 6시간 정도를 지나면 북부의 제2의 도시인 아쿠레이리로 이동할 수 있다. 하지만 대부분의 아이슬란드를 일주하는 아이슬란드 관광객들은 동남부와 동부를 지나 아쿠레이리로 이동하게 되어 고다포스를 지나면 아쿠레이리로 도착할 수 있다. 아쿠레이리는 바다의 움푹 들어가 있는 만에 위치하여, 위에서는 바다와 산이 보인다.

렌트

아이슬란드에서 2번째로 큰 도시이다. 레이캬비크에서 차로 1번도로를 따라 가면 5~6시간 정도 지난 후에 도착할 수 있다. 노시 내부를 볼 때는 숙소에 렌트카를 주차하고 보는 것이 좋다.
렌트카로 이동할 때 그라브록휴게소에서 쉬었다가 아쿠레이리로 이동하면 힘들지 않게 도착할 수 있다. 보통은 차량 렌트로 남부에서 동부를 지나 아쿠레이리로 가기 때문에 미바튼에서 1번도로를 따라가면 도착할 수 있다.

항공

아이슬란드 에어(www.Icelandair.is)에서 여름에만 레이캬비크와 아쿠레이리를 왕복하는 노선을 운영하고 있다.

▶**홈페이지** : www.airiceland.is
▶**항공료** : 15,000kr
▶**소요시간** : 45분 정도
▶**전화번호** : 570-3030
▶**운영** : 여름에 최소 매일 7번 정도

버스

SBA에서 레이캬비크와 아쿠레이리로 오가는 버스노선을 운영하고 있다.
아쿠레이리까지 운행하는 버스는 주로 SBA-노르뒤를레이드Nordurleid에서 중앙버스터미널을 통해 운행하고 있다. SBA-노르뒤를레이드에서는 레이캬비크와 아쿠레이리에서 아침 8시에 출발하고 있다.

▶**홈페이지** : www.sba.is
▶**버스비** : 10,000~12,000kr
▶**소요시간** : 6시간 정도
▶**운영** : 연중 최소 1회이상
▶**전화번호** : 550-0700

아쿠레이라키르캬 교회
Akureyrakirkja

이 교회를 보면 레이캬비크의 할그림스키르캬 교회를 떠올리게 된다. 그럴 수 밖에 없는게 같은 건축가 사무엘손Gudjon Samuelsson이 설계했기 때문이다. 여름에만 입장이 가능하여 입장시간이 자주 바뀌기 때문에 낮시간에 가는 것이 헛걸음을 안 하는 방법이다.
할그림스키르캬 교회처럼 360도방향으로 다양한 교회의 모습을 가지고 있다. 내부의 스테인드글라스는 예수의 12제자를 장식해 놓았다.

아쿠레이리 박물관
Akureyri Museum

이곳에는 정착 시대를 비롯해 다양하고 흥미로운 역사 유물이 전시되어 있다. 밖에 있는 조용한 정원은 19세기 아이슬란드에서 유행했던 양식을 보여 준다.

홈페이지_ www.akmus.is
요금_ 일반 600kr, 학생무료
위치_ Adalstraeti 58
운영_ 6~9월 중순 10:00~17:00
9월 중순~5월 토 14:00~16:00

논나후스 박물관
Nonnahus Museum

아이슬란드의 유명한 아동문학작가인 욘 스베인손Jon Sveinsson은 아쿠레이리에서 어린 시절을 보냈기 때문에, 그의 책에 나오는 이야기에는 아쿠레이리의 느낌이 묻어 나온다. 욘 스베인손이 어린 시절을 보낸 집을 개조한 박물관이다.

리스티가르드뒤르 아쿠레이라르 정원 식물원
Lystigardur Akureyrar

세계에서 가장 북쪽에 있는 식물원으로 아쿠레이리 시민들이 자주 아이들과 즐기는 식물원이다. 1912년 문을 열었고 가장 많은 아이슬란드 자생종식물이 서식한다.

홈페이지_ www.lystigardur.akureyri.is
요금_ 무료
운영_ 월~금 08:00~22:00
6~9월 토~일 09:00~22:00

선드라우그 아큐레이라르 수영장 Sundlaug Akureyrarr

아쿠레이리 시내에 위치한 유일한 수영장이다. 수영장뿐만 아니라 온천, 사우나, 워터 슬라이드도 이용할 수 있다.

위치_ bingvallastraeti 21
요금_ 성인 500kr, 16세 이하 무료 / 사우나 650kr
운영_ 월~금 07:00~21:00
토~일 08:00~18:30

호프 문화센터
Hof Cultural and Conference Center

외관의 유리가 주상절리를 형상화한 돌들과 어우러져 세련된 느낌의 호프 문화센터는 레이캬비크의 하르파 콘서트홀과 비슷한 역할을 아이슬란드 제2의 도시인 아쿠레이리에서 한다.
내부는 날씨가 좋으면 햇살이 따뜻하여 브런치를 먹기에도 좋은 장소이다. 각종 문화생활을 하도록 공연을 소개하고 있다. 관광객에게는 아쿠레이리 전체의 풍경을 보고 싶을 때에 찾아와 사진을 찍을 수 있는 장소이다.

아쿠레이리 캠핑장
Akureyri camping ground

함라르 캠핑장
최신 시설을 갖춘 대규모 캠핑장으로 산이 보여 인기가 많다. 주방과 세탁실이 있다.

운영_ 5월 중순~9월 중순
이메일_ hamrar@hamrar.is
전화_ 461-2264
1박비용_ 1000kr

센트럴 캠핑장
시내가 가깝고 수영장, 슈퍼마켓이 근처에 있어 가족 여행객들에게 인기가 많다. 주방과 세탁실이 있다.

운영_ 6월 초~8월
이메일_ hamrar@hamrar.is
전화_ 462-3379
1박비용_ 1000kr

EATING

스트리키드 Strikid

2016년 초에 새롭게 리모델링을 하여 더욱 현대적인 인테리어를 가지게 되었다. 5층에 있는 그릴 레스토랑으로 아쿠레이리에서 가장 맛있는 음식으로 정평이 나 있다. 비싼 가격이지만 비싼 값을 하는 레스토랑이다.
또한 창문으로 피오르드 경치를 보면서 먹는 음식은 더욱 맛좋게 만들어주는 분위기를 연출한다. 피자, 버거뿐만 아니라 송어, 꿀을 발라 구운 돼지고기, 해산물을 아이슬란드 정통 맥주인 칼디Kaldi 맥주와 함께 먹어보자.

위치_ Skipagata 14
요금_ 메인요리 2,500~5,500kr
전화_ 462-7100
홈페이지_ www.strikid.is

바우틴 Bautinn

밤 12시까지 문을 여는 대중적인 레스토랑으로 아쿠레이리에서는 저렴한 가격과 점심시간의 샐러드 바Bar가 인기가 높다. 어두운 내부 디자인이 겨울의 마음을 우울하게 할 수도 있지만 피자, 샐러드, 고래 고기가 가장 인기 있는 요리이다.

위치_ Hafnarstraeti 92
요금_ 메인요리 1,600~3,800kr
전화_ 462-1818

루브 23 Rub23

아쿠레이리 시민들에게 가장 인기있는 고급 레스토랑으로 알려져 있지만 스시가 유럽에서는 고급 음식으로 인식된 것도 한몫했다. 생선이나 스테이크의 메인요리에 11개의 양념 소스를 고르고, 스시 메뉴도 따로 주문한다. 주방장의 추천 메뉴를 주문하는 것도 좋은 방법이지만 큰 기대는 금물, 우리나라에서도 먹을 수 있던 맛이어서 아쉬웠다.

위치_ Kaupvangsstraeti 6
전화_ 462-2223
요금_ 메인요리 저녁 3,700~5,000kr
홈페이지_ www.rub.is

블라 칸난 카페 Blaa Kannan Cafe

나무로 꾸민 인테리어와 알록달록한 테이블이 있고 아침시간 노닥거리기에 좋은 곳이다. 여름에는 대로에 테이블을 내놓는다. 점심 스페셜(커피, 수프, 샐러드, 메인요리)이 맛도 좋고 가격도 저렴해 많이 찾는다. 가끔 채식 요리도 나온다.

위치_ Hafnarstraeti 96
Open_ 여름 08:30~23:30, 겨울 단축운영

리스트로란테 이탈리아노
Ristrorante Italiano

아쿠레이리에서 이탈리아 피자만을 전문으로 하는 피자집으로 유럽인들이 많이 찾는 레스토랑이다. 우리나라 관광객이 많이 찾는 곳은 아니다.

위치_ Hafnarstraeti 108
Open_ 월~금 08:00~17:30, 토 10:00~17:00

피쉬 & 칩스
Fish & Chips

레이캬비크에 있는 아이슬란딕 피시&칩스Icelandic Fish & Chips에서 2015년, 아쿠레이리에 지점을 열었다. 젊은 여행자들을 위한 여행자 센터 맞은 편에 전통적 유기농 재료를 반죽에 밀과 설탕을 쓰지 않고, 튀기기 보다는 구운 감자에 가깝게 만들어 내는 음식은 신선함 그 자체이다. 아쿠레이리 주차장을 찾으면 바로 앞에 있으니 찾기는 힘들지 않을 것이다. 메인 거리인 하프나스트레티Hafnarstraeti에서는 떨어져 있지만 그 거리는 100m도 안 되는 짧은 기리이다. 젊은 감각의 피쉬 & 칩스는 영국인들도 맛이 좋다고 했으니 인정할 만하다.

위치_ Skipagata 12
전화_ 414-6050
홈페이지_ www.reykjaviktish.is

SLEEPING

아쿠레이리 시내는 숙소가 많이 부족하였지만 개인이 관광객에게 대여하는 아파트가 많이 생겨나면서 숙소문제를 해결하게 되었다. 가족단위의 여행객들은 현지인의 분위기인 아파트를 더 선호한다.

아이슬란드에어
Icelandair Hótel Akureyri

2011년 오픈한 아이슬란드에어 호텔은 최신 시설을 자랑한다. 밝은 분위기의 스타일리쉬한 방들이며 12개의 방이 있다. 아쿠레이리에서 겨울 스키를 타려는 관광객을 위해 스키 보관소와 정원, 식당이 있다.

위치_ Þingvallastræti 23, 600 Akureyri
요금_ 싱글 22,000kr~ / 더블 28,400kr~
전화_ 518-1000
홈페이지_ www.icelandairhotels.com

케아 호텔
Kea Hotel

1944년에 아쿠레이리의 최고급 호텔로 지어진 호텔로 위치도 최상이다. 4성급 호텔이지만 오래된 건물은 구식이다. 5개의 최고급 객실에는 피오르가 보이는 발코니가 있다.

노르두르란드 호텔
Nordurland Hotel

케아 호텔의 자매 호텔로 케아호텔보다 등급이 낮은 호텔이지만 최근에 문을 연 호텔이라 시설은 케아호텔보다 최신시설이다. 42개의 객실과 모던한 분위기로 위치는 중심부에서 벗어나 있지만, 2분 거리라 멀지 않다. 겨울에는 30%이상 할인된 가격으로 숙박이 가능하다.

위치_ Eyrarlandsvegur 28
요금_ 싱글 15,600kr~
더블 19,600kr~
전화_ 462-2600
홈페이지_ www.hoteledda.is

흐라프닌
Hrafninn

'까마귀'라는 뜻의 흐라프닌은 고급스러운 대저택에 있어 항상 예약이 어렵다. 위치가

좋고 모든 객실에 욕실이 딸려 있는 시설은 호텔보다 더 좋다. 가격에는 아침이 포함되어 있으며, 주인은 매우 친절하다. 최근 리모델링해 가구와 마루가 모던하고 고급스럽다.

위치_ Brekkugötu 4 - 600 Akureyri
요금_ 싱글 11,700kr~ / 더블 16,200kr~
전화_ 462-2600
홈페이지_ www.hrafninn.is

RENT

귤라 비들란 게스트하우스
Gula Villan Guesthouse

가족 여행객에게 인기 있는 게스트하우스로 객실이 밝은 분위기이다. 수영장 맞은편에 주인이 운영하는 또 다른 게스트하우스가 있어 여름에는 노란색 건물로 숙소가 바뀔 수도 있다. 주방이 있고, 4인 이상은 아침식사를 주문해서 먹을 수 있다.(1인당 1,500kr)

위치_ Brek-kugata 8
요금_ 싱글 6,500kr~ / 더블 9,800kr~
전화_ 896-8464 **홈페이지_** www.gulavillan.is

RENT

스토르홀트 HI 호스텔
Storholt Hi Hostel

깨끗한 호스텔로 편안한 거실과 두 개의 큰 주방이 있다. 여름에 즐길 수 있는 데도 있다. 휴양 별장 건물이 두 곳에 있는데 하나는 3인용이고 다른 하나는 8인용이다.

위치_ Storholt 1
요금_ 3인용 11,000kr~ / 8인용 31,000kr~
전화_ 462-3657
홈페이지_ www.hostel.is

RENT

아쿠레이리 호텔
Storholt Hi Hostel

19개의 객실이 있는 저렴한 호텔로, 주방 시설을 갖춘 호텔이다. 작지만 깨끗하고 아침 식사를 하는 룸에서는 하프나르스트라이티 중심거리가 보인다.

위치_ Hafnarstraeti 104
요금_ 싱글 12,400kr~ / 더블 16,500kr~
전화_ 462- 5600
홈페이지_ www.hotelakureyri.is

RENT

아쿠레이리 백페커스
Akurairi Backpackers

마을 중심부에 있는 게스트하우스로 주차장도 갖추고 있다. 작은 사이즈의 방이지만 밝은 분위기이다. 공용 욕실을 사용하면서 부엌은 밤 9시까지만 이용이 가능하다.

위치_ Brekkugata 27a, 600 Akureyri
전화_ 461-2500, 899-5259

아이슬란드의 북부, 아쿠레이리의 대표 투어

아직은 아쿠레이리를 하루정도 머무는 도시로만 생각하는 관광객이 많지만 아이슬란드에서 2번째로 큰 북부의 대표도시인 아쿠레이리는 여러 투어가 많다. 레이캬비크에 대표적인 관광지를 묶은 골든 서클(싱벨리어 국립공원, 게이시르, 굴포스)이 있다면, 아쿠레이리에는 다이아몬드 서클이 있다.

1. 다이아몬드 서클 투어 | Diamond Circle Tour / 28,000kr~

아쿠레이리에서 가장 유명한 투어로 6월부터 9월까지만 운영한다. 아이슬란드에서 가장 유명한 관광지라고 하는 아우스비르기, 요쿨사르글류포르, 데티포스, 미바튼 호수를 묶어서 다이아몬드 서클이라고 이름을 붙이고, 9시간 정도 투어를 진행한다. 오전 8시에 픽업하여 9시 정도에 출발한다. 북부의 아쿠레이리는 겨울에 눈이 많이 오는 날씨로 겨울에는 투어가 진행될 수 없어 낮의 길이가 긴 여름, 하루에 이용할 수 있다.

2. 미바튼 왕좌의 게임 테마 투어
| Myvatn, Mystery & Magic Tour / 22,000kr~

왕좌의 게임 드라마로 인해 탄생한 투어로 서양 관광객에게는 가장 인기가 높은 투어이다. 왕좌의 게임Game of Thrones의 촬영지를 가이드의 설명을 따라 보는 투어로 시즌1에 나온 존 스노우Jon Snow와 이그리트Ygritte의 발자국이 나오는 오프닝인 "장벽 너머의 땅Beyond The Wall"의 장면, 나이트 워치들에게 공격당한 겁에 질린 숲Haunted Forest, 존 스노우와 이그리트가 동굴에서 사랑을 나눈 동굴의 사랑Love Cave 등을 직접 볼 수 있지만 여름에는 드라마의

장면과 달라 실망하기가 쉽다. 겨울에는 드라마의 장면과 비슷해 더욱 몰입이 쉽게 된다.
고다포스를 둘러보고, 미바튼 네이쳐 바스 온천(입장료 포함)에서 여행의 피로를 풀고 아쿠레이리로 돌아온다. 오전 9시에 출발해 약 7시간 이상 소요된다.

3. 미바튼 호수 투어 | Lake Myvatn Tour / 18,000kr~

북부지역의 대표적인 아름다운 호수 미바튼호수Lake Myvatn를 보면서 고다포스와 미바튼 호수의 남쪽지역인 스쿠투스타다기가르Skútustsðagigar의 분화구, 크라플라지역의 크라플라 화산지대, 비티 등을 볼 수 있도록 진행되고 있다.
마지막으로 미바튼 네이쳐 바스에서 온천을 하고 나오면 끝이 난다. 겨울에는 밤에 눈을 맞으며 하는 색다른 온천욕 경험을 즐길 수 있다.

4. 터널 3 투어 - 시글로 투어 | he Three Tunnel Tour - Siglö / 19,000kr~

아이슬란드에서 피오르드 해안을 직접 경험해 볼 수 있는 지역이 동부와 서부피오르드만 있는 것은 아니다. 북부해안에서도 14세기, 청어잡이 시대에 시글리피오르드Siglufjorður를 볼 수 있는 투어로 터널이 뚫리면서 투어가 생겨났다. 구불구불한 해안 도로를 1시간 이상 지나가기 때문에 지루해질 수 있다. 7월에는 청어를 소금에 절이는 장면을 직접 볼 수 있으며 음악과 춤으로 마을은 축제의 분위기가 된다.

Iceland North
아이슬란드 북부

데티포스
Dettifoss

리들리 스콧 감독의 영화 '프로메테우스' 촬영지로 유명해진 이 폭포는 유럽에서 가장 큰 폭포이자 가장 강력한 물살을 자랑하는 폭포이다. 흐베리르를 지나 1시간 30분 정도를 가면 도착한다. 동부의 에질스타디르에서 가려면 2시간 정도를 가야 도착할 수 있다. 데티포스를 보러가는 길은 비포장도로를 1시간 정도 가야 하기 때문에 차량상태를 한번 확인하는 것이 좋다.

힘들게 데티포스에 도착하면 장대한 폭포가 눈앞에 펼쳐진다. 바람이 많이 불 때는 물보라와 모래바람이 너무나 심해 카메라가 상할 수도 있으니 조심해야 한다. 옆에는 데티포스에 비해 규모가 작은 셀포스도 있다.

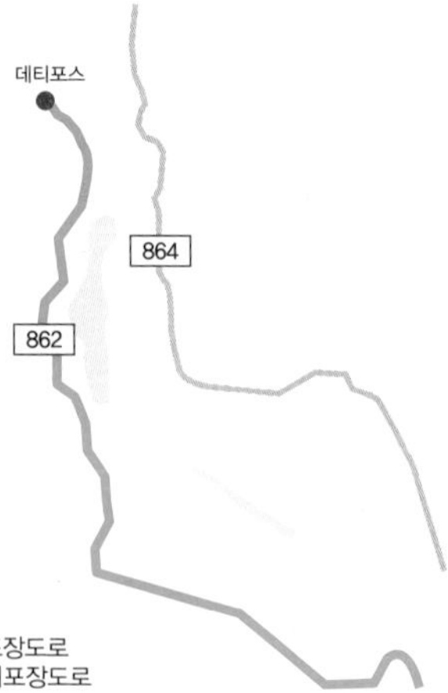

▶862번 도로 : 포장도로
▶864번 도로 : 비포장도로

셀포스
Selfoss

데티포스Dettifiss에서 상류로 800m를 걸어가면 셀포스Selfoss가 나온다. 셀포스는 고다포스와 비슷한 모양으로 높이는 10m로 높지 않지만 너비가 183m로 고다포스보다 넓다. 864번 비포장도로를 따라 들

ICELAND Tip

남부의 셀포스(Selfoss)와 북부의 셀포스(Selfoss)의 차이

아이슬란드를 처음으로 여행하는 여행자들이 혼동을 일으키는 것이 "셀포스Selfoss폭포는 어디에 있어요?"라는 질문이다. 레이캬비크에서 1번 링로드를 따라 남부로 가면 처음으로 도착하는 도시인 셀포스는 도시 지명이며 셀포스 폭포는 없다.
셀포스폭포는 북부의 데티포스 뒤의 위치한 셀포스가 바로 그곳이다. 가끔 남부지방으로 가서 폭포를 찾는 여행자들이 질문을 하는 경우가 있는데 착각하지 말고 데티포스에서 셀포스를 찾아가자.

어가 데티포스를 보고 트레일코스로 연결되어 있어서 쉽게 접근이 가능하다.
셀포스를 보고 데티포스로 돌아오는 시간도 약 40분 이상은 소요된다. 862번 포장도로에서도 셀포스를 볼 수 있지만 멀리서 보기 때문에 셀포스를 보지 않고 돌아가는 경우가 대부분이다.

데티포스

고다포스

아우스비르기
Ásbyrgi

아이슬란드 북동쪽에서는 데티포스와 아우스비르기 협곡이 비포장의 864번도로나 862번 포장도로를 따라 가면 볼 수 있다. 데티포스를 보고 나서 마지막으로 내륙부에 있다. 다른 아이슬란드와는 확연하게 구분되는 지역으로, 864번도로를 따라 갈때는 4륜 차량으로 이동하는 것이 좋다. 겨울에는 864번도로는 패쇄되어 있어 862번도로만을 사용할 수 있으나 눈이 많이 오는 북부로 도로차단이 많으므로 확인하고 이동해야 한다.

오프로드 차량만이 길을 지날 수 있다. 또한 내륙부의 온도는 예고도 없이 아주 위험한 수준까지 곤두박질칠 수 있어서 조심해야 한다.

아우스비르기 협곡은 북유럽 신화중 최고의 신 오딘이 8개의 다리를 가진 말의 다리가 땅에 닿으며 생긴 자국이라는 전설이 전해지는 아우스비르기는 위에서 보면 말발굽 모양으로 생겼다. 거대한 로키산맥같은 느낌의 협곡은 협곡 가장자리로 가면 보츠트요른Botnstjorn호수까지 다가갈 수 있다. 캠핑장과 보츠트요른 사이에 튀어나온 에이얀Eyjan절벽이 압권이다.

요쿨사르글류푸르
Jökulsargljúfur

많은 관광객들이 데티포스만을 보고 다시 크라플라로 이동하는 루트가 대부분이기는 하지만 작년부터 요쿨사르글류푸르Jökulsargljúfur협곡을 직접 보러가는 관광객이 늘고 있다. 요쿨사르글류푸르캐년Cannon은 아이슬란드에서 2번째로 긴 강인 요쿨사 아 퍌룸Jökulsa á Fjollum이 만든 길이 24㎞, 폭 500m, 깊이 100m의 아이슬란드의 많은 협곡의 가장 크고 인상적인 풍경을 보여주면서 오랫동안 여행자들을 끌어들였다. 바트나요쿨Vatnajokull의 만년설에서 이어져 나온 옥사르피요르드Öxarfjörður까지 이어져 있다.

요쿨사르글류푸르Jökulsargljúfur 계곡은 물, 불, 얼음의 이동에 의해 형성되었다. 거대한 빙하 요쿨흘라웁스jökulhlaups는 아우스비르기Ásbyrgi의 유명한 깊은 계곡과 바위 분지를 탄생시켰다.

강은 모든 화산 물질을 휩쓸고 흘료다클레타르Hljóðaklettar의 고대 화산의 핵심으로 화산물질이 지속적으로 강을 따라 이동한다. 요쿨사 아 퍌룸Jökulsa á Fjollum강은 셀포스Selfoss, 데티포스Dettifoss, 하프라

길스포스Hafragilsfoss, 레타르포스Réttarfoss의 강력한 폭포를 만들어냈다. 홀마퉁구르Hólmatungur지역은 대조적으로 식물들과 동물들이 절벽과 돌더미 언덕의 보호 아래 지낼 수 있었다.

트레킹

아이슬란드 남부에 란드만나라우가 트레킹이 있다면 북부에는 아우스비르기에서 시작하는 요쿨사르글류푸르Jokulsargljufur 트레킹이 있다. 아우스비르기에서 데티포스까지 총 34㎞의 트레킹 코스가 아름답다. 1박 2일로 중간지점의 베스투르달루르Vesturdalur 캠핑장에서 하루를 쉬었다가 데티포스까지 가는 코스이다.

ICELAND Tip

요쿨사르글류푸르Jökulsárgljúfur 방문자 센터

아우스비르기Ásbyrgi로 온 관광객은 방문자 센터에서 먼저 문의해야 한다. 늦게 도착해 관광을 하려면 위험할 수도 있어 미리 인적 사항을 적어놔야 안전하다.

전화_ 470 7100

이메일_ asbyrgi@vjp.is

▶**아우스비르기Ásbyrgi 캠핑장**
Open_ 5월 15일~9월 30일

▶**베스투르달루르Vesturdalur 캠핑장**
Open_ 6월 7일~9월 15일

미바튼 네이처 바스
Myvatn Nature Baths

아쿠레이리에서 동쪽으로 15㎞ 떨어져 있는 온천으로 규모는 블루라군보다 작지만 경치가 좋아 북쪽의 블루라군이라 불리운다. 블루라군은 바닷물을 데워서 온천으로 사용하고 미바튼 네이처 바스는 담수를 온천물로 사용하는 것이 차이점이다.

크라플라 화산지대
Krafla volcanic area

1,700년대부터 300년간 화산활동이 이어진 칼테라지역인 크라플라 화산지대는 비티Viti, 흐바르Hvar, 흐베리르Hverir, 레이흐뉴크르Leirhnjukur를 다 합쳐서 일컫는 말이다.

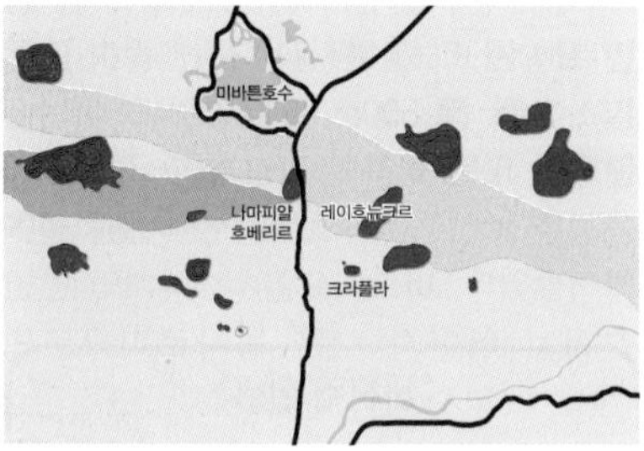

크라플라 발전소
Krafla a geothermal power plant

흐베리르 인근엔 지열발전소가 있다. 아이슬란드는 전력의 대부분을 굵은 파이프를 이용하여 지열을 공급한다. 화석연

료를 대부분 사용하는 우리나라와 다른 친환경에너지를 사용하는 아이슬란드에서 에너지사용에 대한 새로운 개념도 얻게 되는 교육적 효과를 가지고 있다.
요상한 땅 흐베리르, 유황가스가 피어오르고 지열발전소에서도 새하얀 연기가 쉼없이 피어오르는 뒤에는 괴상한 산들이 지구 태초의 비현실적인 풍경을 자아내고 있다.

비티
Viti

크라플라 발전소 지역의 언덕을 넘어가면 언덕 위에 레이흐뉴쿠르 화산이 보이고 연기가 계속 피어오르고 있는 곳에 주차장이 있다. 여기가 비티 분화구이다.

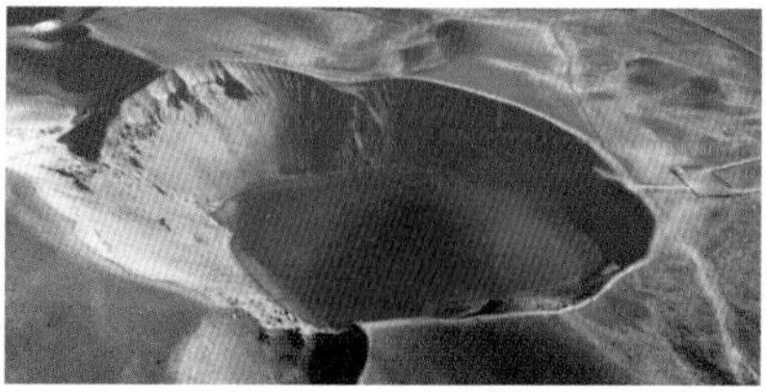

레이흐뉴쿠르
Leirhnjukur

뜨거운 진흙 구멍으로 이루어진 레이흐뉴쿠르Leirhnjukur는 거친 태초의 옛날 지구의 모습을 보는 것 같기도 하고, 나무 한그루 없는 황량한 땅이 마치 화성에 들어간 것처럼느껴진다.
흘러 내리다만 용암의 흔적으로 남은 검은 빨강색이 마치 지옥같은 느낌이 들기도 하고 거칠게 유화로 그린 그림같기도 하다. 일단 사람들이 많은 곳으로 따라 가면 된다. 원시지구의 모습을 보는 것같아 거친 지구의 매력에 빠져들 것이다.

돌아다니다 보면 구멍들이 매우 많이 보인다. 구멍은 깊이가 백미터도 넘는다는데 보고 있노라면 바로 용암이 내 위로 분출할 것 같다. 땅은 원시 지구를 보는 느낌이라면 하늘은 따뜻한 햇살이 눈부시게 내리쬐고 있으면서 너무 파랗다.

방문자센터_ 월~금 13:00~17:00
6~8월 토~일 18:00
버스운영시간_ 6월 18일~8월 말일까지 08:00~11:30
관광안내소에서 크라플라(1,500kr)로
출발

레이흐뉴쿠르 트레킹
Leirhnjukur

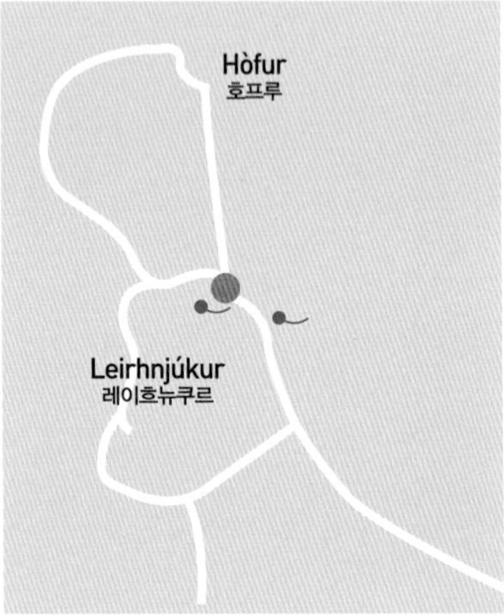

1. 레이흐뉴쿠르 표지판이 보이고 설명을 읽고 출입구를 지나 뜨거운 용암에 이끼가 낀 땅을 지나간다.

2. 이끼가 낀 지형이 끝나고 눈이 덮힌 지형을 다시 지나가야 한다.

3. 눈 덮힌 땅이 끝나면 나무판으로 이어진 길과 계단이 나온다. 계단을 올라가면 전망대가 나온다. 중간중간에 무너진 나무길이 많아 조심해야 한다.

4. 나무길을 따라 약 40분 정도를 더 걸어가면 다시 전망대로 돌아온다.

5. 전망대에서 내려가 눈 덮힌 길을 돌아 나오면 약 1시간 30분~2시간 정도 소요된다.

흐베리르
Hverir

차에서 내리면 코를 찌르는 유황냄새가 내리기 싫게 만들지만, 눈 앞에 펼쳐진 기이한 풍경이 궁금증을 만드는 장소이다. 증기와 진흙을 내뿜는 지열지대로 수많은 증기와 진흙이 끓고 있으며 땅은 거친 오렌지빛이 돌고 갈라진 틈에서는 수증기가 뿜어져 나온다.
시커먼 진흙물이 쉴새없이 올라오는 검은 샘이 신기하면서도 무섭다. 80~100도라고 주의 표시가 되어있는데 200도가 넘는 곳도 있다고 한다. 개방은 되어있지만 위험하기 때문에 정해진 길로만 다닐 수 있다.
이 곳을 다닐 때 또 유의할 점은 수많은 모기떼이다. 마치 벌에 쏘이지 않기 위해 쓰는 가리개 같은 것을 쓰는 사람들을 간혹 만나게 된다.

미바튼 호수
Lake Myvatn

호수 면적은 여의도 면적의 13배쯤 되는 3㎢로 매우 넓다. 자동차로도 30분~1시간 정도 돌아야하는 거리이기 때문에 관광안내소에서 자전거를 빌려 자전거를 이용해 호수를 둘러볼 수 있다.

EATING

레이캬흘리드에는 먹을 만한 곳이 호텔 레스토랑과 감리 바이린 밖에 없다.

감리 바이린 Gamli Baerinn

레이캬흘리드에 간단한 햄버거와 스프를 파는 레스토랑이지만 밤에는 술집으로 변신한다.
햄버거와 커피, 케이크을 주로 판매하고, 밤에는 칩스, 라자니아 같은 간단한 식사를 판다. 미바튼 호수에서 가장 찾기 쉬운 레스토랑이라 자주 찾게 된다.

Open_ 5~9월 10:00~22:00
전화_ 464-4270
요금_ 메인요리 1,700~3,500kr

보가 피오스 카우-셰드 카페
Voga fios Cow-Shed Cafe

레이캬흘리드Reykjahlíð에서 동쪽으로 2km 떨어진 곳에 있는 아기자기한 귀여운 카페로 소의 젖을 짜는 모습을 구경할 수 있다. 낮에는 유기농 아이스크림을 주로 판매하고, 밤에는 송어와 양고기 요리를 판매한다. 아이슬란드적인 지열로 구운

호밀빵인 '크베라브라우드hverabraud'를 먹어보는 체험도 할 수 있다.

주소_ Vogafjos
Open_ 5~10월 7:30~22:00
전화_ 464-4303
요금_ 약 3,500kr~
홈페이지_ www.voga.net

SLEEPING

레이니흘리드 & 레이캬흘리드
Reynihlíð Hótel & Reykjahlíð Hótel

미바튼 호수에서 가장 크고, 고급인 유명한 호텔로 여름에 숙박을 원한다면 2~3월에는 예약을 해야 할 정도로 인기가 있다. 가격은 매우 높지만 객실은 평범하다. 캠핑장과 붙어있는 레이캬흘리드Reykjahlíð Hótel도 같이 운영하는데 조금 더 낮은 가격의 호텔이다.

주소_ Reynihlíð, 660 Reykjahlíð
전화_ 464-4170
홈페이지_ www.reynihlid.is

뱌르그 캠핑장
Bjarg

미바튼 호수 옆에 잘 갖춰진 넓은 캠핑장에는 통나무집이 따로 있는데 이용가능하다.

전화_ 464-4240
이메일_ferdabjarg@simnet.is

미바튼캠핑장
Myvatn

호수의 아름다운 경치를 보기 위해 미바튼 호수의 캠핑장을 이용한다. 호수에는 2개의 캠핑장(페르다시오뉘스탄 비아르그, 흘리드 캠핑장)이 있는데 그 중에 호숫가에 있는 캠핑장(페르다시오뉘스탄 비아르그Ferdapjonustan Bjarg)이 1번도로에서 호수 만나는 지점이라 찾기 쉽고 바로 건너편에 N1주유소와 편의점이 있어 주로 이용한다.(샤워실 24시간 개방, 화장실 남녀공용 취사실은 오피스 앞에 있으므로 캠핑 위치를 잘 선택해야 한다.
여름이어도 날씨의 변화가 심해 추워서 두꺼운 패딩을 입는 것이 좋다. (투어 10% 할인, 캠핑비는 현금)

페르다시오뉘스탄 비아르그 캠핑장 (Ferdapjonustan Bjarg)

큰 규모를 자랑하고 편의시설이 잘 갖춰진 캠핑장으로 호숫가에 자리하고 있다. 바닥에 히터가 들어오는 샤워시설이 있다. 세탁실, 여름 보트 대여(시간당 2000kr),

자전거 대여(12시간 2000kr), 잘 만들어진 주방 텐트가 있다.

전화_ 464-4240
홈페이지_ ferdabjarg@ simnet.is; myvatn;
요금_ 텐트당 1100kr, 침낭 3000kr~

흘리드 캠핑장(Hlid)

대규모 캠핑장으로 교회에서 내륙으로 300m 들어온 지점에 있다. 세탁시설, 인터넷, 샤워시설 대여가 가능하다. 포르타 카빈 스타일로 지어진 건물의 4베드 방에서는 침낭 숙박이 가능하다.

전화_ 464-4103
홈페이지_ hlid@sholf. is; Hraundbrun;
요금_ 캠핑장 1인당 1200kr, 침낭 포함 4000k

RENT

스쿠투스타디르 농장
Skútustaðir Farm

미바튼 호수 남쪽가에 자리잡고 있어 외딴 지역이지만, 특색있는 숙소를 원한다면 좋은 숙소가 될 것이다. 기본적인 객실에 공용욕실과 5개의 거실이 있는 더블룸도 있다. 주변이 깜깜해서 겨울에 오로라를 보기에는 최적의 장소이다.

주소_ Skútustaðir 2b, 660 Reykjahlíð
전화_ 464-4212
홈페이지_ www.skutustadir.info

RENT

보가피오스 카우쉐드 통나무집
Vogafjos Cowshed

미바튼 호수 동쪽 보가피오스Vogafjos에 있는 카우쉐드 레스토랑에서 같이 운영하는 통나무집 호텔이다. 이 레스토랑과 호텔은 둘 다 유명하다.
특히 그들의 유기농음식을 맛보면서 여유로운 여행을 하고 싶은 여행자들에게 인기가 높다. 이곳의 숙소는 매우 빨리 예약이 완료되므로 2월에는 예약을 해야 할 것이다. 겨울에 숙박을 하면 30%이상 할인 받고 제공되는 푸짐한 조식을 먹을 수 있다.

그리오타이아우
Grjótagjá

1975년~1984년에 크라플라 화산지대에서 폭발하면서 그리오타이아우의 물 온도가 온천에 부적합한 60℃까지 올라가면서 온천으로서의 기능을 상실했다. 겨울에는 40℃ 정도로 온천을 즐길 수 있지만 지금은 찾는 관광객들이 많지 않다.
미바튼 호수의 레이캬홀리드 남쪽에 848번 도로를 따라 4㎞정도 이동하면 표지판이 나온다. 동굴 온천이니 조금만 들어가면 맑은 푸른 색을 보고 사진을 찍게 된다.

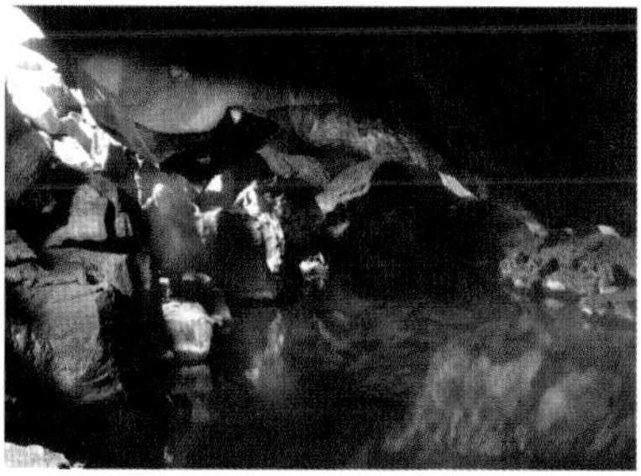

고다포스
Godafoss

미바튼에서 아퀴레이리로 향하는 부근에 '신들의 폭포'라고 불리우는 고다포스는 아쿠레이리에서 약 50㎞ 떨어진 곳에 있다. 11세기에 국교를 기독교로 바꾼 아이슬란드의 왕이 자신들이 이전까지 믿던 신의 상들을 이 폭포에 던지면서 신이라는 뜻의 고다goda라는 이름을 갖게 되었다. 굴포스나 데티포스에 비해 규모는 작지만 폭포 주변에 접근하기가 쉬워 많은 사람들이 폭포의 모습을 많이 찍는다.

고다포스 기념품 가게와 카페

고다포스에 있는 유일한 기념품과 카페로 고다포스를 지나 아쿠레이리로 간다면 이곳에서 점심을 해결하고 아쿠레이리로 이동하는 것이 좋다. 아쿠레이리까지 중간에는 휴식을 취하거나 식사를 해결할 수 있는 장소가 없기 때문이다.

후사비크
Husavík

후사비크Húsavík는 고래 수도로 잘 알려진 깨끗하고 쾌적한 어업 도시이다. 색색의 배들과 검고 흐린 바다, 만을 가로질러 보이는 눈이 쌓인 화강암 산이 특히 인상적이다. 입구에서부터 보이는 항구는 많은 관광객들을 작고 예쁜 후사비크로 끌어들이는 데 중요한 역할을 한다.

후사비크는 플랑크톤과 물고기들이 풍부한 스칼판디Skjálfandi만에 위치한 지리적

인 이점으로 고래의 수도whale-watching capital로 잘 알려져 있다.

고래 투어 회사는 99%의 성공률로 고래를 볼 수 있다고 홍보한다. 후사비크 앞바다에는 많은 고래들이 있어, 가장 자주 볼 수 있는 종은 밍크고래minke, 혹등고래humpback, 흰부리돌고래white-beaked dolphins, 쥐돌고래harbour porpoises이다. 운이 좋다면 긴수염고래sei whales, 북방병코고래northern bottlenose whales, 범고래killer whales, 둥근머리돌고래pilot whales, 흰긴수염고래도 볼 수 있다고 하지만 기대는 하지 않는 것이 좋다.

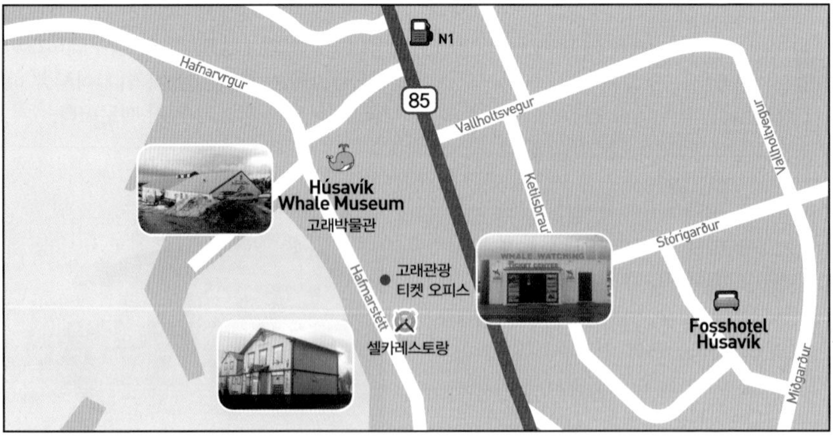

고래 박물관 Whale Museum

고래와 고래잡이의 역사, 고래의 종에 대해서 전시하고 있으며 고래 뼈도 관람할 수 있다

홈페이지_ www.whalemuseum.is
입장시간_ 6~8월 : 매일 08:30~18:30
4~5월, 9월 : 매일 09:00~12:00
10~3월 : 월~금 10:00~12:00, 13:00~15:30

고래 투어 Whale-watching tours

여름에 후사비크를 간다면 고래 투어를 하고 싶은 관광객일 것이다. 고래투어는 각 투어회사가 하루 최대 10번 출발한다. 항구 옆에 있는 젠틀자이언트Gentle Giants (tel: 464 -1500/www.gentlegiants.is)와 North Sailing (tel: 464-7272/www.northsailing.is) 티켓 창구나 미리 인터넷을 통해 예약할 수 있다. 만약 고래(돌고래 포함)를 보지 못한다면 다음 날, 무료로 다시 투어에 참여할 수 있다.

고래 투어 요금_ 59유로
퍼핀 & 고래 투어_ 65유로/ 7~15세는 30유로

EATING

레스토랑 살카 Restaurant Salka

아이슬란드 최초의 조합이 있었던 역사적인 건물에 있고, 고래 관광을 하는 투어회사들이 바로 옆에 있어 관광객이 가장 많이 찾는 레스토랑이다.
멋진 내부인테리어에 피자와 버거, 해산물 전통 음식(가재, 새우, 바다 오리, 양고기)을 먹을 수 있어 여름에는 항상 관광객들이 넘쳐난다.

Open_ 일~목 11:30~20:00, 금~토 13:00까지
위치_ Garðarsbraut 6, Húsavík
요금_ 메인요리 1900~3,800kr
Tel_ 464-2551

감리 바우쿠르 Gamli Baukur

바다를 풍경으로 인테리어를 꾸민 색다른 느낌의 레스토랑이며 저녁부터는 펍Pub으로 운영된다. 항구가 가까워 바다의 짠 내음도 많이 난다. 유럽여행자들을 위해 축구 경기 중계를 볼 수 있어 대부분은 유럽 여행객이다. 신선한 가리비, 대구, 새우, 청어요리도 있지만 내 입맛에는 햄버거가 더 나았다.

Open_ 일~목 11:30~20:00, 금~토 13:00까지
위치_ Garðarsbraut 6, Húsavík
요금_ 메인요리 1900~3,800kr
Tel_ 464-2551

SLEEPING

케이프 호텔 Cape Hotel

후사비크에서 바다 풍경을 가장 잘 볼 수 있는 호텔로 1950년대에 호텔로 리모델링하면서 호텔영업을 시작했다. 아름다운 바다가 보이기 때문에 여름에 특히 인기가 높다. 깨끗한 객실과 공용욕실, 무료 인터넷, 세탁 서비스 등을 제공한다.

위치_ Laugarbrekka 16
요금_ 싱글 19,000kr / 더블 24,500kr
Tel_ 464-1674
홈페이지_ www.husavikcapehotel.is

게스트하우스 발뒤르스브레카 Guesthouse Baldursbrekka

시내에서 가장 저렴한 숙소로 유럽의 배낭여행객들이 주로 찾는다. 총 9개의 룸(맞은편 No 17개에 객실 4개)과 요리 시설도 갖추고 있다. 단, 골목 끝에 위치해 있어 찾기가 쉽지 않다. (현금 사용만 가능)

위치_ Baldursbrekka 20
요금_ 침낭 2500kr/3500kr/7000kr

달비크 Dalvík

달비크는 작은 마을로 생각되지만 인구 약1,400명의 북부 아이슬란드에서 3번째

로 큰 도시이다. 어촌의 시골도시이지만 관광객들에게는 후사비크를 대신해 고래투어를 하는 마을로 인식되고 있다. 달비크에서는 고래투어와 바다낚시를 후사비크보다 저렴하게 동시에 할 수 있어 인기를 끌고 있다. 그림세이Grímsey 섬으로 가는 페리선이 달비크에서 출발한다.

ICELAND Tip

달비크의 지진

1934년 리히터 규모 6.3의 지진으로 근방의 산으로부터 산사태가 일어나 마을 가구의 절반정도가 파괴되었다.

달비크 고래투어

후사비크Húsavík의 고래투어가 인기를 끌면서 여름 후사비크 고래투어는 예약을 하지 않으면 할 수 없는 투어가 되었다. 그 대안으로 후사비크는 고래를 볼 수 있는 확률이 높고, 상대적으로 조용한 고래투어를 원하면서 인기를 얻게 되었다. 후사비크에 있는 사람들보다 상대적으로 더 친절하고 바다낚시를 고래투어비용에 포함되어 할 수 있다. 또한 낚시로 잡은 대구 등의 생선은 직접 구워 먹을 수 있어 관광객의 만족도가 높다.

아틱 씨 투어스(Arctic Sea Tours)
홈페이지_ www.arcticseatours.is

그림세이
Grimsey

달비크에서 약 41㎞, 아쿠레이리에서 44㎞ 정도 떨어진 그림세이는 아이슬란드에서 북극권 안에 포함되어 있는 유일한 섬이다. 북극권과의 경계를 표시한 표지판이 보이고 북극권 안으로 들어가면 항구에 있는 카페에서 증명서도 구입할 수 있다.

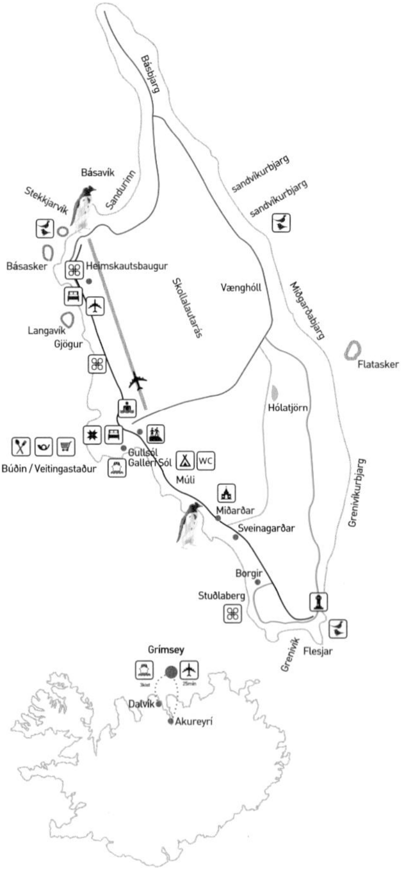

그림세이는 주로 퍼핀과 북극권 안으로 들어가는 경험을 위해 달비크에서 배를 타고 들어와 오후에 달비크로 돌아간다.

페리,비행기 시간표

	페 리				비행기
출발 도시	달비크(아쿠레이리)	아쿠레이리(여름)	그림세이	그림세이	아쿠레이리
출발 시간	09:00	07:45(월,수,금)	19:00	16:00	13:00
도착 도시	그림세이	그림세이	달비크	아쿠레이리	그림세이
도착 시간	12:00	10:45	22:00	19:00	13:25
요금	2,100kr(왕복)				2,700kr

비그다사프니드 크보틀
Byggðasafnið Hvoll

작고 별난 박물관으로 아이슬란드에서 가장 키가 컸던 달비크 출신의 요한 페투르손Jóhann Pétursson(1913~1984)을 기리기 위해 만들었다.

Open_ 6~8월 매일 11:00~18:00
9~5월 토 14:00~17:00
홈페이지_ www.dalvikurbyggd.is/byggdasafn

흐리세이 섬
Hrísey Island

아이슬란드에서 두 번째로 큰 섬(헤이마에이가 가장 크다)으로 제 2차 세계대전 중에 5명의 영국 군인이 아이슬란드의 피오르로 접안하는 저인망어선을 검사하는 임무를 맡으며 잠시 머무르게 되면서 유럽에 알려지게 되었다. 군인들은 "피오르 섬"이라는 '에이야피오르' 이름을 지어 지금도 사용하고 있다. 170여 명이 살고 있고 새로 지어진 지열 풀장, 아이슬란드 상어잡이 전시장 등의 시설이 있다.
흐리세이 섬Hrísey island의 모든 동물은 교차 감염의 위험을 최소화하기 위해 아이슬란드의 격리 센터가 1974년에 문을 열었다. 격리가 되면서 지금, 아이슬란드에서 가장 무성한 식생을 자랑한다. 섬의 대부분은 사유지라서 관광객들에게는 접근 금지이다. 보랏빛 헤더 꽃과 새들로 가득한 평평한 황야로 아름다워 사진을 찍기

위해 찾는 이들이 많다. 오래된 트랙터에 올라타 섬을 둘러 볼 수 있는 투어도 인기가 있다. 바닷가에서 여기저기 흩어져 있는 섬을 바라보면 근심이 다 날아간다. 레스토랑인 브레카에서는 섬의 특산물인 홍합류 음식을 맛볼 수 있다.
날씨가 좋은 날에는 달비크Dalvík 남쪽의 아우르스코욱산두르Árskógssandur에서 15분이면 닿을 수 있다.

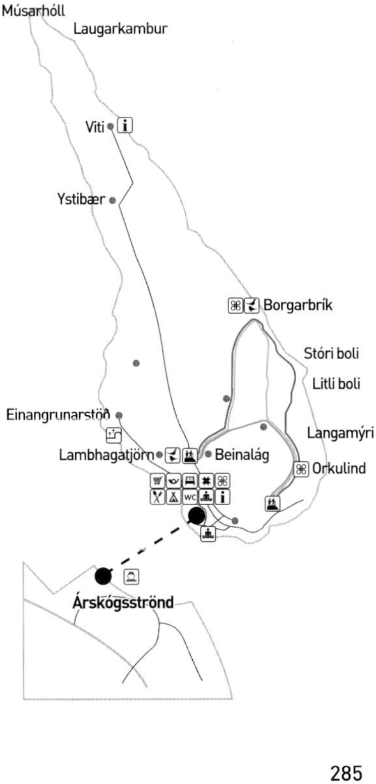

스카가피오르 반도
Skagafjördur

북부 아이슬란드의 중앙에 위치해 있는 스카기 반도는 산, 폭포, 절벽, 섬들로 이루어진 험난한 지역으로, 관광객들이 많이 찾지 않는 장소이다. 북극해를 향해 돌출되어있는 북부의 스카기Skagi반도는 아이슬란드 북부해안을 후나플로이Húnaflói만과 스카가피오르Skagafjörður fjord로 나눈다. 비포장도로를 따라가면 바다 새들이 둥지를 틀고 있는 현무암 절벽, 검은 모래사장, 바다표범만이 찾아오는 해변을 만날 수 있다.

1번 링로드를 따라 가다가 711번 도로를 따라 북쪽으로 18㎞, 비포장의 721번 도로를 올라가면 만나는 장소가 스카가피오르Skagafjörður이다. 주교인 욘 외그문다르손Jón Ögmundarson이 1133년에 아이슬란드 최초 베네딕토 수도원 중 하나를 이곳에 지었다. 이 수도원은 수도승들이 하루 종일 성경과 사가Saga를 필사하면서, 빠르게 문학의 거점이 되었다.

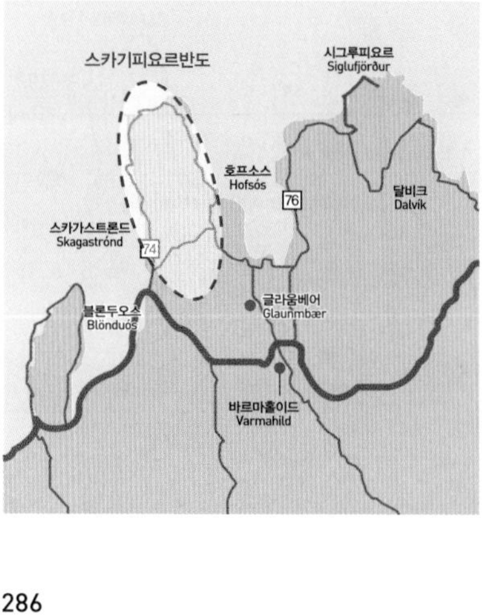

블론두오스
Blönduós

800명이 조금 넘는 인구의 블론두오스Blönduós마을은 많은 서비스를 제공하긴 하지만 다소 시시하다. 하지만 낚시꾼들에게는 이것이 별로 중요하지 않다. 아이슬란드에는 연어가 올라오는 강이 몇군데 없는데 그 중에서 가장 긴 강인 블란다Blanda 강이 부근에 위치해 있으며, 낚시허가 비용이 그리 비싸지 않기 때문이다. 링로드가 이 강 위의 다리를 가로지르며, 블린디로스Blönduós 중심부로 가는 갈림길이 있다. 블린디로스에는 좋은 수영장과 호텔, 병원, 주유소와 세 개의 작은 박물관(아이슬란드의 전통의상, 연어, 해빙 그리고 북극곰들에 대한 전시를 볼 수 있다)이 있다. 마을 아래 부둣가 옆에 위치한 기본스타일의 카페로 샐러드와 수프, 샌드위치 케이크 등을 판매한다.

Open_ Við Árbakkann(6월~8월까지만 영업)
주소_ Húnabraut 2, Blönduós
전화_ 452-4678

스카가스트론드
Skagaströnd

500명의 사람들만이 살고 있는 스카가스트론드Skagaströnd는 16세기에는 주요 무역항이었지만 현재는 바위투성이의 광맥 위에 지어진 조용한 어촌마을이다. 밝게 칠해진 목재 가옥들이 곡선모양의 만 가장자리를 따라 있으며, 눈이 점점이 내린 스파코누펠Spákonufell 산 봉우리들이 우뚝 솟아 있다.

사우다우르크로쿠르
Sauðárkrókur

사우다우르크로쿠르Sauðárkrókur는 북부 중앙의 상업과 서비스업의 중심지로 행정구역상 노르두를란드 베스트라에 속한다. 2,600명이 넘는 인구가 있는 큰 도시이다.(아이슬란드 북부에서 아쿠레이리에 이어 두번째로 크다) 최근에는 어업과 유제품 생산과 경공업, 기초 서비스업의 경제발전으로 인구가 크게 증가하고 있다. 수영장, 영화관 등의 시설과 전 세계에서 유일한 생선가죽 공장이 있다.

방문자 센터(월요일부터 금요일까지 오후 2시에 가이드 투어가 있음)
홈페이지_ www.sutarinn.is
Open_ 6~9월 중순 월~금 11:00~17:00
토 11:00~15:00

천연 풀장인 그레티스라우그
마을 북쪽의 레이키르Reykir에는 천연 풀장인 그레티스라우그Grettislaug를 찾는 관광객이 많아지고 있어서, 마을에서 온천물을 제공하고 있다.

EATING

올라프후스 olafshus

사우다우르크로쿠르Sauðárkrókur에 먹을 곳이 별로 없기 때문에 여름에 온 많은 관광객들 사이에서 한참을 기다렸다가 먹어야할 수도 있다. 피자에서부터 일품요리 메뉴까지 모두 인기가 있다.

홈페이지_ www.olafshus.is **전화_** 453 6454

글라움베어
GLAUMBAER

아쿠레이리에서 약 100㎞를 가면 아이슬란드의 옛 모습을 볼 수 있는 잔디지붕마을이 나온다. 아쿠레이리에서 글라움베어는 1번도로를 타고 가다가 75번도로로 이동하면 바로 나온다. 잔디지붕마을은 북유럽에서 사는 나라에서는 다 나오는 집의 형태로 추운 겨울을 자연지형을 이용하여 여름에는 시원하고 겨울에는 난방효과를 내는 집의 형태이다.

잔디를 지붕에 올릴 때는 자작나무를 이용하여 지붕에 잔디를 심으면 여름에는 물을 흡수하고 있는 잔디들이 집의 온도를 내려서 시원하도록 해주고, 겨울에는 잔디들이 가지고 있는 흙들이 공기층을 만들어 난방효과를 나타내 집의 온도를 올려주는 효과를 가진다.

잔디지붕마을은 옛 아아슬란드의 거친 자연환경에서 살아가는 모습을 보고 느낄 수 있는 마을이다.

집들을 구경하고 아스카피Askaffi카페로 이동하면 옛날의 아이슬란드 복장을 하고 주문을 받고 서비스를 하는 모녀를 볼 수 있다. 카페 내부는 매우 아기자기하도록 꾸며놓고 두 손을 공손히 모아 주문을 받는 모습이 이색적이다.

너무 친절한 서비스에 약간은 불편한 생각이 들기도 한다. 모든 테이블은 이미 세팅이 되어 있다.

예쁜 티 찻잔과 유럽의 옛집에서 차와 커피를 마실 수 있는 이 공간에 잠시 들러가길 추천한다.

잘 보존된 잔디 농가 박물관과 목조 건물은 두터운 잔디로 된 벽과 지붕에 의해 단열이 된다. 잔디집 대신에 19세기에 지어진 집인 아스후스Áshús에는 아이슬란드 전통 팬케이크를 맛볼 수 있는 카페가 있다.

농가 박물관
6~9월 초
매일 09:00~18:00

바르마흘리드
Varmahlíð

글라움베어Glaumbær로부터 남쪽에 있는 바르마흘리드Varmahlíð는 은행, 호텔, 관광객을 위한 센터와 수영장을 갖춘 작은 마을이다.

레프팅

바르마흘리드Varmahlíð 서쪽의 강들은 급류타기 하기에 최고로 좋은 장소이다. 마을 사거리에 위치한 엑티비티 투어스Activity Tours는 아름다운 빙하 강인 요쿨사 베스타리Jökulsá Vestari와 요쿨사 아우스타리Jökulsá Austari에서 급류타기를 할 수 있는 투어를 운영하고 있다.

엑티비티 투어스(Activity Tours)
홈페이지_ www.activitytours.is
전화_ 453-8383

호프소스
Hofsos

북부의 호프소스는 아이슬란드에서 가장 오래된 무역 센터 중의 하나이다. 많은 항구 주변의 오래된 마을에는 약 200명 정

살고 있다. 항구 옆 해안지구에 센터를 만들어 1850~1914년 사이에 미국으로 이주한 약 2만 명의 아이슬란드인들의 역사를 추적하는 전시와 인포메이션 센터와 도서관, 기념품점이 있다.
1777년에 지어진 통나무집 형태의 가장 오래된 창고를 포함한 마을의 중요한 역사적 건물들을 복원 해놓았다.

피오르드를 마주보고 있는 수영장

조용한 호프소스는 아름다운 바다에 걸친 수영장 때문에 관광객들을 끌어 모으고 있다. 수영장 아래, 코브 스타달뱌르가비크Staðalbjargavík에는 키가 큰 현무암 기둥이 줄 지어 있는 아름다운 모습에 반할 것이다.

홈페이지_ www.facebook.com/sundlauginhofsosi
Open_ 6~8월 매일 09:00~21:00
9~5월 월~금 07:00~13:00, 17:15~20:15
토~일 11:00~15:00
전화_ 455-6070

EATING

논톳 Lónkot

뭔가 색다른 음식을 원한다면 마을에서 멀리 떨어져있는, 호프소스Hofsós 북쪽 방향으로 12㎞ 거리의 이 식당을 추천한다. 피오르의 생선들과 절벽의 새들을 재료로 한 슬로우 푸드를 선보인다. 여름에만 연다.

홈페이지_ www.lonkot.com
주소_ 565 Hofsós, Skagafjörður
전화_ 453-7432

시그루피오르 Siglufjörður

매력적인 마을 시그루피오르Siglufjörður는 2010년까지는 놀랄 만큼 고립되어 있었

지만, 현재는 이웃 마을 올라프스피오르Ólafsfjörður와 두 개의 긴 산악 터널로 연결되어 있다.
빙하로 뒤덮인 산맥 한복판에 자리 잡은 이 마을의 현재 인구는 1,200명으로 근래 역사 상 최저이다. 하지만 한 세대 전만 해도 이 마을은 청어 산업의 중심지이자, 적어도 계절적으로는 10,000명의 노동자들의 거주지였다.

헤링 에라 박물관 Herring Era Museum

항구 옆에 있는 세 곳의 역사적인 건물에서 이 마을의 영광스럽던 날들을 보여준다.

홈페이지_ www.sild.is
Open_ 6월 중순~8월 중순 : 매일 10:00~18:00
6월 초, 8월 중순~9월 중순 : 01:00~17:00

한스보이 & 카피 라우드카
Hannes Boy & Kaffi Rauðka

꿀 바른 닭 가슴살 요리, 타임thyme을 곁들여 구운 양고기 그리고 항구로 들어온 모든 생선들을 맛볼 수 있다. 바로 옆에는 친밀한 카피 라우드카Kaffi Rauðka카페에서 커피, 케이크, 크레페, 술을 곁들인 주말 공연을 제공한다.

한스보이 홈페이지_ www.hannesboy.is
주소_ Granugata 23, Siglufjörður
Open_ 6월 중순~8월 중순 : 매일 10:00~18:00
6월 초, 8월 중순~9월 중순 : 01:00~17:00

보프나피오르
Vopnafjörður

아이슬란드에는 총 109개의 피오르드가 있는데 동부와 북동부, 북서부에 집중되어 있다. 피오르드를 탐험하기 가장 좋은 방법은 직접 차를 끌고 피오르드 지형을 넘어가 보는 것이다. 아이슬란드 북동부의 끝에 보프나피오르Vopnafjörður는 "Weapon fjörður"라는 별칭을 가지고 있는 917번 비포장도로로 높은 655m의 피오르드지형을 넘어가야 한다.(85번 도로를 따라가면 힘들지 않게 이동할 수도 있다)
보프나피오르 해안 지역은 노르웨이와의 전쟁에서도 험난한 지형 때문에 노르웨이와의 전쟁을 지형지물을 이용해 승리하며 아이슬란드의 자존심을 지킨 피오르드 지역이다. 917번 도로를 넘어가면 아름다운 해안과 폭포를 볼 수 있다. 마을에는 등대와 수영장도 있어 한적한 아이슬란드 풍경까지 즐길 수 있다.

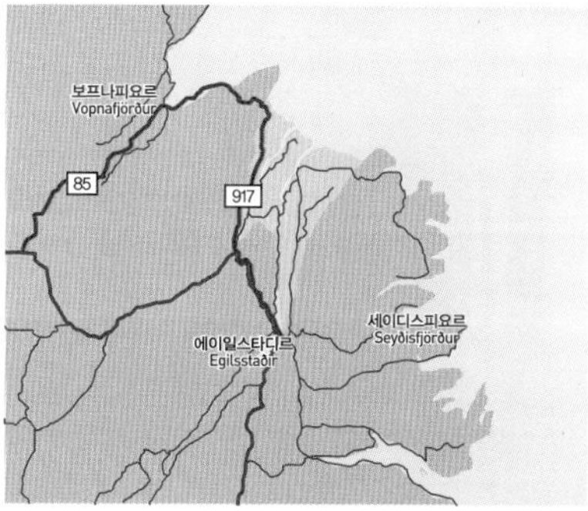

피오르드

대규모 빙하가 녹으면서 내려가면 U자 모양으로 형성된 움푹 파인 계곡을 말한다. 아이슬란드 피오르드는 깊고 좁은 모양이며 바다로 이어지고 있다. 바다와 연결된 부분을 '피오르드의 입'이라고 말하고 바다로 떨어지는 부분에는 멋진 폭포가 있다.

West Fjords

서부 피요르

WEST FJORDS

발바닥처럼 생긴 서쪽의 끝에 위치한 서부 피요르는 아이슬란드 현지인들도 거의 찾지 않는 관광지이다. 이곳은 작은 마을과 험악한 산속으로 이뤄져 있으며 비포장도로를 흔하게 마주치는 특색 있는 지형이다.

최악의 도로들을 포함해 여러 장애물들이 여행자를 기다린다. 하지만 아이슬란드의 가장 드라마틱한 피요르Fjords와 멋진 하이킹코스에서 북극여우들을 만날 수 있고, 수백만 마리의 바닷새들이 깎아지른 절벽에 앉아 있다.

1번 '링로드'에서 떨어지고 접근하기 힘든 지역인 서부 피요르는 아이슬란드의 다른 지역과는 다른 찾기 어려운 아름다움과 풍부한 자연보존지구를 가지고 있다. 대부분의 여행자들이 링로드를 따라가며 여행하기 때문에 서부 피요르를 지나쳐 간다. 하지만 내륙의 하이랜드를 뚫고 온 여행객들이 다시 서부 피요르를 찾고 있다.

아이슬란드에서 가장 멋진 풍경을 가진 서부 피요르는 색다른 아이슬란드를 찾고 싶은 여행객들이 마지막으로 찾는 보물 같은 지역으로 당신을 감탄시킬 것이다. 거친 바위산 아래에서 독자적이며, 독특한 지역문화가 발전했고 괴물, 유령, 악령의 이야기들이 여행의 재미를 더할것이다.

서부 피요르의 거칠고 톱니모양 같은 지형은 아이슬란드의 처음 여행에서는 망설여지지만 아이슬란드를 다시 찾는 여행자들은 꼭 가봐야 한다. 아름다운 풍경에 영혼마저 감동할 것이다. 이곳이 역사상 가장 거친 지역 중 하나이기 때문에 가지고 있는 자연의 감동이 아닐까 생각한다. 비옥한 저지대가 없으므로 아이슬란드인들은 먹고 살기 위해 바다에 눈을 돌렸다. 육로는 어렵고 위험했으며, 파도는 해안을 후려치고, 가파른 산은 눈과 흙을 밑으로 떨어뜨리는 사태로 마을을 위협했다.

ICELAND Tip

여행이 힘든 이유

굽이치는 해안선과 중심부의 피요르가 눈은 즐겁게 하지만 다니기에는 꽤 힘이든다. 피요르 사이에 바위산과 평원이 있는 것도 어려운 점이다.

서부 피요르의 역사

20세기부터 아이슬란드에서는 어업을 기계화시키며 어업의 현대화가 이루어졌다. 일은 편하게 했지만, 청년들은 더 편한 일을 찾으며 수도인 레이캬비크로 이끌렸다. 청년들이 떠나자 마을의 연령대는 높아지고 마을이 사라지는 폐촌들이 생겨났다. 현재 인구는 13,397명에서 7,129명으로 약 절반이 감소했다.

지방의 인구감소는 아이슬란드 전역에서 일어나고 있는 현상이지만 서부 피요르에서는 특히 심각한 문제이다. 각 지역의 인구감소는 많은 마을의 존립과 삶을 위협해왔다. 인구가 감소하는 이유로는 크게 2가지가 있다.

예를 들어, 호른스트란디르Hornstrandir 반도의 겨울은 빨리 오고, 눈은 봄인 4월까지 지속되며 평균 기온은 항상 낮았다. 호른스트란디르의 헤스테이리Hesteyri에 1881년부터 무역의 장소였던 헤스테이리는 1912년까지 노르웨이인들의 고래고기 처리기지였던 시기에는 번성하기도 했다. 폐허를 지금도 볼 수 있다.

1920년대에 청어 처리공장이 지어졌고, 약 80명의 사람들이 살기도 했지만 1940년에 문을 닫았고, 1952년에 마지막 거주자가 마을을 떠나면서 빈 마을이 되었다.

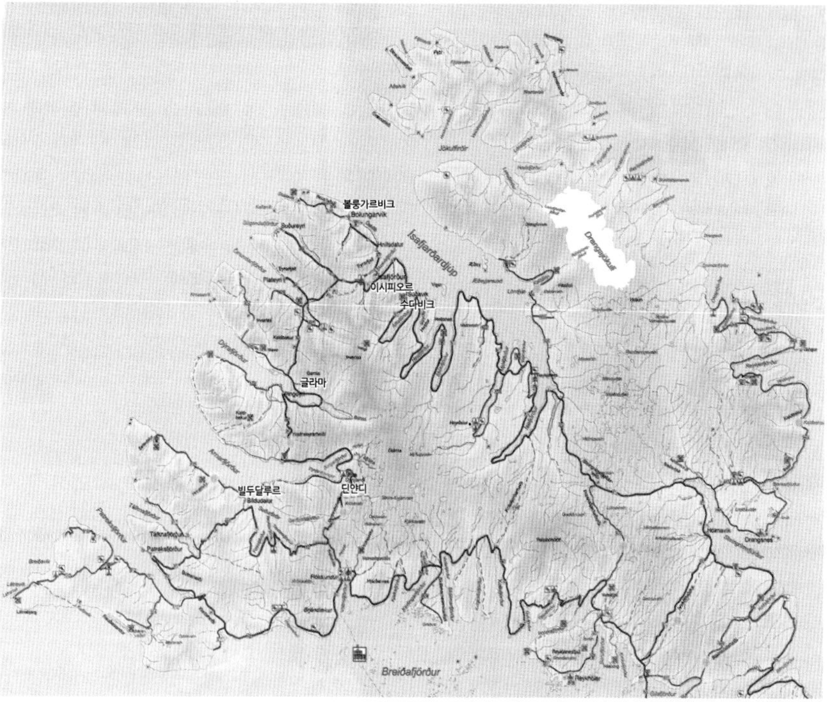

서부 피요르 가는 방법

육로

1번 링로드를 따라 가다가 68번 도로를 따라 서부 피요르를 따라 간다. 서부 피요르의 빙빙도는 길은 감안하여 운전해야 한다.

항공

가장 좋은 여행방법은 바로 항공기이다. 서부 피요르에는 3곳의 공항이 있다. 험한 지형이라 편하게 하는 유일한 방법은 항공밖에는 없다. 이사피요르Ísafjörður, 빌두달루르Bíldudalur, 스트란디르 해안의 괴구르Gjögur에 있다. 하늘에서 보는 서부 피요르의 산꼭대기의 풍경은 너무 아름다워 숨이 멎을 정도이다.

이사피요르
Ísafjörður

인구 2,600명의 서부 피요르에서 가장 큰 도시이며 좋은 레스토랑이 있는 유일한 도시로 대부분의 여행자들은 이사피요르Ísafjörður에서 여행을 시작한다. 9세기의 농장지인 에이리Eyri는 마을에서 가장 오래된 지역이며 아이슬란드에서 가장 자연적인 항구로 손꼽힌다.
모래톱 끝에 있는 가장 오래된 건물들은 18세기로 거슬러 올라가는 재건된 4개의 목재 건물로 생선공장과 창고로 남겨져

있다. 4개 건물 중 가장 오래된 토르후스Tjöruhús는 1733~1742년까지 10년간 만들어지고, 이어서 크람부드Krambúð가 1761년에 상점으로 건축되었다. 복구된 타워로 건설된 턴후스Turnhús는 1744년에 지어졌다. 생선 공장이 지금은 '서부 피요르 문화유산 박물관West Fjords Heritage Museum'으로 사용되고 있다.

서부 피요르 문화유산 박물관
West Fjords Heritage Museum

마을과 어업의 발전사가 전시되어 있으며 별난 선원들의 소지품과 아코디언 등도 있다.

Open_ 5월 중순~9월 중순,
매일 09:00~18:00

홈페이지_ www.nedsti.is

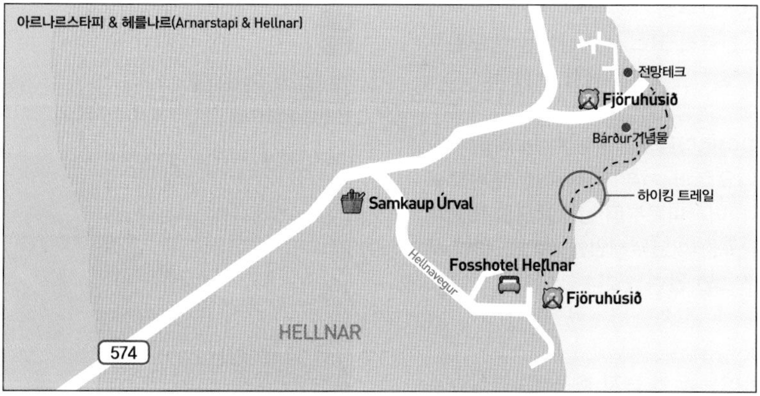
아르나르스타피 & 헤를나르(Arnarstapi & Hellnar)
전망테크
Fjöruhúsið
Bárður기념물
하이킹 트레일
Samkaup Úrval
Fosshotel Hellnar
Hellnavegur
Fjöruhúsið
HELLNAR
574

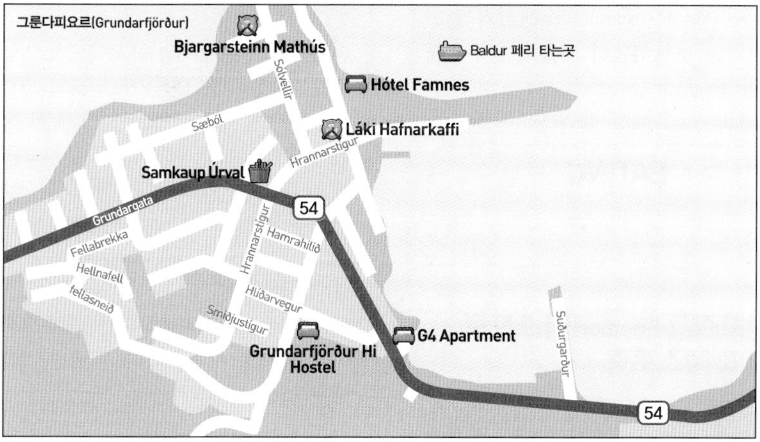
그룬다피요르(Grundarfjörður)
Bjargarsteinn Mathús
Baldur 페리 타는곳
Sólvellir
Hótel Famnes
Sæból
Láki Hafnarkaffi
Hrannarstigur
Samkaup Úrval
Grundargata
54
Fellabrekka
Hrannarstigur
Hamrahlíð
Hellnafell
fellasneið
Hlíðarvegur
Smiðjustígur
G4 Apartment
Grundarfjörður Hi Hostel
Suðurgarður
54

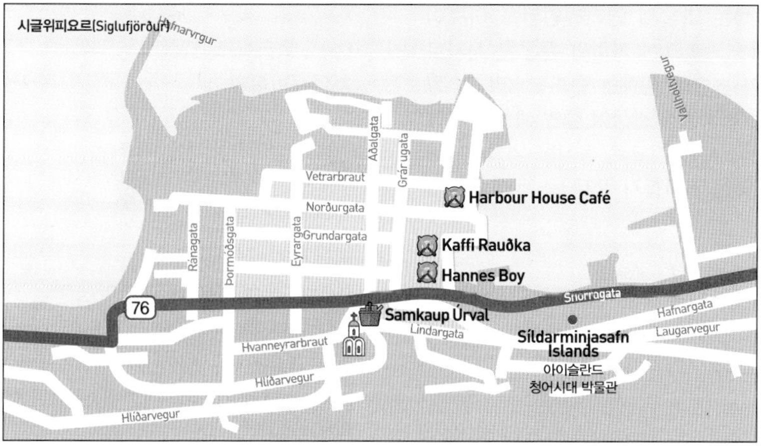
시글뤼피요르(Siglufjörður)
Hafnarvrgur
Vallhólsvegur
Aðalgata
Grár ugata
Vetrarbraut
Harbour House Café
Norðurgata
Ránagata
Þormóðsgata
Eyrargata
Grundargata
Kaffi Rauðka
Hannes Boy
Snorragata
76
Samkaup Úrval
Hafnargata
Lindargata
Síldarminjasafn Islands
아이슬란드 청어시대 박물관
Laugarvegur
Hvanneyrarbraut
Hlíðarvegur
Hlíðarvegur

셀랴란즈달루르Seljalandsdalur **계곡**
크로스컨트리 코스가 지나가는 퉁구달루르는 하강하는 스키어들을 위한 코스

이사피야르다르듑Ísafjarðardjúp**의 계곡**
이사피요르의 서부 피요르를 절반으로 나눈다. 이사피로부터 남동쪽으로 이사피야르다르듑의 남부해안을 껴안는 61번 루트는 1975년 완성되었다.

축제
8월 초에는 유럽 습지 축구챔피언십European swamp soccer championships대회가 열리고, 캬약과 보트여행이 마을의 항구에서 출발한다.

EATING

에딘보르그 Edinbor 비스트로 카페 & 레스토랑

이사피요르의 문화센터인 에딘보르그Edinborg는 마을의 엔터테인먼트 허브이다. 에딘보르그는 커피와 든든한 식사로 인기가 높으며, 밤에는 활기찬 바Bar가 된다. 여름의 염장(소금에 절인)생선 축제에는 전통 서부 피요르 음식을 먹을 수 있지만 맛은 기대할지 말자.

주소_ Aðalstræti 7, Ísafjörður
전화_ 456-8335

볼룽가르비크
Bolungarvík

이시피요르Ísafjörður의 북서쪽으로 2 번째로 큰 마을이다. 볼룽가르비크와 크니프스달루르는 눈사태와 산사태가 자주 발생하는 가파른 산자락의 오스흘리드Óshlíð가 있다. 이 곳이 도로를 때때로 막아버려 마침내 2010년에 5.4㎞의 터널이 뚫렸다.

오우스뵈르
노를 젓는 배를 이용하던 시기에 고기잡이 헛간으로 사용하였다. 지금은 해양박물관으로 바뀌었다.

Open_ 6~8월 중순 매일 10:00~17:00

자연사박물관

Open_ 6~8월 중순 월~금 09:00~17:00
토~일 10:00~17:00

수다비크
Súðavík

이사피요르의 남동쪽에 위치한, 1900년대 노르웨이 고래잡이 처리장에서 발전한 마을이다. 70개 가구 중 23곳은 1995년의 눈사태 때에 붕괴되었다. 이후 안전한 곳에 다시 마을이 지어졌다.

북극여우센터 Arctic Fox Center
마을이 운영하는 북극여우센터는 아이슬란드에 얼마 남아있지 않은 포유류인 북극여우에 관해 영구전시 중이다. 털 때문에 예전엔 사냥감이 되었지만 보호를 위해 아이슬란드에서 보호하고 있다.

Open_ 6~8월 중순 매일 09:00~22:00
홈페이지_ www.melrakki.is

호른스트란디르
Hornstrandir

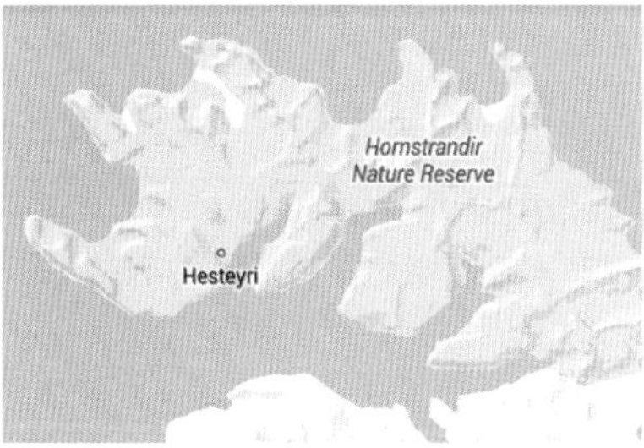

북쪽의 자연보전지인 호른스트란디르Hornstrandir는 이사피요르에서 출발해 페리를 타고 갈 수 있다. 이 보존지구는 스코라르헤이디Skorarheiði 북부 전체를 포함하는, 크라픈피요르Hrafnfjörður의 끝부터 푸루피요르Furufjörður의 끝까지다. 20세기 초부터 버려졌던 지역이라 목초지, 식물들이 번성해 있고 야생동물도 많이 살고 있다. 이곳에서는 무릎까지 오는 야생화 초원을 헤치며 걸어 볼 수도 있고 석양에 북극여우의 울음소리도 들을 수 있다. 자연보존지구는 모터를 이용한 모든 교통수단의 출입이 제한되며 보트나 도보로만 탐험할 수 있다.

숙박시설은 없고 16개의 캠핑장만 있다. 여름에 이사피요르에서 호른스트란디르로 매일 페리가 다닌다.
당일 여행객, 하이커들이 이용하며, 간혹 예전 땅주인들의 후손들이 남아 있는 농장을 여름별장으로 사용하기 위해 페리를 탄다고 한다.

이사피요르의 여행자센터

페리 시각과 티켓을 확인할 수 있다.

주소_ Aðalstræti 7
Open_ 6~8월, 월~금 08:00~18:00,
토~일 10:00~14:00
9~5월, 월~금 08:00~12:00
홈페이지_ www.westfjords.is
전화_ 450-8060

웨스트투어 예약서비스West Tours booking service에서 확인할 수도 있다. 기항지는 아달비크Aðalvík과 북서쪽의 헤스테이리Hesteyri, 북쪽의 호른비크Hornvík, 남서의 흐라픈피요르Hrafnfjörður, 서쪽의 베이딜레이수피요르Veiðileysufjörður를 포함한다.

웨스트투어 예약서비스
홈페이지_ www.westtours.is
전화_ 456-5111

돌아오는 배편은 하루코스로는 모험일수 있고 대부분의 사람들은 아달비크나 헤스테이리에서 내려 호른비크까지 동쪽으로 하이킹을 하기도 한다.

브레이다비크
Breiðavík

아름다운 황금해변을 아이슬란드에서도 볼 수 있다. 서부 피요르는 아이슬란드에서 가장 훌륭한 2개의 백사장이 브레이다비크Breiðavík와 라우다산두르Rauðasandur에 있다.
여름에도 바람이 차갑기 때문에 맑고 화창한 날에도 일광욕은 어렵다. 브레이다비크Breiðavík는 이사피요르Ísafjörður에서 대중교통으로 접근가능하다.

서부 피요르의 남쪽

60번도로는 이사피요르 남부의 피요르를 연결하는 몇 곳의 고지대도로를 도는 도로이다. 높이 610m로 근처에서 가장 높은 위치에 있는 브레이다달스헤이디Breiðadal sheiði의 거대 현무암덩어리를 통과하는 터널이 뚫렸다. 터널이 뚫리기 전에는 종종 막혀서 며칠, 몇 주일씩 마을을 차단시키고는 했다. 큰 도로에서 17㎞ 떨어진 수두레이리Suðureyri마을은 아주 가파른 수간다피요르Súgandafjörður의 그림자에 묻혀 4개월 간, 겨울동안 직사광선 없이 지낸다고 한다.
태양빛이 고산지대에 첫번째 내리쬐면서 마을을 비추는 것은 매년 2월 22일이며, 다른 서부 피요르 지역처럼 '햇빛커피sunshine coffee'를 마시며 이날을 축하한다.

딘얀디 폭포
Dynjandi waterfall

아르나르 피요르의 북쪽 팔모양의 머리쪽에 자리잡은 계단식 폭포이다. 메인 계단폭포인 펄스포스는 '산폭포mountain falls'라는 뜻으로 산에서 100m 밑으로 떨어지며 폭 60m 부채꼴로 펼쳐져 떨어진다. 개별적으로 붙여진 계단폭포는 이름이 따로 있다.

훈다포스Hundafoss → 스트로쿠르Strokkur 굉구만나포스Göngumannafoss → 크리스바즈포스Hrísvaðsfoss → 쇼아르포스Sjóarfoss 순서로 연속적으로 떨어진다.

유럽에서 가장 서쪽 지점

라우트라비야르그
Látrabjarg

진정한 매력은 라우트라비야르그Látrabjarg의 절벽에 가득차 있는 새들을 보러가는 것이다. 아이슬란드의 가장 서쪽 끝이며, 좁고 가느다란 먼지로 뒤 덮힌 도로를 가야한다.
길이 14㎞, 최고 444m 봉우리의 이 절벽은 아이슬란드 최대의 바닷새 서식지 중

한 곳이다. 번식기에 퍼핀들은 절벽 위, 은신하는 굴 가까이까지 관광객이 다가와도 움직이지 않는다.

이용시간_ 6~8월(월, 화, 토요일)
2~3시간 보는 버스가 이사피요르와 브레이피요르 페리 사이를 왕복, 절벽의 정류장까지 운행
전화_ 893-6356

바튼스피요르
Vatnsfjörður

바튼스피요르Vatnsfjörður의 입구에 있는 브랸슬라이쿠르Brjánslækur는 브레이다 피요르 페리의 종착지이며 스나이페들스네스 반도의 스티키쉬홀무르Stykkishólmur와 하루에 2번 연결된다.
(비수기에 토요일 운항 없음).

60번 도로는 피요르 주변 남쪽으로 계속되며 길고 구불구불한 도로이다. 우연히 희귀한 흰꼬리 바다독수리를 여기서 볼 수도 있을 것이다. 한 세기에 걸친 사냥 때문에 비록 70쌍 정도만이 남아(40쌍은 브레이다피요르에 산다) 보호종으로 지정되어 있다.
주요 주거지는 비야르칼룬두르Bjarkalundur이며 비공식적인 서부 피요르의 출입문이다. 여기엔 바달피욜Vaðalfjöll의 쌍둥이 봉우리의 풍광 속에 호텔과 캠핑시설이 있다.

트롤의 전설
Troll legend

트롤은 원래 북유럽와 스칸디나비아 반도에서 나오는 전설 속의 괴물로 신화속에서 묘사가 되는 것은 조금씩 다르게 묘사되고 있다. 신과 싸우는 거인족이나 인간에게 해를 끼치는 나쁜 모습으로 묘사가 되기도 한다.
거인족인 요툰의 후예로 사람들이 잠든 고요한 백야에 나타나 마을을 어슬렁거린다고 나온다. 트롤이 나오면 가축들은 두려움에 떨어 암컷 새는 알을 낳지 못할 정도로 두려움의 대상이라고 한다. 요즘은 '괴물' 종족으로 판타지 게임의 캐릭터로 잘 나온다.

Dynjandi

NAUSTAHVILFT
225M

Landmannalaugar Highland

란드만나라우가 & 하이랜드

란드만나라우가Landmannalaugar의 캠핑장 중심에 노천온천이 있고, 주위에는 연기가 피어 오른다. 란드만나라우가는 토르파요쿨Torfajökull 화산 지역 근처에 위치한다. 지난 화산 활동은 약간의 북동부와 남서부 지대에서만 있어왔다. 가장 최근에 형성된 베이디보튼Veiðivötn의 화산 활동은 북쪽으로 30㎞ 가량 더 진행되어 있다.

란드만나라우가는 관광객들에게 자연온천으로 매우 인기가 많으며, 근처의 캠핑장도 여름이면 항상 캠핑족으로 붐빈다. 한여름에 자연온천 근처에는 수영을 하려는 사람들로 항상 북적이는데, 때로는 온천에 들어가려고 기다리는 경우까지 발생한다.

용암류 바로 아래의 따뜻하고 차가운 용천수들은 란드만나라우가를 하늘 아래 천국으로 느끼게 하고 있다.

여행자 쉼터 위에는 용암 지대 로우가흐라운Laugahraun이 있는데, 란드만나라우가의 사진은 대부분 이곳에서 촬영한 것들이다. 로우가흐라운은 용암벽 아래에서 지열수와 온천수의 물줄기가 합쳐져서 수영과 온천욕에 최적의 온도를 만들어 내는데, 과학자들은 15세기 말 폭발로 형성된 것으로 추측한다.

트레킹

란드만나라우가는 퍄라박 자연보호구역 Fjallabak Nature Reserve의 일부로 지역 내에는 많은 트레킹 코스가 있다. 트레킹을 시작하는 퍄라박은 베이스캠프로 운영되고 있다.

1~2시간 코스

퍄라박의 암석은 800~1,000만 년 전부터 형성된 것으로 그 모양이 다양한데 황량한 산 정상의 누런 색상은 유문암들이다. 차가운 기후 그리고 가을과 겨울의 모래폭풍 때문에 나무들은 찾기 힘들지만 건조한 용암 모래 위로 자작나무가, 습지에는 황새풀이 자라고 있다. 빙하 사이에 유문암 용암도 브란스길Brandsgil에서 발견되고 있다. 브란스길은 란드만나라우가 쉼터에서 1시간 정도 걸어가면 만날 수 있다.
1~2시간 정도가 소요되는 다른 인기 있는 트레킹은 빙하 아래의 유문암에 의해 형성된 940m 높이의 블라뉴쿠루Bláhnúkur 정상에 오르는 코스와 브렌니스테인살다 Brennisteinsalda로 가는 2개 코스가 있다.

당일 코스

5~6시간이 소요되는 하달다Háalda의 정상을 가는 코스도 추천할 만하다. 호수 프로스타스타다바튼Frostastaðavatn 주위를 한 바퀴 도는 코스로, 호수를 도는 데는 약 2~3시간이 걸린다.

3~4일 코스

여름에 가장 인기 있는 중요한 트레킹 코스로는 대략 4~5일이 소요되는 남서부의 소르스뫼르크로 향하는 53㎞짜리 로우가베이걸 코스가 있다. 이 트레킹 코스는 7~9월 초가 가장 좋은 시기이다.
주변에는 용암류, 유문암질 언덕, 빙하가 내려다보이는 황홀한 풍경 등이 있다. 길을 따라 걸으면 흐라픈틴누스케르 Hrafntinnusker, 아울프타바튼Álftavatn, 엠스트루르Emstrur에서 묵을 쉼터를 찾을 수 있다. 코스를 끝내고 많은 트레커가 트레킹을 연장해 2010년 에이야파틀라요쿨 화산 폭발로 형성되어 아직도 연기를 뿜어대는 핌보르하울스를 지나 남부 해안의 스코가르까지 가기도 한다.

▶가는 방법

레이캬비크에서 란드만나라우가까지 가는 버스가 여름에 매일 2회 운행한다. 트레스버스패스를 구입하여 아침 7시 45분과 18시 15분에 떠나는데, 버스패스는 인터넷이나 레이캬비크 캠핑장에서 구입 가능하다.

T21 & T23 FROM REYKJAVÍK T21 & T23 FROM LANDMANNAL	T21 ▼	T22 ▲	T23 ▼	T24 ▲
The Centre -Aðalstæti	07:30	18:30	12:30	22:00
Campsite Laugardalur	07:45	18:15	12:45	21:45
Ferðafsélag - Mörkin 6	08:00	18:00	13:00	21:30
Hveragerði(Shell & N1)*	08:35	17:35	13:35	20:55
Selfosss(N1 gas station)	08:50	17:15	13:50	20:45
Hella(Bus stop & Campsire)	09:25	16:25	14:25	20:10
Leirubakki	10:00	15:45	15:00	19:30
Rjúpnavellir	10:10	15:30	15:15	19:15
Landmannahellir*	11:10	14:15	16:15	18:15
Landmannalaugar	11:40	14:00	16:40	18:00

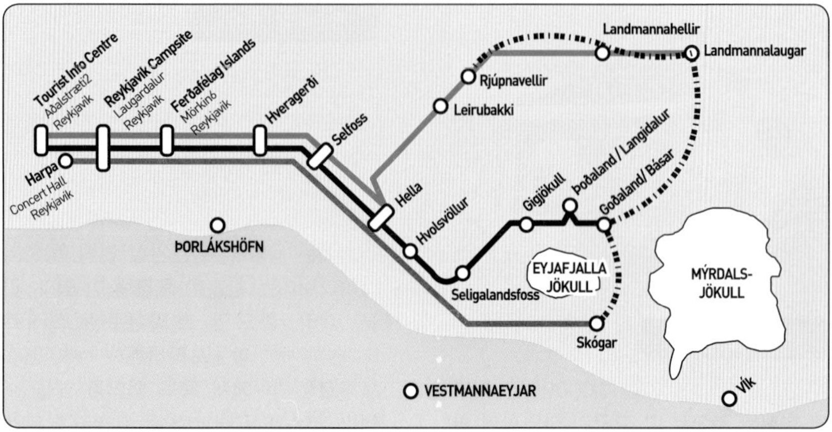

남부 해안으로 가자!

여행자들은 란드만나라우가에서 몇 가지 루트와 마주한다. 26번, 32번도로를 따라 남서쪽으로 내려오면 남부 해안에서 1번 도로와 만나게 된다. 그러나 아마도 가장 극적인 것은 남동쪽의 블랴팔Bláfjall과 연이어 만나는 해안 풍경으로, 장관 그 자체이다. 많이 좋아진 도로 상태이지만 이렇게 해안까지 가는 도로는 많은 강을 건너야 해서 모험과 다름없다. 강을 건너기 전에는 반드시 강물의 수심을 확인해야 한다. 따라서 예상한 시간보다 2배 정도까지도 생각해야 하는 긴 오프로드 운전이 될 것이니, 반드시 사륜구동 차량으로 이동해야 한다.

검은 풍경

길은 이후 용암 지대를 오르락내리락하며 약 20㎞가량 파도를 타듯 심하게 출렁인다. 헐벗은 암석은 때론 모래와 부석으로 덮여 있다. 헤르두브레이드Herðubreið산은 해발고도 1,682m로 주위를 감싸고 있는 평원 위로 솟아오르며 시야의 대부분을 차지한다. 구름이 잔뜩 낀 날이면 헤르두브레이드 산의 상단부가 가려져, 산의 우울한 느낌을 배가시킨다.

산을 올라가려는 사람들은 헤르두브레이다르린디르Herðubreiðarlindir의 안내소장에게 반드시 인원 체크를 해야 등반이 가능하니 체크인과 체크아웃을 잊지 말자. 소장은 등산로에 대한 상세한 정보를 제공해준다. 안내소에서 출발하여 정상을 밟고 돌아오면 12시간 정도 소요된다. 낙석이나 자갈이 떨어질 위험이 있어 조심해야 한다.(헬멧을 사용하면 좋다)

헤르두브레이다르린디르는 검은 모래와 용암 지대의 한가운데 있는 환상적인 오아시스이다. 식생이 풍부하고 용암 아래로 물이 솟는 것도 볼 수 있으며, 18세기 도망자 퍄틀라-에빈두르가 기발한 방식으로 지은 보금자리의 흔적도 찾을 수 있다.

해발 1,040m 그 어떤 예술 작품이 이토록 감동적일까? 차디차게 얼어붙은 빙하 아래 검게 탄 흙은 화산의 흔적이다. 서로 상극의 성질을 지닌 얼음과 불이 서로 심하게 다투며 만들어낸 란드만나라우가는 해발고도가 높아질수록 풀 한 포기, 나무 한 그루 찾아보기 힘든 황량한 풍경이 이어진다. 오래전 뜨거운 용암이 흘러내리며 내어놓은 산의 고랑들은 마치 자연의 붓질이 지나간 듯 오묘하고 신비롭다.

아이슬란드는 국토의 10%가 빙하로 덮여 있다. 아이슬란드는 지대가 꽤 높아서 높이 1,000m만 돼도 숨이 가빠올 때도 있다. 란드만나라우가 트레킹에서 시시각각 얼굴을 바꾸는 아이슬란드의 다채로운 모습을 볼 수 있을 것이다.

란드만나라우가는 볼거리가 많다. 로우가흐라운Laugahraun 용암 지대, 란드만나라우가 산장에서 서쪽으로 200㎞ 떨어진 온천, 브렌니스테인살다Brennisteinsalda의 다채로운 분출구, 리료티폴루르의 붉은 칼데라호, 란드만나라우가의 북쪽 유문암 산 바로 위에 있는 호수 프로스타스타다바튼Frostastadavatn 등이 있다.
아주 천천히 녹아내리고 있는 미르달스요쿨 빙하가 자갈을 불도저처럼 밀어내고 있다. 지구온난화 때문에 빙하가 녹아 없어지면서 커다란 모래 언덕을 남기게 되었다.

페르다페일라흐 산장
(위도 N63°59.600, 경도 W19°03. 660)

▶Tel : 860-3335
▶요금 : 5,000kr / 캠핑장 : 1,000kr
▶수용 인원 : 75명
▶운영 기간 : 7~9월

선착순제로 운영되므로 늦게 도착하면 사용할 수 없다. 단체 인원이 많아 여름에는 항상 만원이다. 이럴 때는 캠핑장을 이용해야 한다. 화장실과 샤워 시설이 있어서 사용할 만하다.

란드만나라우가 트레킹은 보통 80㎞ 코스를 말하는 것이다. 로우가Lauga는 '물웅덩이'라는 뜻이고, 베이걸Vegur은 '길'이라는 뜻이다. 곧 '물웅덩이로 들어가는 길'이라는 뜻이다. 로우가베이걸 트레킹은 5~10월까지 가능한데, 6~8월까지가 많고, 7~8월이 가장 추천하는 기간이다.
5일 동안 80㎞를 완주하려면 하루에 16㎞씩 걸어야 한다. 남자들은 3일에 완주하기도 한다. 3~5일 동안 적절한 체력 안배와 호흡 조절이 필요하다.
몸 상태만 괜찮으면 여자들도 가능하다. 우리나라 제주 올레길처럼 너무 쉬운 코스는 아니니 준비는 철저히 해야 한다. 강도 건너고 변화무쌍한 날씨에 적합한 등산복과 장비도 필요하다. 자신에게 맞는 등산화와 충분한 식량, 마실 물은 매일 준비해야 한다. 대부분 북쪽에서 출발해 남쪽으로 가는 코스를 이용하는데, 3~4일 정도 걸린다. 남부 해안의 스코가르 마을까지 가는 5~6일 코스를 가는 트레커들도 있다.

코스를 따라 산장이 배치되어 있으니 매일 자신의 상태에 맞도록 트레킹하면 된다. 란드만나라우가 입구에 가면 트레킹 코스에 대한 정보를 얻을 수 있으니 반드시 미리 확인하고 출발해야 한다. 여름에는 단체 여행객이 많아 예약이 완료되는 경우도 많다.

란드만나라우가 트레킹 문의
- ▶Tel : 568-2533
- ▶홈페이지 : www.fi.is;
- ▶주소 : Morkin 6, Reykjavik

란드만나라우가 트레일 코스(4박 5일)

1일차

란드만나라우가 Landmannalaugar → 호라픈누스케르 Hrafntinnusker
[이동거리 10km, 오르막 470m, 트레킹 5시간]
1. 화산암으로 이루어진 란드만나라우가 남쪽지역의 언덕을 지난다.
2. 라우가흐라운(Laugahraun)의 암석지대와 브렌니스테인살다(Brennisteinsalda) 온천지대를 통과

1일차

2일차

흐라프틴누스케르 Hrafntinnusker → 알프타바튼 Álftavatn
[이동거리 14km, 내리막 490m, 트레킹 5시간]
1. 구불구불한 언덕들을 지나 흐라픈틴누스케르(Hrafntinnusker) 고원까지 이동.
2. 고원을 가로질러 횡단하면 요쿨툰구르(Jokultungur)의 도랑
3. 앞프타바튼(Alftavatn) 산장 도착.

2일차

2일차

알프타바튼 Álftavatn → 엠스트루르 Emstrur
[이동거리 15km, 내리막 40m, 트레킹 5시간]
1. 봉우리들과 맞은 편의 미르달스요쿨 빙하(Mýrdalsjökull)가 함께 기괴한 분위기를 통과.

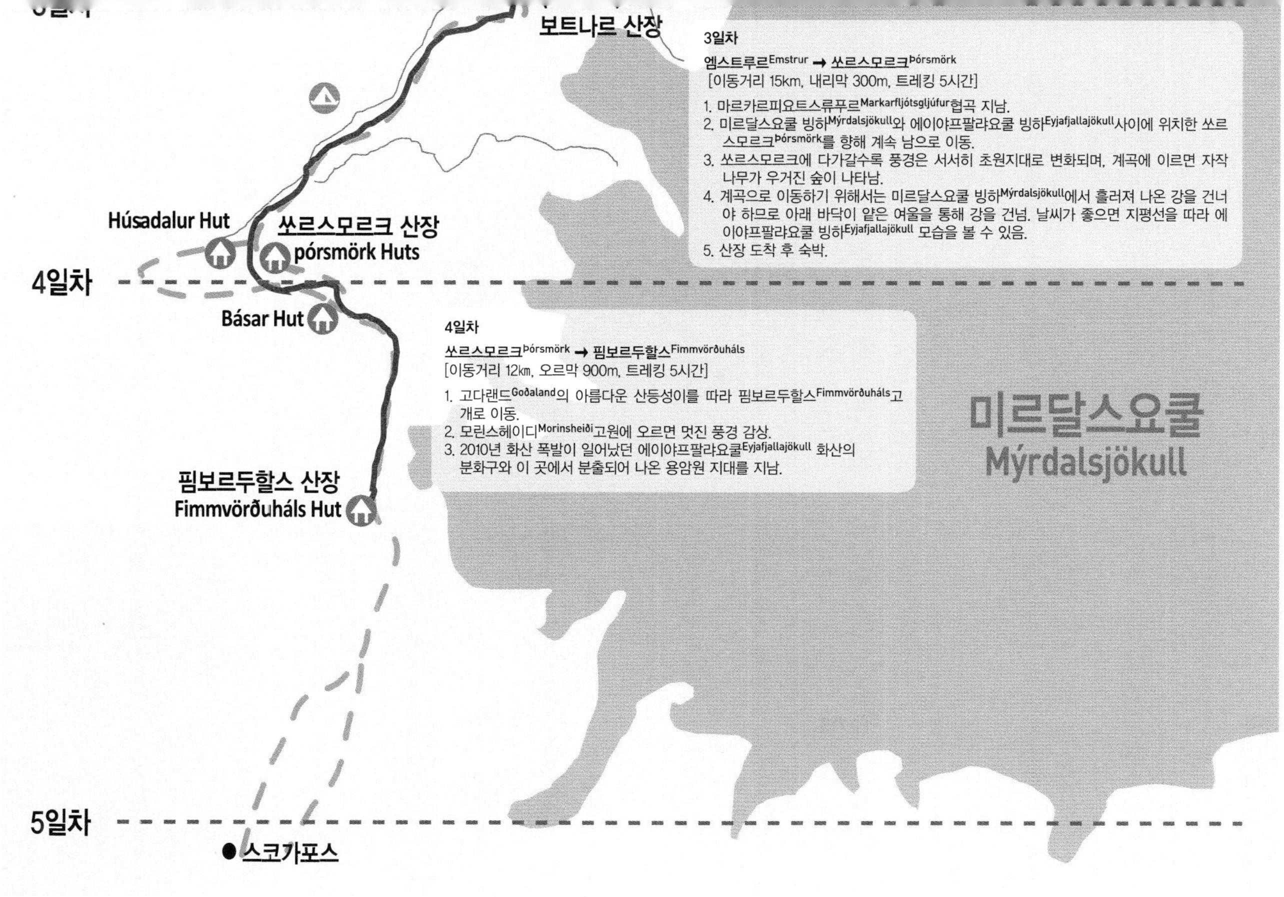

3일차

엠스트루르Emstrur → 쏘르스모르크Þórsmörk
[이동거리 15km, 내리막 300m, 트레킹 5시간]

1. 마르카르피요트스큐푸르Markarfljótsgljúfur협곡 지남.
2. 미르달스요쿨 빙하Mýrdalsjökull와 에이야프팔라요쿨 빙하Eyjafjallajökull사이에 위치한 쏘르스모르크Þórsmörk를 향해 계속 남으로 이동.
3. 쏘르스모르크에 다가갈수록 풍경은 서서히 초원지대로 변화되며, 계곡에 이르면 자작나무가 우거진 숲이 나타남.
4. 계곡으로 이동하기 위해서는 미르달스요쿨 빙하Mýrdalsjökull에서 흘러져 나온 강을 건너야 하므로 아래 바닥이 얕은 여울을 통해 강을 건넘. 날씨가 좋으면 지평선을 따라 에이야프팔라요쿨 빙하Eyjafjallajökull 모습을 볼 수 있음.
5. 산장 도착 후 숙박.

4일차

쏘르스모르크Þórsmörk → 핌보르두할스Fimmvörðuháls
[이동거리 12㎞, 오르막 900m, 트레킹 5시간]

1. 고다랜드Goðaland의 아름다운 산등성이를 따라 핌보르두할스Fimmvörðuháls고개로 이동.
2. 모린스헤이디Morinsheiði고원에 오르면 멋진 풍경 감상.
3. 2010년 화산 폭발이 일어났던 에이야프팔라요쿨Eyjafjallajökull 화산의 분화구와 이 곳에서 분출되어 나온 용암원 지대를 지남.

1일차

휘아틀라박 국립공원 안으로 들어가 로우가베이걸 트레킹을 시작하는데 란드만나라우가는 지질학적으로 아주 독특한 지형을 이루고 있다. 아이슬란드뿐만 아니라 전 세계에서도 보기 힘든 지질학적 특징이 있다. 정확히 알 수 없지만 불타는 땅이 500~600m 정도 되는 얼음으로 덮여 있다. 그래서 검은 황무지가 내뿜는 느낌은 많은 작가의 영감이 되기도 했다.

『반지의 제왕』의 작가 톨킨은 죽음의 땅 모르도르의 밑그림을 이곳에서 그려냈다고 하고, 『십오 소년 표류기』를 쓴 작가 쥘 베른은 아이슬란드의 한 분화구에 지구의 중심으로 들어가는 길이 뚫려 있어 지구 속을 여행할 수 있을 거라 생각하고 『지구 속 여행』이라는 소설을 썼다. 아이슬란드는 지금도 살아 숨쉬는 활화산이 수십개나 된다. 뜨거운 열을 주체할 수 없어 무성한 열기를 내뿜고 있다. 그중에서 란드만나라우가 트레킹은 마치 안개 속을 걷는 듯하다.

란드만나라우가 산장에서 로우가흐라운 용암 지대를 건너 840m인 브렌니스테인살다 산으로 올라간다. 황량한 화산암 언덕을 지나 스토리크베르Storihver로 내려가면 하얀 눈들이 덮여 있는 진한 땅색의 황무지 지대가 나오고 고개를 넘으면 흐라픈틴누스케르 산장Hrafntinnusker hut이 나온다.

트레킹 내내 마그마가 분출되어 아주 천천히 흘러간 용암의 길이 보이는데 두껍고 빽빽한 느낌이다. 두께가 50m는 된다는데, 그 아래는 아직도 따뜻하다. 50m를 파보면 아직 따뜻하겠다는 생각이 든다. 하지만 500년이 지났는데도 용암이 흐른다니, 상식적으로 상상이 안 된다.
흐라픈틴누스케르 트레킹은 화산암 산등성이의 옆을 지나가는 동안 가파른 지대가 나오면서 온천과 구멍이 뚫린 땅들이 보인다. 정상을 지나면 매우 가파른 내리막길이 위퀼튕귀르Jokultungur 정상부터 알프타바튼Alftavatn 계곡까지 이어진다. 트랙의 끝에 산장 두 개가 있다. 다시 남쪽으로 시냇물을 몇 개 건너 5㎞ 지점을 지나면 흐방길Hvanngil 산장과 캠핑장이 나온다. 그러니 산장이 다 찼다고 실망하지 않아도 된다.

2일차

해발 900~1,000m 정도 되는 언덕처럼 보이는 산을 따라가면 여름에도 얼음이 녹지 않고 계속 남아 있는 곳이 보인다. 2010년에는 화산 폭발이 일어나 모든 길이 통제되기도 했다. 폭발로 일어난 화산재가 전 지역으로 퍼졌고 다시 와보니 검은 먼지로 뒤덮이기도 했다는데 아직도 검은 재들이 얼음 위에 남아 있는 장면이 가끔씩 보이기도 한다.
칼다클로프스크비슬Kaldaklofskvisl 다리를 건너 '엠스트뤼르Emstrur/플리오츠흘리드Fljotshlid)'라고 쓰여 있는 길을 따라가다 무릎 깊이의 블랴팔라크비슬Blafjallakvisl을

건넌다. 그러면 검은색 모래와 부석으로 이루어진 5㎞의 사막 지대가 나온다. 사막 가운데 피라미드 모양의 스토라술라 Storasula 산이 있다.

일행과 함께 산을 오르면 신뢰를 쌓아가며 믿고 의지하는 동지로 거듭난다. 낯선 시간, 낯선 공간만큼 상대의 진짜 모습을 알 수 있는 기회도 드물 것이다. 익숙하지 않은 자연의 길 위에서 매 순간 새로운 모습을 발견하고 기회의 폭을 넓힌다. 시리도록 차가운 빙하의 냉정함과 화산처럼 끓어오르는 열정이 있다면 뭐든 할 수 있고, 서로를 향한 이해의 폭을 넓힐 수 있다.

한여름에 가끔 눈보라가 몰아치기도 하는데 길을 가다가 목숨을 잃은 젊은 등산객의 묘지도 볼 수 있다. 걸었다가 쉬면서 다시 몸을 추슬러 지친 몸을 재촉한다. 하지만 같이 가줄 수는 있어도 대신 가줄 수는 없는 것이 길이고 또 인생길이다. 다만 시린 바람을 맞으며 가파른 고개를 넘을 때 나란히 곁에서 함께 나누는 온기와 숨결만으로도 힘이 되는 존재가 동행이다. 하나의 풍경을 향해 같이 걸어가며 호흡을 맞추다 보면 마음까지 맞출 수 있는 동행의 묘미를 우리는 길 위에서 알아챌 수 있다.

다음 장벽은 인리-엠수트뤼아우Innri-Emstrua 강이다. 다리로 연결되어 있지만 무릎 깊이의 운하가 있을 수도 있다. 다리

를 건너 정상까지 올라가면 왼쪽에 'Fl 스카울리Fl Skali' 표지판이 보인다. 그 표지판을 따라가면 사막을 지나 보트나르 Botnar(엠스트뤼르) 산장이 나온다.

3일차

작은 산장을 지나 가파른 내리막길을 내려가 프레미리Fremri-엠스트뤼아우 Emstrua를 건넌다. 여기서부터 리오사우 Ljosa 다리까지는 대체로 평이한 길이 이어진다.
란드만나라우가 길을 걷노라면 '걷는 이유는 무엇일까?'라는 물음을 계속하게 된다. 자연 속에 있다 보면 나 자신이 좀 더 겸손해지며 걷고 또 걷게 된다. 경이로운 풍경만큼 값진 선물은 없을 것이다. 죽음의 땅에서 생명의 땅으로, 불의 땅에서 얼음의 땅으로 시시각각 모습을 바꿔온 길 란드만나라우가. 세상의 끝과 시작이 맞닿은 란드만나라우가에서 보게 될 것이다. 꾸밈보다 소중한 여백을, 채움보다 아름다운 비움을….
위치도 방향도 가늠하기 힘든 황량한 땅, 이정표가 알려주는 대로 바람처럼 흘러온 지 3일째에 척박한 땅에서도 생명을 지켜온 작은 식물들을 제외하고는 아무것도 찾아보기가 힘들다. 마치 이름 모를 외계의 행성에서 표류하는 것 같은 이 낯선 느낌과 분위기!

이 기묘한 지형들은 화산 폭발과 빙하 침식의 산물이다. 태초에 빚어진 자연을 그대로 간직한 땅일 것이다. 여기서는 두 눈과 사진으로만 채워야 한다. 이 광활한 자연에서는 자신을 내려놓아야 한다. 그래야 3일 동안 쉽게 걸을 수 있다. 때로는 바람에 떠밀려 갈 것 같기도 하다. 온몸을 휘감는 바람과 귓전을 때리는 물소리가 일상에 무뎌진 감각을 일깨워주기도 한다. 쉼없이 펼쳐지는 대자연의 파노라마를 3일 동안 함께하면 힐링은 자연스럽게 이루어진다.
그다음 언덕을 건너면 다리가 없어 힘든 브롱가bronga 강이 나온다. 반대편 둑 쪽 길은 명확하지 않다. 건너는 표시가 있는 곳의 서쪽에 있는 V자 모양의 협곡을 찾는다. 거기서부터가 포스막Þorsmork 숲 지대다. 교차로에서 오른쪽으로 가는 길을 따라가면 레이캬비크 익스커젼스의 후사달뤼르 산장Husadalur hut이 나온다. 왼쪽 길로 가면 페르다페일라흐 이슬란 Ferdafelag Islands의 포스막 산장Þorsmork hut이 나온다. 캠핑은 산장 근처에서만 가능하다.

아스캬
The Askja

내륙부로 들어가는 스프렝기산두르와 키욀루르 루트보다 아스캬 루트The Askja route는 까다로워 들어가려면 항상 고민하게 만든다. F88, 비포장도로는 사륜 구동 차량만 이동할 수 있으며 절대 이륜구동 차량은 진입하지 말아야 한다(스코다 차량도 불가). 도로도 길어 약 64㎞ 정도를 가면, 빙하강 요쿨사 아우 퍌룸Jökulsá á Fjöllum을 지나 헤르두브레이드Herðubreið 산에 도착한다. 길은 이리저리 굴곡진 도로를 따라가면 린다Lindaá 강변으로 향하고, 용암지대를 오르락내리락 하며 한동안 심하게 롤러코스터를 탄 듯 출렁인다.

헤르두브레이드 산Mount Herðubreið은 1,682m로 날씨의 변화가 심하고, 구름이 끼면 헤르두브레이드 산의 상부가 가려져, 우울한 아이슬란드를 맛볼 수 있다. 산을 올라가려고 한다면 헤르두브레이다르린디르Herðubreiðarlindir의 입구에서 정보를 제공받아야 입산이 가능하다. 안내소에서 정상까지 올라갔다가 돌아오면 약 12시간 정도가 소요된다고 한다.

헤르두브레이드Herðubreið에서 아스캬까지 약 35km정도의 거리로 황토색 지형을 지나는데 바람이 강하므로 차량이 심하게 흔들리기 때문에 조심해야 한다. 아스캬의 북쪽은 '나쁜 용암 대지'라는 뜻의 넓은 오다흐라운Ódáðahraun이라는 세계에서 가장 큰 용암지대를 지나간다.

아스캬 산(Mount Askja)

아스캬Askja 산 안에는 청록색의 분화구 호수Viti Lake가 있고, 그 뒤로 파란색 호수Öskjuvatn Lake가 연이어 위치한다. 엄청나게 많은 용암이 한꺼번에 분출한 흔적이 있는 아스캬Askja 화산은 보통의 화산과 다르다. 보통 화산이 분출하려면 마그마의 공간이 생성되고 그 위로 화산이 만들어진다.

그런데 아스캬 화산은 가운데 화산이 있어서 하나의 화산이 위로 분출하는 것이 아니고, 지각이 양 옆의 틈으로 거대한 용암류가 분출하는 현상이 발생한다. 일명 '틈분출'이라고 말하는 현상이다.
앞에 있는 비티호수Viti Lake는 아이슬란드어로 지옥이라는 뜻으로 호수의 수온은 20~60도 사이이다. 지옥같은 경험을 맛보게 했다는 이야기인줄 모르겠지만 지금은 믿을 수 없는 장면을 선사하고 있다. 화산이 분출된 지 140년이나 지났지만 현재도 유황냄새가 나고 연기가 나온다. 블루라군 온천에서 보는 이산화규소가 포함되어 피부미용에 좋은 실리카 머드Silica Mud를 이곳에서도 볼 수 있다.

Greece Tip

블루라군이나 칼데라의 호수들이 청록색으로 보이는 이유

칼데라의 틈으로 빗물이 들어가고 마그마가 아직 존재하므로 그 물을 데우고, 뜨거워진 물이 다시 지표면으로 올라올 때 주변에 있는 암석들이 가지고 있는 철(Fe)물질을 녹여 내면서 나오게 된다. 철(Fe)때문에 물 색깔이 청록색으로 보이게 하는 것이다.

헤클라 화산
Hekla Mountoin

헤클라 화산은 1,104년 화산 폭발 이후, 화산 폭발만 20~30번이 넘고, 1,300년경에는 1년 가까이 용암의 분출이 계속됐다는 아이슬란드에서 가장 위협적인 화산 가운데 하나다. 하지만 지금은 예측이 가능하여 위험한 장소는 아니다.
헤클라 화산은 최근에도 왕성한 활동성을 보여 1970년, 1980년, 1991년, 2001년까지 총 4차례 분화했다. 헤클라 화산의 남쪽으로 2010년에, 200년 만에 분화하여 전 유럽의 항공기들이 날지 못하게 한 에이야프야틀라이외쿠틀Eyjafjallajökull화산이 있다. 화산이 폭발하면 용암이나 화산재에 의한 피해보다 용암이 빙하를 깨며 많은 물이 흘러나오기 때문에 화산 근처의 시설들은 거의 다 무너지거나 다리는 끊기기도 한다. 아이슬란드에서는 다리를 튼튼하게 만들지 않는 이유이기도 하다.

'요쿨'이란 아이슬란드어로 빙하(발음은 '이외퀴들')를 의미하고, 빙하를 뚫고 나온 화산에는 끝에 '요쿨'이라는 이름이 붙는다.

산장에서의 2박 3일 일정

▶1일차 : 하이포스 → 갸우인정원Gjáin
→ 스통Stöng
▶2일차 : 헤클라 산 트레킹
(약 4시간 소요)
▶3일차 : 란드만나라우가 자연 노천온천

홀라스코구르 산장

Tel_ 780 6113
수용인원_ 약 80명
샤워실_ 4개
화장실_ 1층 하나

트레킹 코스

하이포스(Hipos) → 갸우인정원(Gjain) → 스통(Stöng)

하이포스
Haífoss

아이슬란드에서 세 번째로 높은 폭포다. 122m의 높이에서 떨어지는 풍경은 사진으로 담을 수 없을 만큼 장엄하다. 하이포스 근처의 주차장에 주차하고 평지의 조그만 폭포를 생각하고 다가갔는데, 엄청난 반전 매력을 뽐낸다. 마치 거대한 폭포가 무엇인지를 보는 느낌이다. 폭포수가 떨어지는 지점에 큰 화강암바위가 있는데, 가운데가 움푹 들어간 모습만 보더라도 폭포수가 얼마나 강력한지를 짐작하게 한다.
하이포스 좌측으로는 빙하가 만들어놓은 물줄기가 나 있고 우측으로는 하이포스보다 작은 또 다른 폭포가 있다. 하이포스는 아이슬란드의 숨은 매력을 찾으려는 사진작가들이 빼놓지 않고 들르는 곳이다.

갸우인
Gäuin

산장 밑에 위치한 인공정원이지만 인공적인 느낌은 거의 나지 않는다. 인랜드에 이처럼 아름다운 정원이 있을 거라고 누가 생각했겠는가! 갸인정원을 본 관광객들은 감탄을 금치 못한다. 햇살이 따뜻한 날이면 관광객들은 작은 주상절리 폭포 아래에서 명상을 하고 이야기를 나누며 편안한 시간을 즐긴다.

스통
Stöng

바이킹 시대의 농장이었던 스통은 바이킹이 살았던 집터를 보존해놓아 아이슬란드에서 역사적인 의미를 지니고 있는 장소다. 그러나 관광객들에게 큰 감흥을 주지는 못한다. 다만, 갸인정원 인근에 있기에 이동하기 편하다는 장점이 있다.

아이슬란드는 대부분이 인간의 손때가 묻지 않는 곳이 대부분이다. 그중에서 가장 자연 그대로의 모습을 잘 간직한 곳을 다시 찾는다고 한다면, 아이슬란드의 내륙인 하이랜드Highland이다. 인랜드Inland라고도 부르는 하이랜드는 가장 반전의 매력과 양극단의 풍경이 있는 장소로 반드시 사륜구동 차량으로만 갈 수 있다.

겨울 내내 눈과 바람이 몰아치는 하이랜드는 매년, 7월이 되어서야 통과가 가능하다. 하이랜드는 험하기 때문에, 눈이 녹아 흙탕에 차가 빠지고, 변화무쌍한 날씨에 기진맥진해질 각오를 하고 가야 한다. 끝없이 이어지는 불모의 땅에 나 혼자만 덩그러니 서있을 때에, 우주에 홀로 떨어져 있는 느낌이다. 옛날에는 아이슬란드의 마을에서 쫓겨나면 어쩔 수 없이 살게 되는, 현지인조차 꺼리는 하이랜드가 전 세계의 모험을 하고 싶은 관광객들을 부르고 있다.

하이랜드의 역사

13세기부터 아이슬란드에 정착하는 이들이 7만 명을 넘게 된 시기에 아이슬란드 남북 사이를 오가는 시간을 단축하고 싶은 생각에 중앙지역을 가로지르는 길이 필요하게 되고, 3개의 루트가 뚫리게 되었다. 지금도 하이랜드는 사람은 살지 않고 거대한 지역이 여름에만 인간에게 길을 허락하고 있다.

아이슬란드의 정착시기인 8세기에는 내륙으로 들어가는 바이킹은 없었다. 간혹, 사회에서 쫓겨난 도망자들만 어쩔 수 없이 이 차가운 땅에 들어와 살았다고 한다. 도망자의 땅이 지금은 모험가들이 가고 싶은 아이슬란드 최고의 여행지이다.
하이랜드의 메인 도로가 내륙을 관통하는 퀼루르Kjölur와 스프렝기산두르Sprengisandur루트가 있다. 독특한 내륙지역을 탐험할 수 있는 기회를 얻으려 매년 아이슬란드를 찾는 모험가들이 늘어나고 있다.
전 세계의 어디에도 인간의 문명에서 멀어질 수 없고, 아름다운 장관을 보여주지 못한다. 아이슬란드의 극적인 장면들은 빙하로 갈라져있는 만년설, 괴상한 용암과 광활한 평원, 크고 작은 화산들, 얼어버린 사막과 빙하가 녹은 빙하수에 의해 퇴적된 검은 모래 평원 등이다.
내륙부의 남서쪽이자 바트나요쿠틀 빙원의 바로 위쪽, 때묻지 않은 자연 그대로의 땅은, 최근 건실된 카우라뉴카르Kárahnjúkar의 댐으로 인해 여론이 서로 엇갈린 상태이다. 이는 환경보호와 관련된 이슈에 있어서 아이슬란드 사상 가장 큰 논쟁으로 번지게 되었다.

A

B

C

달비크
Dalvík
82
고다포스
Goðafoss
87
글리움베어
Glaunmbær
아쿠레이리
Akureyri
미바튼호
Mývat
바르마홀리도
Varmahild
2
B
F821
F26
3
블로두론
Blöndulón
F752
D
F35
A
F910
흐베라베들리르
Hveravellir
호프스요쿨
Hofsjökull
4
E
퀼루르
Kjölur
랑요쿨
Langjökull
5
F26
게이시르
Geysir
굴포스
Gullfoss
포리스바튼
Þórisvatn
1
A
Þórisvatn
6
B
홀라스코구르
Hólaskógur

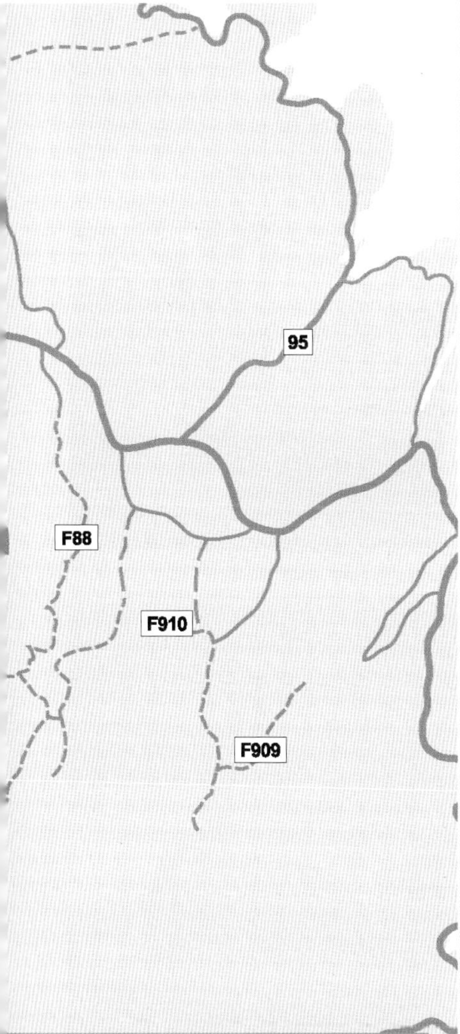

1

842번 도로
고다포스 → 바우르다르달루르 협곡 → F26번 도로 → 알데이야르포스Aldeyjarfoss → 오우다우다흐라운Ódáðahraun

2

F821 국도
에이야피요르두르 협곡 → 니이바이르Nýibær → 라우가펠

3

F752 국도
베스투르달루르 협곡 → 소를료우트스타디르Þorljótsstaðir → 오라바튼스루스티르Orravatnsrústir → 오라회이가르Orrahaugar → 빙하강 외이스타리 요쿨사우Austari Jökulsá → 외이스투르부구르Austurbugur 다리

4

블라우페틀 산Mount Bláfell(해발 1,204미터) → 산다우 강River Sandá → 하가바튼Hagavatn → 흐비타르바튼Hvítárvatn → 흐비타 강River Hvítá → 호프스요쿨Hofsjökull → 인리-스쿠티Innri-Skúti → 요쿨팔Jökulfall→ 케르링가르퍌kerlingarfjoll → 블라우크비슬Blákvísl → 칼펠Kjalfell → 베이나홀Beinahóll

5

가이사바트날레이드Gæsavatnaleið → 요쿨파틀Jökulfall → 오우다우다흐뢰인Ódáðahraun → 알데이야르포스Aldeyjarfoss → F26번 도로 → 바우르다르달루르 협곡 → 고다포스 → 842번 도로

광활한 지평선에 조심해야 한다.
넋이 나간다.
오프로드 자동차를 타고 아이슬란드의 도시와 해안가, 내륙 곳곳을 탐방할 수 있다. 여름의 아이슬란드는 위도가 높아 한밤중에도 해가지지 않는 백야로 시간이 길어진 듯하다. 해가지지 않으니 쉽게 잠들지 못한다. 간신히 피곤해 새벽녘 어스름한 빛 속에, 서늘한 느낌이 드는 순간, 불어 닥친 바람에 갑자기 겨울처럼 추워진다.

하이랜드 루트

내륙인 하이랜드로 들어가기 위해서는 차량의 문제가 있다. 도로는 좁아지고, 거친 화산 도로는 대부분이 사륜구동만으로 통과할 수 있다. 내륙으로 들어가는 도로는 7~8월, 한여름에만 개방되어 많은 모험가들의 아쉬움에도 불구하고 여전히 인기가 높다. 7월이라 해도 가끔은 눈과 눈보라를 만날 가능성도 많다.
하이랜드의 날씨는 매일 변화무쌍하여, 날씨는 예측불가능하며 숙소도 거의 없어서 지정된 지점을 제외하고는 캠핑을 하는 것이 유일한 방법이다. 스프렝기산두르Sprengisandur나 퀼루르Kjölur와 같이 주요 지역에 위치한 시설들은 가장 기본적인 시설만이 있어서 강풍 속에 텐트를 치고 지낼 수밖에 없다.

ICELAND Tip

내륙인 하이랜드를 지나는 교통수단은 레이캬비크와 아쿠레이리 사이를 운행하는 버스에서부터 산악자전거에 이르기까지 다양하다. 교통수단을 직접 준비하게 되는 경우에는 준비 과정에 세심한 주의가 필요하다.

1. 하이랜드의 날씨는 누구도 예측할 수 없다. 여행하려고 생각한다면 겨울 옷가지와 식량 등을 미리 철저히 준비해 통과해야 한다. 모든 음식과 식수, 경우에 따라서는 연료를 포함하여 필요한 모든 것을 제대로 챙겨가야 한다.

2. 4륜차만이 다닐 수 있다는 것을 명심하자. 포장되지 않은 오프로드를 통과해야 하니 반드시 4륜차를 가지고 하루에도 몇 번씩 변화하는 날씨에도 상관없고 갑자기 나타나는 물길도 지나가야 한다.

3. 차량이 험한 길을 달리고 차량의 훼손이 생길 수 있어 렌트카의 보험도 풀보험으로 가입을 해두어야 보험 처리도 별문제가 생기지 않는다.

4. 렌트카는 일반 2륜 차보다 2배 이상의 가격이 된다. 물가 높은 북유럽의 아이슬란드인데 하루 렌트비는 손이 떨리게 되는 수준이 된다. 하이랜드는 7~8월 성수기에만 지나갈 수 있어 더 비싸진다.

5. 차량 견인이나 빼내는 방법과 날씨 사정에 어떻게 대처해야 하는지 충분히 숙지해야 한다.

6. 아이슬란드 정부는 늘어나는 관광객이 좋지만 인랜드의 자연이 훼손되는 것을 원하지 않는다. 오프로드지만 정해진 길이 아닌 다른 길로 가다가, 자연이 훼손될 경우 벌금을 부과하고 있다.

퀼루르
Kjölur

퀼루르 루트의 도로(F35 국도)는 중세의 사가 시대에 사용되었던 샛길을 기반으로 하는 내륙을 가로지르는 연결선 중 하나로, 도로는 랑요쿨과 호프스요쿨Hofsjökull 빙원 사이를 지나게 된다.
당연히 사륜구동 자동차기 바람직히지만, 남서부 굴포스Gullfoss에서부터 시작해 북부의 블뢴두달루르Blöndudalur협곡까지 들어가는 루트의 남쪽 부분에는 2륜 차량 역시 간혹 보이기도 한다. 흐베라벨리르Hveravellir의 천연 온천으로 향하는 길의 초반부는 자갈, 돌, 바위의 길을 달리게 된다.
흐베라벨리르를 넘어가면, 길이 점점 진흙탕으로 변하면서 길의 상태는 더 악화된다. 악화된다고 하더라도 다른 내륙 노선들과 비교하면, 퀼루르는 항상 상대적으로 사람들이 별탈 없이 여행을 할 수 있는 루트의 역할을 해왔다(역사적으로, 말을 타고 이동하는 여행자들에게는 초지가 펼쳐진 이 지역이 말의 배를 채우는데 중요했다) 그리고 오늘날 F35 국도를 따라 흐르는 모든 주요 강에는 다리가 있어 위험하지는 않다.

스프렝기산두르
Sprengisandur

아이슬란드 여행인 하이랜드의 스프랭기산두르 루트를 통과하거나, 트레킹이 가능한 란드만나라우가Landmannalaugar에서 1~5일동안 트레킹을 하는 또 다른 아이슬란드 여행을 하는 여행자들이 급속도로 펴지고 있다.
하이랜드를 처음으로 통과할 때 베이스캠프처럼 두는 장소가 트레킹으로 유명한 란드만나라우가이다. 란드만나라우가의 산장이 있지만 일찍 산장 예약은 끝나기 때문에 대부분은 텐트를 치고 숙박할 수 있는 캠핑장에서 지낸다.
스프렝기산두르 지역을 관통하는 루트는 아이슬란드 북부의 다양한 길을 통해 접근할 수 있다. 스프렝기산두르 루트가 키욀루르 루트 보다는 접근이 용이하지만, 여전히 사륜구동 자동차는 필수적이다.
루트의 시작점으로 향하는 길에는 크게 세 개가 있는데, 이들은 스프렝기산두르의 가장자리에 위치한 라우가펠Laugafell이나 그 근처에서 하나로 합쳐진다.
내륙부를 가로지르고 나면, 메인 루트는 멀고도 아름다운 란드만나라우가지역에 닿게 된다. 남부 해안으로 계속해서 내려가기 전에 잠시 짬을 내어 하이킹을 가볼만 하다.

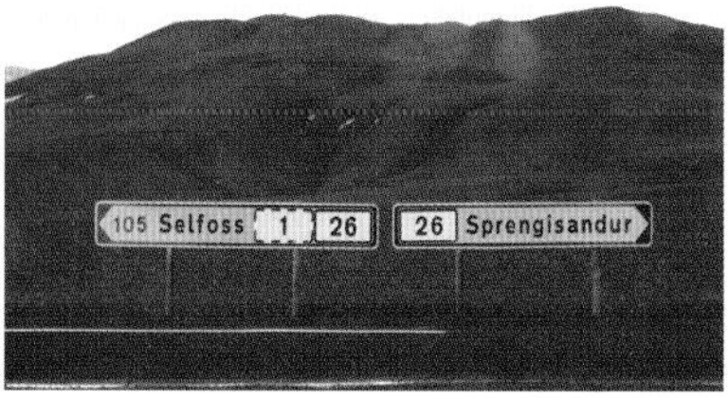

‘파괴자’의 대명사, 바이킹

8세기 말, 유럽대륙은 다시 대변화가 시작되었다. 북쪽 바다의 바이킹들이 출몰해 거침없이 약탈해 갔기 때문이다. 바이킹은 몸집도 크고, 바이킹인들은 거칠고 포악해서 유럽인들은 바이킹이 나타나기만 해도 도망갔기 때문에 꼼짝 못하고 빼앗기고 말았다. 바이킹은 특이하게 약탈만 하고 건물이나 유적은 파괴하지 않았다.

‘바이킹’이라는 뜻은 ‘좁은 강에서 온 사람’이라고 한다. 바이킹은 북유럽부의 스칸디나비아 반도(지금의 스웨덴, 노르웨이, 핀란드)에서 가축을 키우며 평화롭게 살았다. 그러나 날씨가 따뜻해지면서 농사를 짓는 기간이 늘어나자 인구가 급격히 늘어났다. 곡식을 지을 땅은 별로 없는데, 좁은 땅에 사람이 많아지니, 서로 땅을 차지하기 위한 싸움이 늘어났다. 결국 많은 바이킹인들이 먹고 살기 위해 땅을 찾아 나섰다.

8세기 말, 일부 바이킹들이 배를 타고 영국의 동쪽 해안에 상륙했다. 이들은 근처의 수도원을 공격해 수도원의 식량을 모두 빼앗았고, 다시 고향으로 돌아와서 사람들에게 이야기했다. 이에 자극을 받은 바이킹들이 경쟁하듯이 침략에 나서면서 새로운 ‘바이킹의 역사’가 시작됐다. 바이킹은 영국뿐만 아니라 아이슬란드, 프랑스, 러시아까지 침략했다. 바이킹은 새로운 땅에 정착하기도 하고, 수시로 침략에 나서기도 했다. 바이킹의 행동이 거침없어서 유럽에서 ‘바이킹’은 ‘약탈자’로 통하게 되었다.

전설의 바이킹인 붉은 털 에릭은 그린란드를 개척했고, 그의 아들 레이뷔르 에릭슨은 서쪽으로 오랜 항해를 계속하여 새로운 땅을 발견하고 ‘빈랜드’라고 불렀다. 그곳은 바로 아메리카 대륙이었다. 콜롬버스가 15세기에 신대륙을 발견하기 500년 전이었다.

바이킹이 상륙하면서 유럽대륙의 공격에 성공한 비밀은 그들의 배에 있다. 북유럽에 살고 있

는 땅은 좁고 협소한 강이 많은 곳이었다. 빙하에서 흘러나온 물은 좁은 골짜기 사이로 흐르면서 유속이 매우 빠르기 때문에 강을 이동하려면 좁고 긴 배가 필요했다. 바이킹은 환경에 적응하기 위해 이동이 편리하고 육지에 상륙하기 쉽고, 물품을 많이 실을 수 있는 배를 고안해 낸 것이다.

이러한 바이킹의 배는 당시의 유럽에서는 생각하지 못한 구조였다. 주로 유럽대륙의 느린 유속이 흐르는 유럽의 강에서는 폭이 넓은 배를 만들었다. 바이킹의 뛰어난 선박 제조기술과 항해술로 기습공격을 할 수 있었고, 뱃머리에 붉은 방패를 올려 앞머리를 눌러 더욱 배의 속도가 빨라졌다. 붉은 방패는 유럽인들에게는 공포의 대상으로 떠오르면서 바이킹의 배를 본 유럽인들은 싸우기도 전에 겁을 먹었다.

예상하지 못한 바이킹의 배들을 보며 바이킹이 나타나면 도망을 갔고, 약탈품을 빼앗은 다음 빨리 도망쳐 버리면 바닥이 넓은 배로는 바이킹을 쫓아갈 수가 없었다. 바이킹이 어느 곳에 나타날지도 알 수 없었기 때문에 모든 해안 지역을 미리 막을 수도 없었다.

바이킹은 필요한 물건만 약탈했다. 때로는 자신들이 가진 물건을 그곳의 특산품과 바꾸어 돌아가기도 했다. 하지만 바이킹은 거친 환경에서 살고 있어서 사람을 잔인하게 죽였기 때문에 공포의 대상이 된 것이다. 바이킹도 시간이 흐르면서 12세기부터는 크리스트교를 받아들이면서 점점 유럽에 동화되었다.

'꽃청춘'들도 반한

겨울왕국, 아이슬란드

천방지축 장난기 넘치던 삼십 대 남자들도 할 말을 잃고 결국 눈물을 글썽였다.
오랜 세월 깎이고 다져진 절경, 황홀하게 펼쳐지는 오로라 넘어 동이 트면 또다시 삶.
당장이라도 비행기 티켓을 끊고 싶게 마는는 찬란한 그곳, 신비로운 나라
아이슬란드를 더욱 생생하게 만자보자.

지구 속 외계행성, 아이슬란드 여행의 시작

유럽보다 북극이 더 가까운 나라, 아이슬란드. 아이슬란드의 수도 레이캬비크Reykjavík에 도착한 것은 오후였지만, 짐을 찾고 나오니 벌써 해가 지고 있었다. 3시 30분인데 분위기는 이미 밤처럼 변해 있었다. 게다가 공항에서 출발할 때부터 눈이 오기 시작하더니 시내로 들어서자 함박눈으로 바뀌었다. 도시는 이미 한밤중이었고, 시내에는 사람도 별로 없었다. 북유럽의 활기찬 겨울 풍경을 기대했는데 말이다.

레이캬비크에서 가장 돋보이는 상징물은 단연 하들그림스키르캬 교회Hallgrímskirkja church다. 현대식 콘크리트 건축물인데 건물 전면은 현무암기둥으로 상징화했고, 40년에 걸쳐 지난 1986년에 완공되었다. 겨울에 보는 어두운 분위기의 교회는 더 정감이 갔다. 교회를 둘러싼 조명의 빛이 교회를 밝혀주고 있었다. 교회 앞에는 레이뷔르 에이릭손 동상이 서 있다. 유럽인 최초로 북미대륙에 발을 디디고 탐험한 사람으로, 아이슬란드 의회인 알싱기의 설

립 1,000주년을 기념하여 미국 의회에서 선물한 것이다. 교회 안으로 들어서자 5,273개의 관이 연결된 파이프 오르간이 15m 높이로 서 있다. 힘을 내서 75m 높이의 전망대를 올랐다. 여기서 내려다 보는 겨울의 레이캬비크는 어떤 풍경일까? 추운 날씨이지만 전망대에는 많은 관광객들이 모여 사진을 찍느라고 정신이 없었다. 하들그림스키르카 교회의 전망대에서 보니 수도인데도 그 흔한 고층 빌딩 하나 없다. 여름에는 아기자기하고 북유럽스러운 색깔을 입힌 집들을 보았는데, 겨울 동안엔 내려앉은 눈의 하얀 색만 보여주려나 보다. 교회를 나와 거리로 향했다.

각국에서 몰려드는 여행자들이 찾는 레이캬비크의 첫 번째 먹을거리는 핫도그다. 바이야린스 베즈튀 가게는 클린턴 전 미국 대통령이 즐겨 찾았다는데, 세계적인 신문에도 여러 번 실릴 정도로 인기가 높다. 다행히 밤에도 핫도그를 먹을 수 있었다. 나는 레이캬비크에 올 때마다 이 핫도그를 먹으러 온다. 변하지 않는 착한 가격이라 더욱 좋다.밤 9시, 레이캬비크 최대의 번화가인 라우가베구르 거리는 여전히 북적였다. '불금'을 즐기러 나온 주민과 관광객들이 뒤엉켜 카페와 펍은 꽉 차 있었다. 정겨운 분위기다. 표정은 차가워 보이지만 속마음은 따뜻한 아이슬란드인들을 닮았다. 여름에는 '륀튀르'라고 해서 해가 지지 않는 백야가 오면 금요일부터 월요일 아침까지 즐기는 젊은이들의 문화가 있다. 겨울의 불금도 여름 못지않았다.

가슴 벅차게 아름답고 장엄한 광경, 골든 서클을 찾아서

오늘은 골든 서클이라고 불리는 아이슬란드의 대표적인 관광지 세 곳을 보기로 했다. 레이캬비크에서 꼭 찾아야 할 관광지인 이곳들은 아이슬란드의 자연과 문화가 농축된 장소라는 의미에서 골든 서클이라 불린다. 수도인 레이캬비크를 벗어나자마자 드넓은 눈밭이 펼쳐진다. 산 아래 초원에서 눈이 덮인 자연 풍광이 끝없이 나타난다. 레이캬비크에서 약 2시간을 달리면 드디어 골든 서클을 만난다. 오랫동안 눈과 얼음으로 가득한 끝이 없을 것 같은 도로를 달려왔는데, 골든 서클에 도착하니 다른 세상에 온 것 같다.
골든 서클의 첫 타자, 드넓게 펼쳐진 초원과 습지 사이로 강물이 흐르는 싱베들리르 국립공원은 깨끗한 겨울의 옷으로 갈아입었다. 바위 앞 깃대 위에 아이슬란드의 국기가 휘날리고 있다. 대서양 한가운데 떠 있는 고립된 섬 아이슬란드의 정체성을 품은 듯 꼿꼿하게.

저 멀리 보이는 싱그베들리르 교회는 1859년에 만들어졌다. 하얀색 속에서 십자가만 보이므로 숨은 그림 찾기처럼 잘 살펴야 찾을 수 있다.

골든 서클의 두 번째 경유지는 게이시르다. 아주 오래전, 헤클라 화산 폭발로 간헐천이 생겨났다. 뜨거운 김이 뭉게뭉게 피어나는 사이로 갑자기 솟아오르는 간헐천을 보니 생기발랄한 청춘의 느낌이 든다. 게이시르는 간헐천 한 곳의 이름이었지만 지금은 간헐천을 통칭하는 단어로 쓰인다. 물의 온도는 섭씨 80~100도씨에 이른다.게이시르는 예고 없이 빵! 터진다.

다들 그 놀라운 광경을 포착하려고 사진기에 손을 고정하고 분출의 순간을 기다리지만 분출의 이미지는 쉽게 포획되지 않는다. 분출도 분출이지만 그 순간을 기다리는 사람들을 바라보는 것도 재미있다. 분출 이후에는 다들 각자의 사진기를 보며 잘 찍혀있는지 확인한다. 탄식과 환호가 어우러지고, 일단의 사람들이 우르르 빠져나가고 나면 탄식의 무리들만 남아 다시 사진기를 몸에 고정한다. 보통 5분에 한 번 분출된다고들 하지만, 사실 그건 게이시르 마음이다. 여름철 게이시르는 '분노의 물줄기'를 오 분에 한번 꼴로 하늘 높이 뿜어내지만, 겨울에는 추운 날씨 탓인지 높이 솟아오르는 장면은 몇 번에 한 번 정도밖에 없다. 높이 솟는 게이시르를 찍기 위해 한참을 기다리는 게 쉬운 일은 아니겠으나 다들 표정은 웃고 있다. 다행히, 이번에는 높이 솟아올랐다. 여름보다 더욱 시원하게 뻥 뚫리는 느낌. 잠시 뒤 나도 환호를 지르며 자리를 떴다.

세계10대 폭포에 이름을 올린 귀들포스

골든 서클의 마지막은 우렁찬 폭포 소리를 들을 수 있는 귀들포스다. 워낙에 해가 짧다 보니 오후 2시인데도 마음이 불안하다. 날씨가 좋으면 무지개와 함께 귀들포스의 모습을 담을 수 있지만, 겨울에는 구름이 낀 날이 많아 무지개가 뜨는 경우가 드물다. 귀들포스에는 한때 위기의 순간이 있었는데, 민간인 투자자가 수력발전 개발을 위해 경매에 넘겼던 것이다. 한 여성이 귀들포스의 보존 이유를 알리고 서명을 전개하여 정부의 마음을 움직였고, 정부가 귀들포스를 사들이면서 1979년 자연보호구역으로 지정되었다. 많은 사람들이 이곳을 보고 즐길 수 있게 되고, 폭포주변의 자연 환경을 영구적으로 보존될 수 있었던 건 아이슬란드 최초의 환경운동가라 할 수 있는 그녀 덕분이다. 그녀의 노력에 박수를.

야성적이고 장대한 귀들포스는 세계 10대 폭포 가운데 하나로 아이슬란드에서는 가장 큰

폭포다. 정상의 만년설에서 흘러내린 폭포수가 32m 절벽 아래로 내리꽂히기에 땅 속으로 떨어지는 폭포라고도 불린다. 한여름의 귀들포스는 무더위를 한 순간에 날려버릴 정도로 시원한 매력을 발산하는데, 겨울인 지금은 매서운 바람에 뺨을 감추기 급급하다. 그래도 굉음을 내뿜으며 흘러내리는 귀들포스를 보니 가슴 속 답답했던 것들이 싹 사라지는 것 같다. 모두들 폭포를 보느라 정신이 없고, 발걸음은 떨어지지 않는다.
사진으로나마 조금 더 많은 기억을 남겨두기 위해 폭포 가까이 한 발짝 더 다가선다. 한 컷의 순간을 위한 노력이라니, 어떤 풍경이 또 이토록 간절했었단 말인가?

빙하가 만든 풍경들

숨을 크게 들이 쉰다. 숨을 쉴 때마다 온몸이 아이슬란드의 맑은 공기에 반응한다. 내가 살아있다는 실감, 본래의 나로 돌아가는 기분. 천혜의 자연을 상속 받은 아이슬란드 사람들. 하지만 화산과 빙하로 둘러싸인 이 땅에서 지금의 생활수준으로 끌어올리기까지는 쉽지 않았을 것이다. 그저 순리대로 살아갈 수밖에 없었을 거라 생각해 보지만, 순리, 순리라…….
겨울엔 보통 남부 지방을 여행한다. 스코가포스는 남부에서 가장 유명한 폭포이다. 62m아래로 떨어지는 폭포의 물줄기가 언뜻 얼어있는 듯 보이지만 가까이 다가가면 아주 딴판이다. 빙하가 녹아 흐르는 폭포의 물줄기는 겨울에도 줄어들지 않아 접근하기 힘들다.
여름과 마찬가지로 어느 정도 거리를 두고서야 제대로 폭포를 감상할 수 있었다.

여름에 찾아 왔을 땐 그저 아름다운 전원으로만 보였던 인근 마을이, 한 겨울인 오늘은 좀 쓸쓸해 보이기도 한다.
해안 절벽의 주상절리는 화산이 폭발할 때 용암이 급격하게 식으면서 생긴 암벽이다. 바닷물에 침식된 해안 절벽은 다양한 형태의 동굴을 만들었다. 오랜 시간 파도가 깎아낸 자연의 조각품인 것이다.
남부의 주상절리를 볼 수 있는 '레이니스피아라'는 레이캬비크의 상징인 하들그림스키르카 교회의 모태가 되었다.겨울 여행의 하이라이트는 오로라와 얼음동굴인데, 남부여행에서 이 두 가지를 모두 즐길 수 있다. 그 중 '스비나펠스요쿨'이란 곳에서는 빙하트레킹을 즐길 수 있으며 영화 〈인터스텔라〉의 얼음행성을 이곳에서 촬영한 이후로 항상 관광객들로 붐빈다.
빙하트래킹 후에는 '요쿨살론'으로 이동해 빙하를 근접한 거리에서 감상할 수 있다. 압축된 유빙 때문에 이곳의 빙하는 천 년의 세월을 견뎠다고 한다. 시간의 개념이 무색해지는 곳에서 자연의 위대함과 경외감에 머리가 절로 숙여진다.

뜻밖의 만남, 오로라

남부를 여행하는 동안 날씨가 좋지 않았다. 비가 오는 바람에 얼음동굴은 고사하고 오로라도 볼 분위기가 아니었다. 구름이 이렇게 거대한 줄은 몰랐다. 물기를 머금은 까만 구름이 온 하늘을 덮고 있어서 한번 들어가면 그 안에서 길을 잃을 것처럼 보였다. 몇 킬로미터를 운전해도 구름 밑을 벗어나지 못하니 얼마나 큰지 짐작할 수 있으리라.

다행히 호픈을 지나면서 날씨가 좋아지기 시작했다. 동부로 가는 길은 그래도 열려 있어서 동부의 겨울 피오르드를 눈으로 볼 수 있었다. 그렇게 다섯 시간 만에 에이일스타디르에 도착했다. 장시간 운전에 지쳐 저녁을 먹자마자 바로 잠이 들어버렸다.그러다가 아래층에서 여행의 감흥에 젖어 떠드는 외국인들 때문에 잠에서 깨어났다. 한동안 다시 잠을 못 이루다가 오로라 지수와 날씨예보를 확인하고 창밖을 내다보았다. 구름이 많이 끼어 오로라는 볼 수 없나 생각한 그 순간, 하늘에 초록색 띠가 생겨났다.
뭔가 싶어 봤더니 한 줄이 더 생겼다. 오로라였다. “덕진아, 오로라야!” 친구를 부르며 카메라를 챙기고 밖으로 뛰쳐나갔다. 어느새 동쪽에 한 줄이 더 생겼고, 북쪽에는 연속적인 짧은 줄이 생겨났다 사라지기를 반복했다.
구름이 흩어지며 별이 선명한 하늘이 나타나고, 이어, 오로라. 우리는 차를 끌고 어둠이 짙어진 산으로 차를 몰고 갔다. 거기서 기다리면 더 선명한 오로라를 볼 수 있을 거라고 기대했다. 30분 정도를 기다렸지만 오로라는 다시 나타나지 않았다. 구름이 계속 몰려오더니 눈까지 뿌려댔다. 그렇게 짧은 인상만 남은 오로라를 마음속에만 담아 가져와야 했다. “내일 북쪽의 미바튼 호수로 가면 더 선명한 오로라를 볼 수 있을 거야!” 서로 위안하고, 잠시라도 오로라를 볼 수 있었음에 감사했다.선명한 오로라도 아니었고 결국 사진에도 담지 못했지만 ‘기다리고 노력하면 원하는 바가 이루어진다’는 작은 진리는 다시 한 번 확인했다. 모든 조건이 갖추어져야만 오로라를 볼 수 있는 게 아니듯 사람의 인생도 모든 조건이 갖춰져야 성공하는 건 아닌 것 같다. 오히려 부족해도 노력하고 기다리는 자에게 오는 것은 아닌지.
사람이 저마다 다른 외모와 성격을 가지고 있듯, 그 사람에 어울리는 성공도 저마다 다르지 않을까. ‘돈으로의 성공’에 취해 있는 이들에게 성공의 여신은 너무 바쁜 나머지 이들 모두에게 은혜를 베풀어 줄 없는 모양이다. ‘나만의 성공’. 나만의 성공의 여신을 바라보고자 노력하지만, 그게 무엇인지는 찾아야 하는 게 더 문제긴 하겠지. 그래도 오직 그것만이 나를 넉넉하고 행복하게 하며 오랜 시간 동안 나를 위해 헌신해 줄 거라는 믿는다.

아이슬란드 겨울 여행의 진수, 북부 지방

많은 여행자들이 겨울 아이슬란드 여행에서 동부와 북부를 제외하곤 한다. 위험하다는 인식 때문이다. 실제로 눈이 많이 올 경우 동부와 북부의 도로들이 폐쇄되기도 한다. 그러나 그런 경우가 아니라면 아이슬란드 대자연의 겨울을 볼 수 있는 동부와 북부 여행을 굳이 뺄 이유는 없다. 매일 몇 번씩 제설작업을 펼치기 때문에 조심해서 운선한다면 네티포스를 제외하고는 충분히 차로 접근이 가능하다.

일찍 눈을 떠 오전 8시부터 에이일스타디르를 향해 출발했다. 혹시나 가는 길에 오로라를 볼 수 있을지도 모른다는 기대에 부풀었지만, 광활한 구름이 하늘을 덮고 있는 것을 보고 바로 마음을 접었다. 그러나 북부로 가는 길은 그 자체로 환상적이었다.
눈 덮인 길은 의외로 미끄럽지 않았고, 속도를 줄여 천천히, 집중을 해서 꾸준히, 앞으로 나아갔다. 오히려 차가 한 대도 없어서 우리만 길 위에 덩그러니 있는 느낌이 묘하게 다가왔다. 처음에는 쓸쓸하기도 했으나 10시가 넘어가면서 눈 위로 햇볕이 쏟아졌고, 하얀 도화지 같은 눈밭 위를 최초로 탐험하는 듯한 기분에 결국 도로 한쪽에 차를 세우기도 했다. 아무도 없는 세계에서 우리만 서 있는 이 감정, 그것을 오롯이 느껴보고 싶었다. 차문을 열고 바깥으로 나가는 순간 차가운 공기에 코가 바로 반응했다. 온몸이 신선하고 깨끗한 공기로 채워지면서 몸이 새롭게 탄생하는 기분이랄까?
제자리에서 한 바퀴를 돌아보면 온통 하얀 눈밭이었다. 카메라도 초점을 잡는 데 실패하기 일쑤였고, 스마트폰의 파노라마 모드도 이동선을 잡지 못해 제대로 찍히지 않았다. 우스울 만큼 새하얀 공간이었다. 지구상에 이런 공간이 또 있을까? 극지방에라도 가야 만날 수 있지 않을까? 영화 〈인터스텔라〉의 얼음행성(실제로 아이슬란드에서 촬영하기도 했지만)을 탐험하는 기분이었다. 나와 친구는 평소 그런 성격도 아닌데 잔뜩 들떠, 동심이 되살아난 것처럼 말도 안 되는 이야기들을 떠들며 주변을 뛰어다녔다. 우리가 눈처럼 순수해졌음을 알 수 있었다.

상상초월 데티포스 로드

문제는 862번 도로를 통해 데티포스로 향하는 와중에 발생했다. 우리 앞에 딱 한 대의 차만 지나갔는지 도로 표시도 보이지 않는 하얀 길은 이것이 길이 맞나 싶을 정도로 주변과 분간하기 어려웠다. 도로 양쪽에 표시 봉 같은 것만 보일 뿐이었다. 도로에 쌓인 눈이 차량 밑을 긁으면서 차도 이리저리 흔들렸다. 친구는 계속 데티포스를 꼭 가야하는 건지 물었지만, 나는 모른다는 답만 계속 했다. 그러나 돌아갈 수도 없었다. 돌릴 만한 길이 어디인지도 모르겠고, 차가 멈추는 순간 눈밭에 갇혀버릴 것 같아서였다.
한참을 느린 속도로 가고 있는데 앞에 차 한 대가 보였다. 반가운 그 차는 우리에게 다가오고 있었다. 반대 방향으로 돌아가는 중이었던 것이다. 그 차는 바퀴가 아주 큰 오프로드 차량이었다. 우리가 길을 내줘야만 하는 상황이었다. 친구와 "어떻게 하지?"란 말만 반복하는 중에 그 차는 우리 바로 앞에서 왼쪽으로 차선을 벗어나 말 그대로 '오프로드'로 달리기 시작했다. 우리는 그 위용에 기겁할 지경이었다.
다행히 얼마 가지 않아 주차장 표지판이 나타났다. 눈이 이렇게 쌓여 데티포스를 볼 수 있을지는 장담할 수 없었다. 다만 차라도 되돌릴 수 있으면 다행이라고 생각했다. 그런데 주차장에는 바퀴가 큰 오프로드 차량이 3대나 더 있었고, 한 무리의 사람들이 '캐나다 구스'가 찍힌 방한복에 신발에는 아이젠을 차고 등산 스틱까지 들고 있었다. 그들은 우리가 차

에서 내리자 놀란 눈으로 우리를 쳐다보았다. 어떻게 이 눈난리에 일반 차량으로 데티포스까지 올 생각을 했냐는 눈빛이었다.
그들은 눈밭을 헤치고 데티포스로 걸어가기 시작했다. 친구는 돌아가자고 했지만 나는 그래도 한 번 가보자는 입장을 고수했다. 앞선 팀들을 따라가면 쉽게 갈 수 있을 거란 판단이었다. 장갑도 없이 그들을 따라 걷는 북부의 날씨는 예상보다 훨씬 매서웠다. 주위에 바람을 막아줄 장벽 같은 게 아무 것도 없었기에 찬바람을 온몸으로 받아내야 했다. 얼굴은 새빨개졌고 입술은 새파랗게 질렸다. 손은 동상에 걸린 듯이 얼얼했다. 1km 남짓 걸었을까. 선봉대가 자리에서 멈추더니 카메라를 꺼내기 시작했다. '데티포스'라는 것을 직감하고 더욱 힘을 냈다.
하얀 눈을 뚫고 보이는 것은, 힘차게 아래로 물줄기가 뿜어지고 있는 폭포 데티포스. 사실 아이슬란드 여행자 사이에선 이런 이야기가 있다. "데티포스는 (우리가 지나온) 862번 도로에서 보면 웅장함이 덜하기 때문에 반대쪽 864번 도로로 들어가서 봐야 한다"고. 하지만 겨울 데티포스는 나의 편견을 비웃기라도 하듯 862번 도로에서 더욱 웅장하고 멋있었다. 데티포스는 편견이 여행의 장애가 된다는 걸 깨닫게 해줬다. 그걸 알려주기 위해 나를 힘들게 여기로 데려온 게 아닌가 하는 생각도 들었다. 나는 오늘도 자연에게 크게 배운 셈이었다.

겨울의 인기투어로 자리매김하고 있는 개썰매타기

거친 바트나요쿨 국립공원 빙하

너무도 새하얗고 푸른 요쿨살론 호수

바다로 떠밀려온 빙하

겉 표면의 유리가 만드는 아름다운 하르파

겨울의 세찬 바람에 날린 게이시르

어디든 어떤 길이든 갈 수 있는 4륜구동 차량

오후 3시에 해와 달이 동시에 지평선에 걸려 있다.

느긋한 아이슬란드에서 겨울비 바라보기

뜨겁게 올라오는 게이시르의 증기와 차가운 바람이 이끼를 덮어만든 작품

Helsinki

Copenhagen

London

Amsterdam

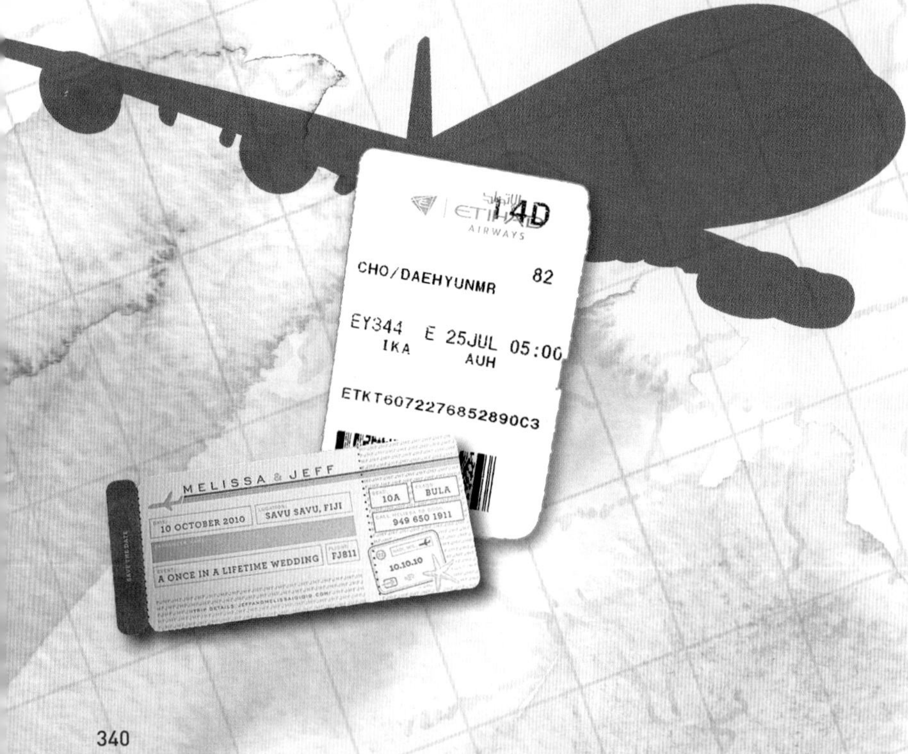

승차권을 붙이고
간단한 기록을 하고
그림을 그리면
완성!

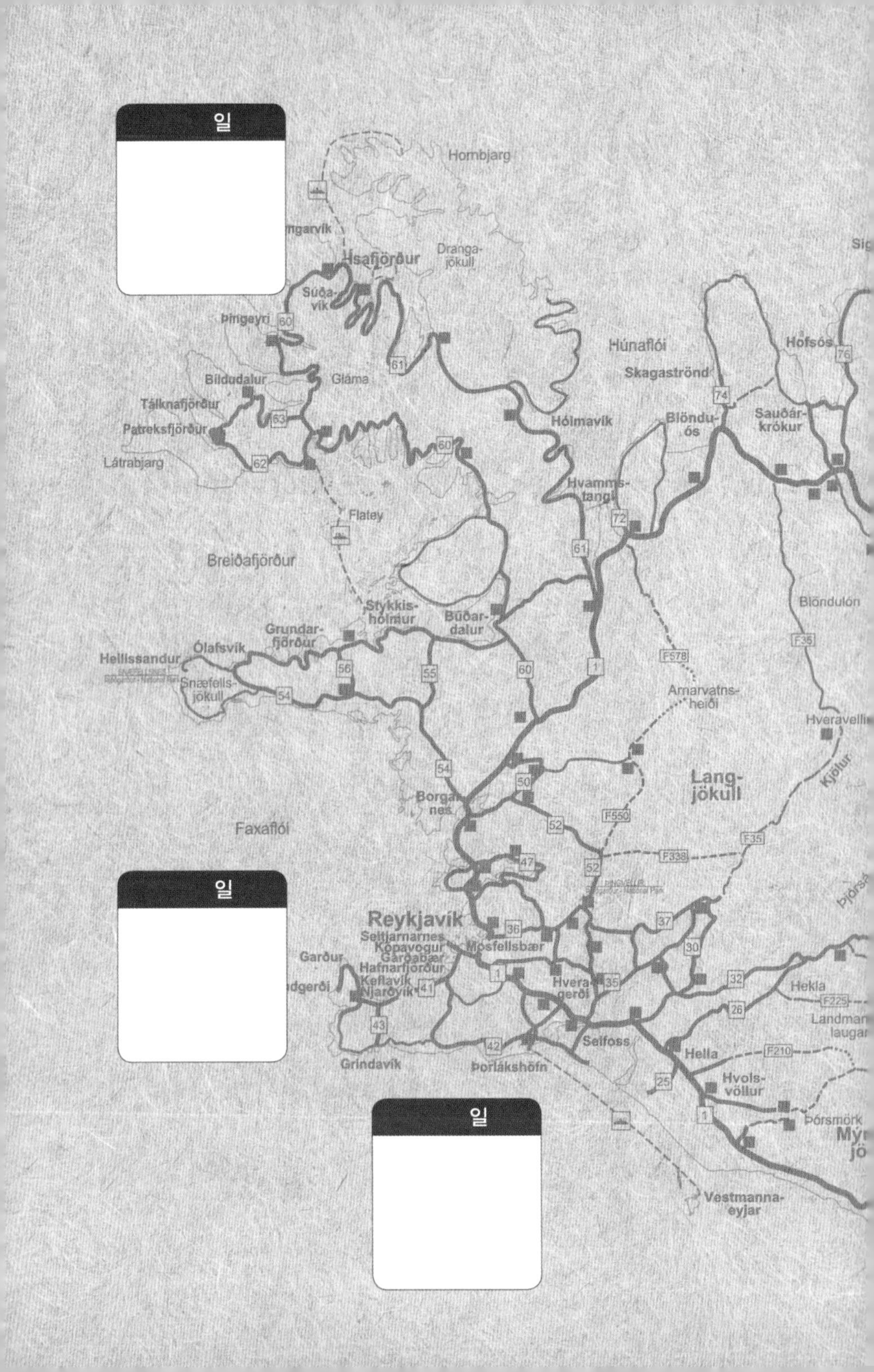
일
일
일
Hornbjarg
Ísafjörður
Dranga-
jökull
Súða-
vík
Þingeyri
Bildudalur
Gláma
Tálknafjörður
Patreksfjörður
Látrabjarg
Húnaflói
Skagaströnd
Hofsós
Sauðár-
krókur
Blöndu-
ós
Hólmavík
Hvamms-
tangi
Flatey
Breiðafjörður
Stykkis-
hólmur
Búðar-
dalur
Grundar-
fjörður
Ólafsvík
Hellissandur
Snæfells-
jökull
Blöndulón
Arnarvatns-
heiði
Hveravellir
Lang-
jökull
Kjölur
Borgar-
nes
Faxaflói
Reykjavík
Seltjarnarnes
Kópavogur
Garðabær
Hafnarfjörður
Keflavík
Njarðvík
Garður
Mosfellsbær
Hvera-
gerði
Selfoss
Hella
Hvols-
völlur
Hekla
Grindavík
Þorlákshöfn
Þórsmörk
Vestmanna-
eyjar
Þjórsá

일
일
Raufarhöfn
Melrakka-
slétta
Þistilfjörður
Þórshöfn
Bakkaflói
867
Öxarfjarðar-
heiði
Húsavík
Vopnafjörður
87
85
1
94
Egilsstaðir
Seyðisfjörður
93
Neskaupsstaður
92
Eskifjörður
Reyðarfjörður
Fáskrúðsfjörður
Stöðvarfjörður
Breiðdalsvík
Djúpivogur
F88
F26
F910
Herðubreið
Ódáða-
hraun
Askja
Hallorms-
staður
F909
Hvannalindir
F902
Snæfell
Eyjabakkar
Kverkfjöll
Lónsöræfi
Vatnajökull
Höfn
Skeiðarársandur
Kirkjubæjarklaustur
일
일

아이슬란드 여행 표준 (6박 7일)

| **누구와?** | 시간이 없는 직장인에게 특히 추천하는 여행

| **여행 일정** | 아이슬란드 여행의 가장 일반적인 일정

| **액티비티** | 블루라군, 미바튼 네이처 바스, 빙하 트레킹, 고래 투어

| **숙 박** | 시간이 빠듯하니 숙박은 미리 모두 결정할 것

	여정	km	분	비고	숙소
1일차	• 케플라비크 도착				스코가포스
	• 렌터카 인수				
	• 레이캬비크	50	45	간단한 장보기	
	• 싱벨리어	49	60		
	• 게이시르	60	30		
	• 굴포스	10			
	• 스코가포스				
2일차	• 디르홀레이				호픈
	• 비크				
	• 요쿨살론			빙하 보트 투어	
	• 호픈				
3일차	• 듀피보구르	104			데티포스
	• 에이일스타디르	86			
	• 세이디스피오르	24		화산 지대	
	• 데티포스	48		데티포스 근처까지 이동	
4일차	• 고다포스	40			아쿠레이리
	• 후사비크	53		고래 투어	
	• 아쿠레이리				
5일차	• 글라움베어	101		잔디지붕마을	레이캬비크
	• 그라브록	199		2중 분화구	
	• 레이캬비크	99		시내 관광	
6일차	• 레이캬비크			시내 관광 – 파이프오르간 연주 관람	공항 근처 숙박
	• 케플라비크 국제공항	50			
*총거리		1546			
7일차	• 케플라비크 국제공항 출발				아이슬란드 여행 종료
※ 총 6박 7일간의 캠핑 여행 참조					

아이슬란드 세부 여행(12일)

| 누구와? | 2주일 이상 여행이 가능한 여행자

| 여행 일정 | 아이슬란드를 천천히 자세히 보고 싶은 일정

| 엑티비티 | 달빅에서 달빅 고래 투어 추천
서부 지방의 지구 속 여행의 무대인 동굴 탐험 추천
스카프타펠 빙하 트레킹
블루라군, 미바튼 네이처 바스

| 숙 박 | 여행 일정 이동이 힘들지 않으니 미리 숙박은 예약하면 편하다

날짜	여정	엑티비티	숙소	비고
1일차	• 레이카비크 시내	블루라군		렌터카 픽업
2일차	• 골든서클 루트 • 싱벨리어 국립공원 • 게이시르 • 고다포스	싱벨리어 국립공원 스노클링	골든서클 (싱벨리어 국립공원, 게이시르, 굴포스)	

날짜	여정	엑티비티	숙소	비고
3일차	• 골든서클 → 비크 이동 • 케리오 분화구 • 셀랴란드포스 • 스코가포스 • 검은 모래 해변 • 솔헤이마센두르 플레인 렉 • 스카프타펠 국립공원	출발 전 마트 장보기		
4일차	• 스카프타펠 → 호픈 이동 • 스카프타펠 국립공원 빙하 트레킹 • 스바르티포스	스카프타펠 빙하 트레킹 보트 관람 @Jokulsarlon Glacial Lagoon	스카프타펠	
5일차	• 호픈 → 에이일스타디르 이동 • 동쪽 피오르드 지방		호픈	
6일차	• 에이일스타디르 → 미바튼 이동 • 데티포스 • 스쿠투스타오기가 분화구 • 크라플라 지대 • 미바튼 호수	미바튼 네이처 바스	에이일스타디르	
7일차	• 미바튼 → 후사비크 이동 • 미바튼 호수 자전거 투어 • 고다포스 • 후사비크 고래 투어	고래 투어 & 낚시	미바튼	
8일차	• 후사비크 → 아쿠레이리 이동 • 아쿠레이리 이동 • 시내 투어 • 박물관 투어 • 달빅 숙박	아쿠레이리 수영장 즐기기	아쿠레이리	
9일차	• 달빅 → 서부 스나이펠스네스 반도 이동 (약 5시간 소요) • 이동 중간 글라움베어 • 잔디지붕마을 체험 • 그라브록 2중 분화구 • 스티키스홀뮈르			
10일차	• 서부 시장 → 레이캬비크 이동 • 스나이펠스네스 국립공원 • 지구 속 여행 동굴 체험 • 레이캬비크 이동		스나이펠스네스	
11일차	• 레이캬비크 → 블루라군 • 블루라군		온천 수영장 즐기기	
12일차	• 케플라비크 국제공항 출발		골든서클	

엑티비티 중심의 아이슬란드 여행(10일)

| 누구와? | 아이슬란드의 자연 속에서 엑티비티를 즐기고 싶은 여행자에게 추천

| 여행 일정 | 일반적인 엑티비티는 4시간 이상이 소요되므로
10일 정도 시간이 필요하다

| 엑티비티 | 래프팅, 스노클링, 빙하 트레킹, 빙하 보트 투어,
동굴 체험, 고래 투어, 낚시, 블루라군, 미바튼 네이처 바스

| 숙 박 | 엑티비티는 여유롭게 시간이 필요하므로 일정이 뒤바뀔 수 있다.
3일 정도의 숙박만 미리 예약한다

일차	시간	일정	km	분	비고	숙소
1일차	09:10	케플라비크 도착			핀에어로 헬싱키에서 08:45 출발	레이캬비크
		렌터카 인수			간단한 장보기	
		레이캬비크	50	45	시내 관광, 장보기	
		***총거리**				

일차	시간	일정	km	분	비고	숙소
2일차	08:00	싱벨리어	49	60		굴포스
		게이시르	60	30		
		굴포스	10	15		
		***총거리**				
3일차		스코가포스				스카프타펠 숙박
		디르홀레이	50	50		
		비크				
		스카프타펠(빙하 트레킹)				
		***총거리**	**315**			
4일차		요쿨살론			빙하 보트 투어	데티포스
		호픈				
		듀피보구르	104			
		***총거리**	**318**			
5일차		에이일스타디르	86			
		데티포스				
		***총거리**	**365**		화산 지대	
6일차		크라플라	169			미바튼
		미바튼	24		호수 걷기, 온천	
		고다포스	40			
		후사비크				
		***총거리**				
7일차		아쿠레이리	53	50	시내 관광	글라움베어
		달빅				
		***총거리**	**193**			
8일차		글라움베어(잔디지붕마을)	101			레이캬비크
		그라브록	199			
		보르가네스	31		2중 분화구	
		레이캬비크	75			
		블루라군			시내 관광	
		***총거리**	**305**			
9일차		레이카비크			스나이펠스네스 반도 여행으로 변경 가능	공항 근처
		케플라비크 국제공항	50			
10일차		케플라비크 국제공항 07:20 출발				아이슬란드 여행 종료
		헬싱키				
		인천				
	참조	*래프팅, 빙하 트레킹, 빙하 보드 투어, 고래 투어, 낚시, 블루라군, 미바튼 네이처 바스				

1Day

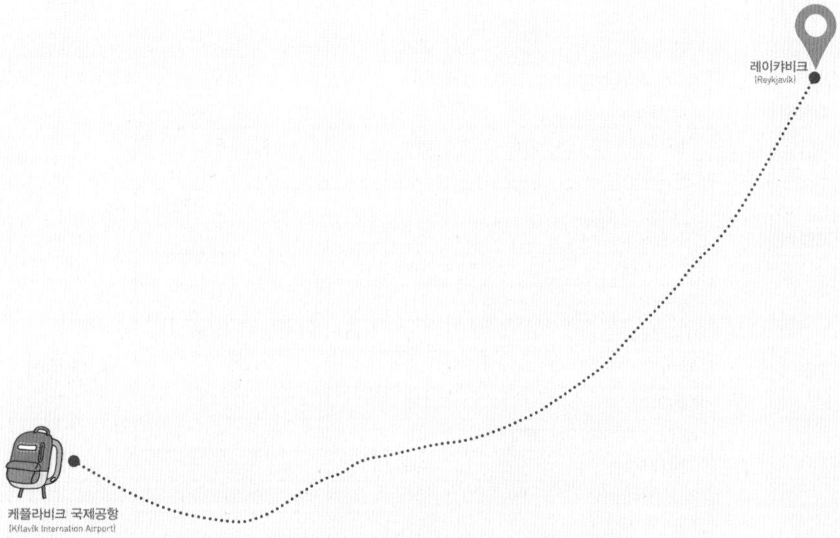

Date

What are you doing today?

Check your Pocket

2Day

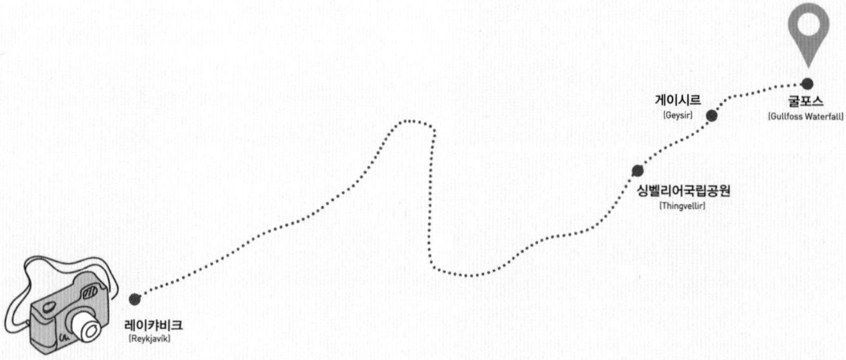
레이캬비크
[Reykjavik]
싱벨리어국립공원
[Thingvellir]
게이시르
[Geysir]
굴포스
[Gullfoss Waterfall]

Date

What are you doing today?

Check your Pocket

3Day

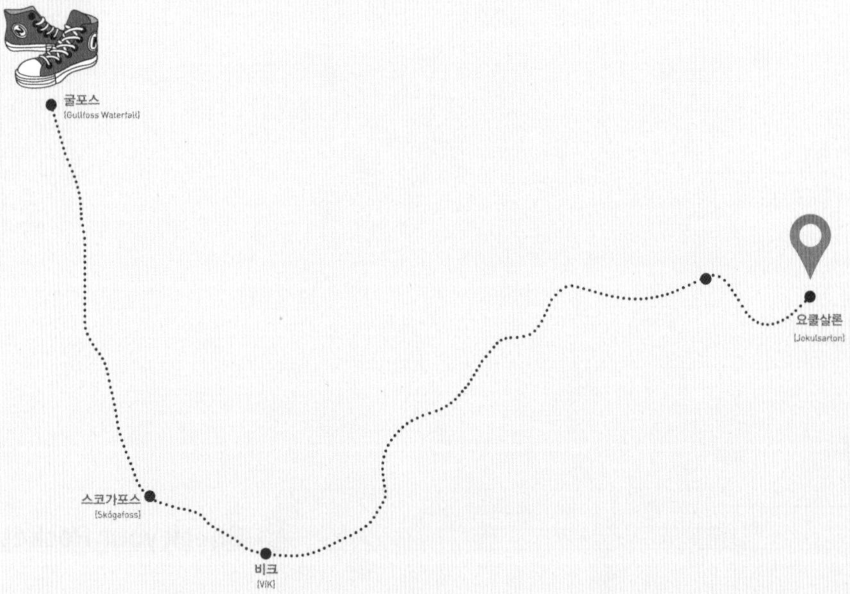

굴포스
(Gullfoss Waterfall)
스코가포스
(Skógafoss)
비크
(VIK)
요쿨살론
(Jokulsarlon)

Date

What are you doing today?

Check your Pocket

4Day

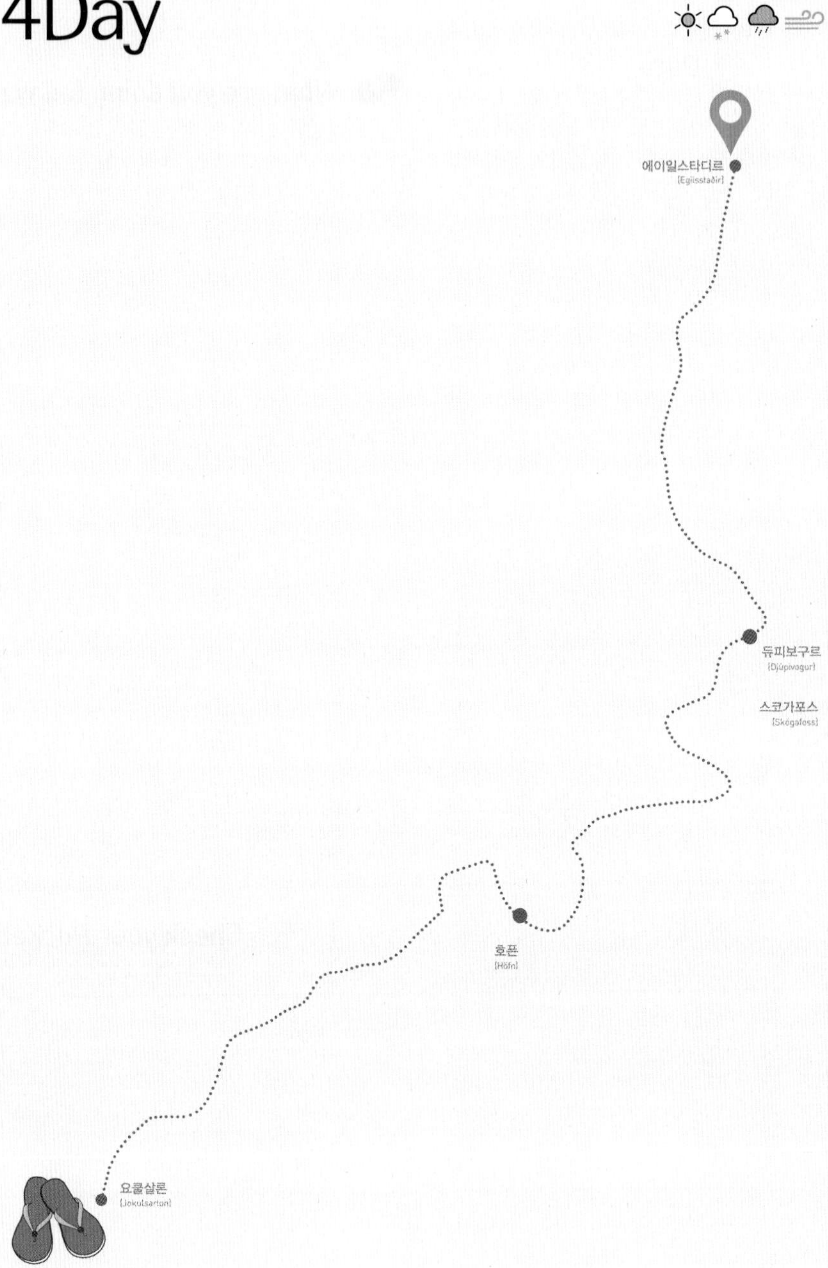

에이일스타디르
[Egiisstaðir]
듀피보구르
[Djúpivogur]
스코가포스
[Skógafoss]
호픈
[Höfn]
요쿨살론
[Jokulsarlon]

Date

What are you doing today?

Check your Pocket

5Day

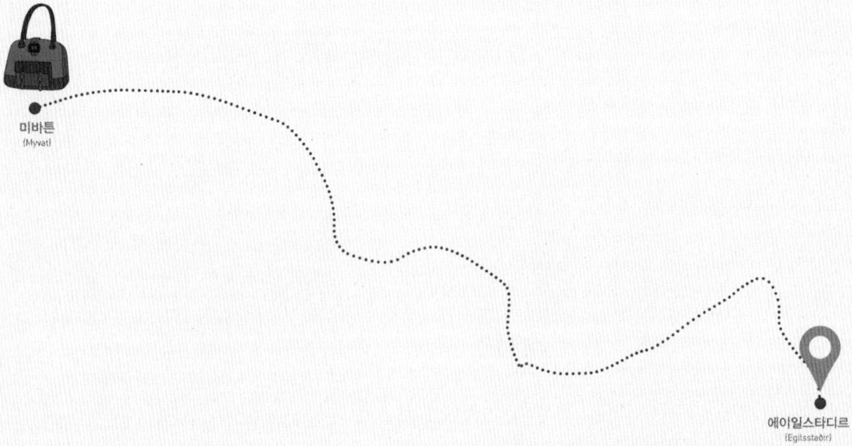

Date

What are you doing today?

Check your Pocket

6Day

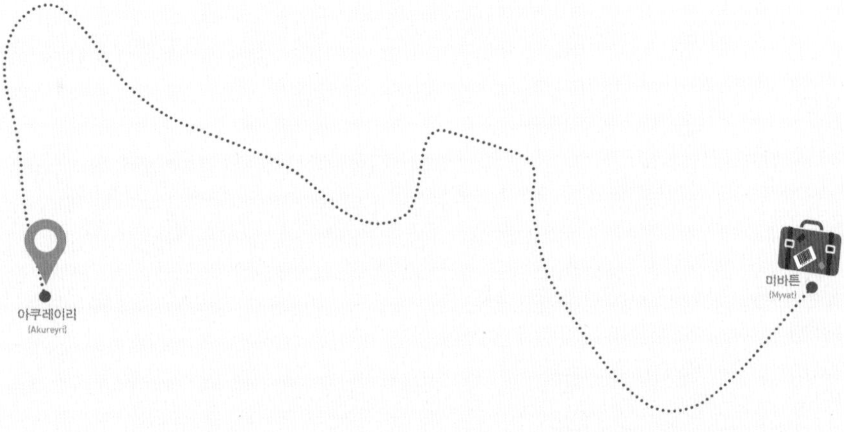

Date

What are you doing today?

Check your Pocket

7Day

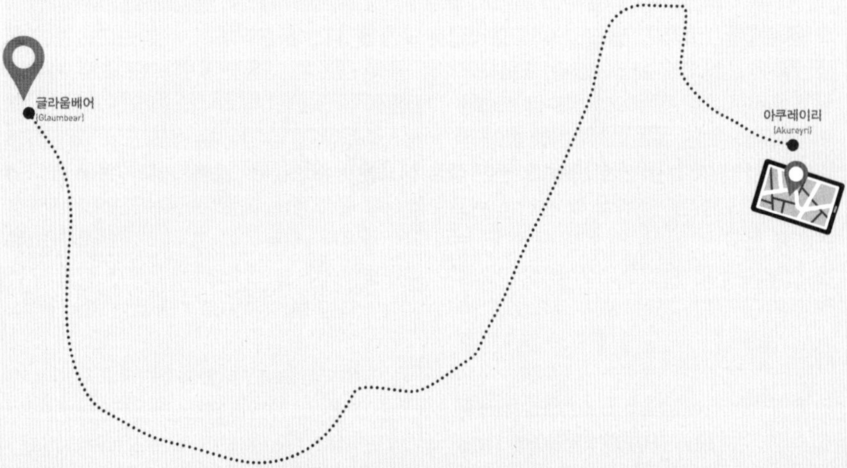

Date

What are you doing today?

Check your Pocket

8Day

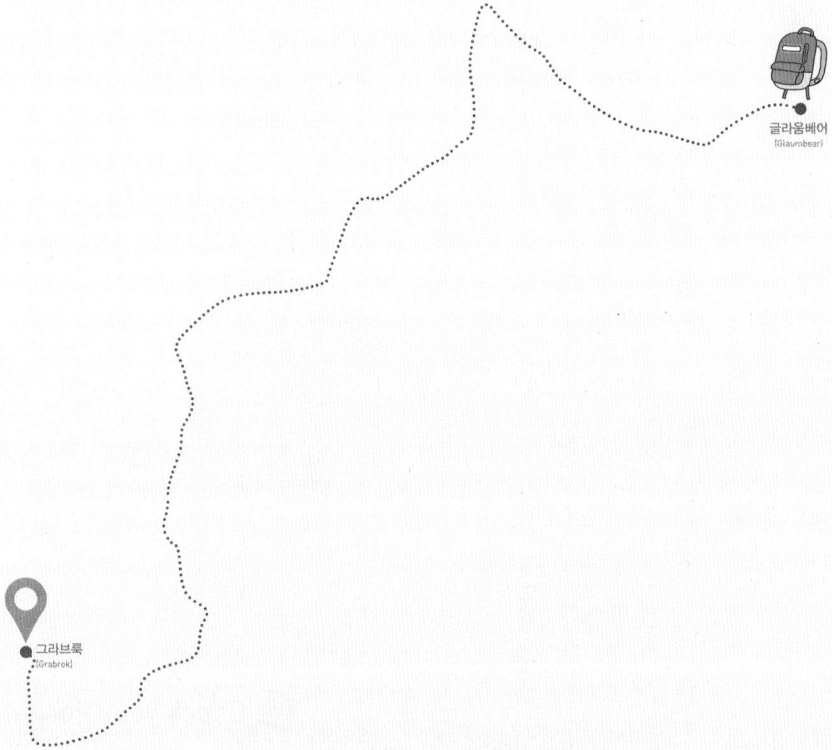

Date

What are you doing today?

Check your Pocket

9Day

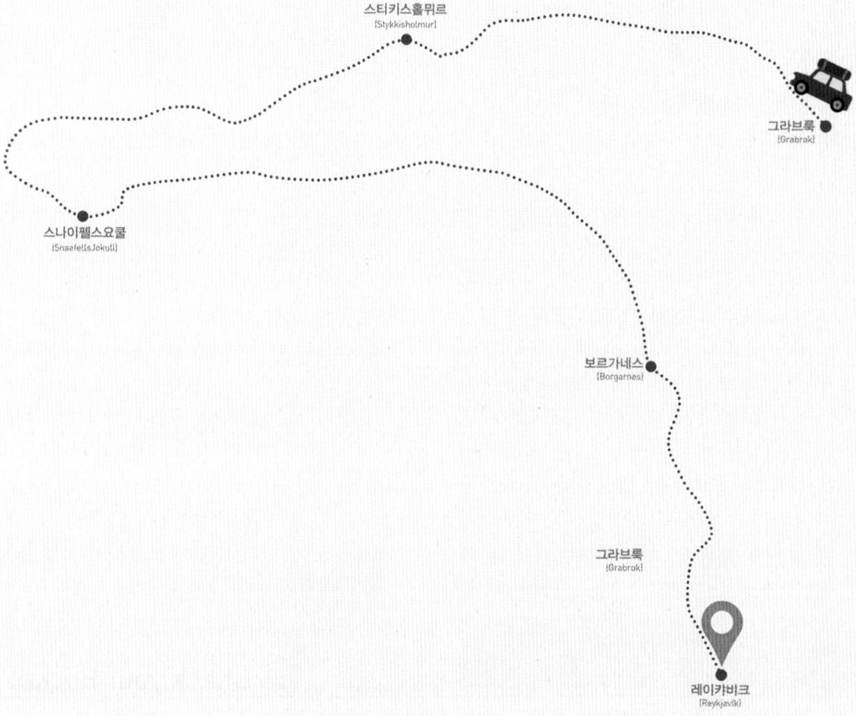

스티키스홀뮈르
(Stykkisholmur)
그라브록
(Grabrok)
스나이펠스요쿨
(SnaefellsJokull)
보르가네스
(Borgarnes)
그라브록
(Grabrok)
레이캬비크
(Reykjavik)

Date

What are you doing today?

Check your Pocket

About 핀란드

북극에 가까운 춥고 습기 많은 땅

핀란드는 북유럽의 스칸디나비아 반도에 자리 잡고 있다. 그래서 여기에 있는 이웃 나라 노르웨이, 스웨덴과 함께 스칸디나비아 3국(노르웨이, 스웨덴, 핀란드)이라고 한다. 북극에서는 백야라는 신기한 자연 현상이 일어난다. 여름에는 해가지지 않고, 겨울에는 해가 뜨지 않는 현상이다. 북극 끝으로 가면 여름에는 73일 동안 해가지지 않고, 겨울에는 51일 동안 해가 뜨지 않는다.

오로라도 자주 볼 수 있는데, 마치 빛으로 만든 커튼을 두른 듯 환상적인 밤하늘을 보여 준다. 핀란드는 1년의 절반이 겨울이어서 연평균 기온이 섭씨 5.3도밖에 되지 않는다. 겨울에는 눈이 엄청나게 많이 내려서 한겨울이면 핀란드는 하얀 눈의 나라로 변신한다.

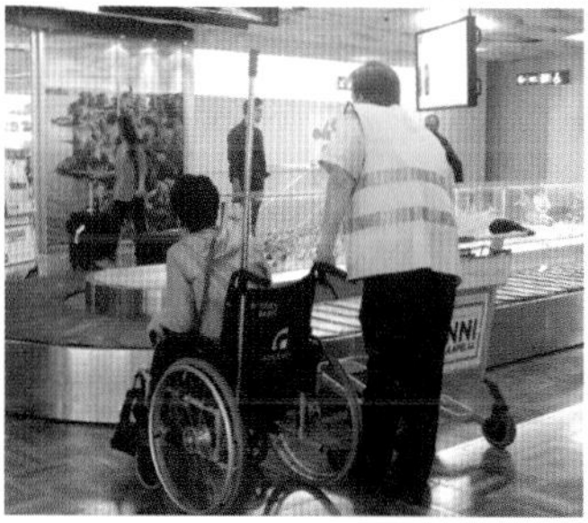

사람들의 생활을 보장하는 잘사는 나라

핀란드에서는 물건을 만들어 파는 제조업은 물론 서비스와 통신, 게임 산업도 크게 발달했다. 핀란드는 나무 말고는 자원도 많지 않고 1년의 절반 이상이 겨울인 나라이다. 그런데도 핀란드는 부정부패와 거짓말이 없는 깨끗한 사회를 만들었기 때문이다. 핀란드는 발전한 경제를 바탕으로 국민들의 집과 생활에 필요한 비용, 병원비, 교육비 등을 정부가 책임지는 대표적인 복지 국가이다.

거짓말을 싫어하는 핀란드

핀란드 인들은 조용하고 평화로운 것을 좋아한다. 거짓말을 하거나 남을 속이는 것을 부끄러워한다. 버스나 지하철에는 표를 검사하는 사람이 없다. 주차장에서도 모두 자동판매기나 주차 미터기를 이용해 스스로 알아서 주차 요금을 낸다. 돈을 내지 않고 몰래 이용하는 일이 거의 없기 때문이다.

IT 강국

자원이 많지 않은 핀란드는 세계에서 교육열이 높은 나라가 되었다. 창의성을 중요하게 여기는 핀란드의 교육 방식은 세계적으로 아주 유명하다. 이런 창의적 교육을 토대로 우수한 인재를 길러 세계적인 IT 강국이 되었다.

자연과 물질이 깨끗한 나라

세계에서 가장 물이 깨끗한 나라로 불릴 정도이다. 깨끗한 것은 자연뿐만이 아니다. 사회 분위기도 깨끗해서 세계에서 가장 부정부패가 없는 나라로 손꼽히는 나라가 핀란드이다.

숲과 호수의 나라

핀란드는 국토의 75%가 숲으로 덮여 있고 187,888개에 달하는 호수가 있다. 전 국토의 10%가 물로 덮여 있다. 핀란드의 물은 세계에서 가장 깨끗하기로 유명하다.

핀란드는 국토의 75%가 숲으로 덮여 있고 187,888개에 달하는 호수가 있다. 전 국토의 10%가 물로 덮여 있다. 핀란드의 물은 세계에서 가장 깨끗하기로 유명하다.

HELSINKI
헬싱키

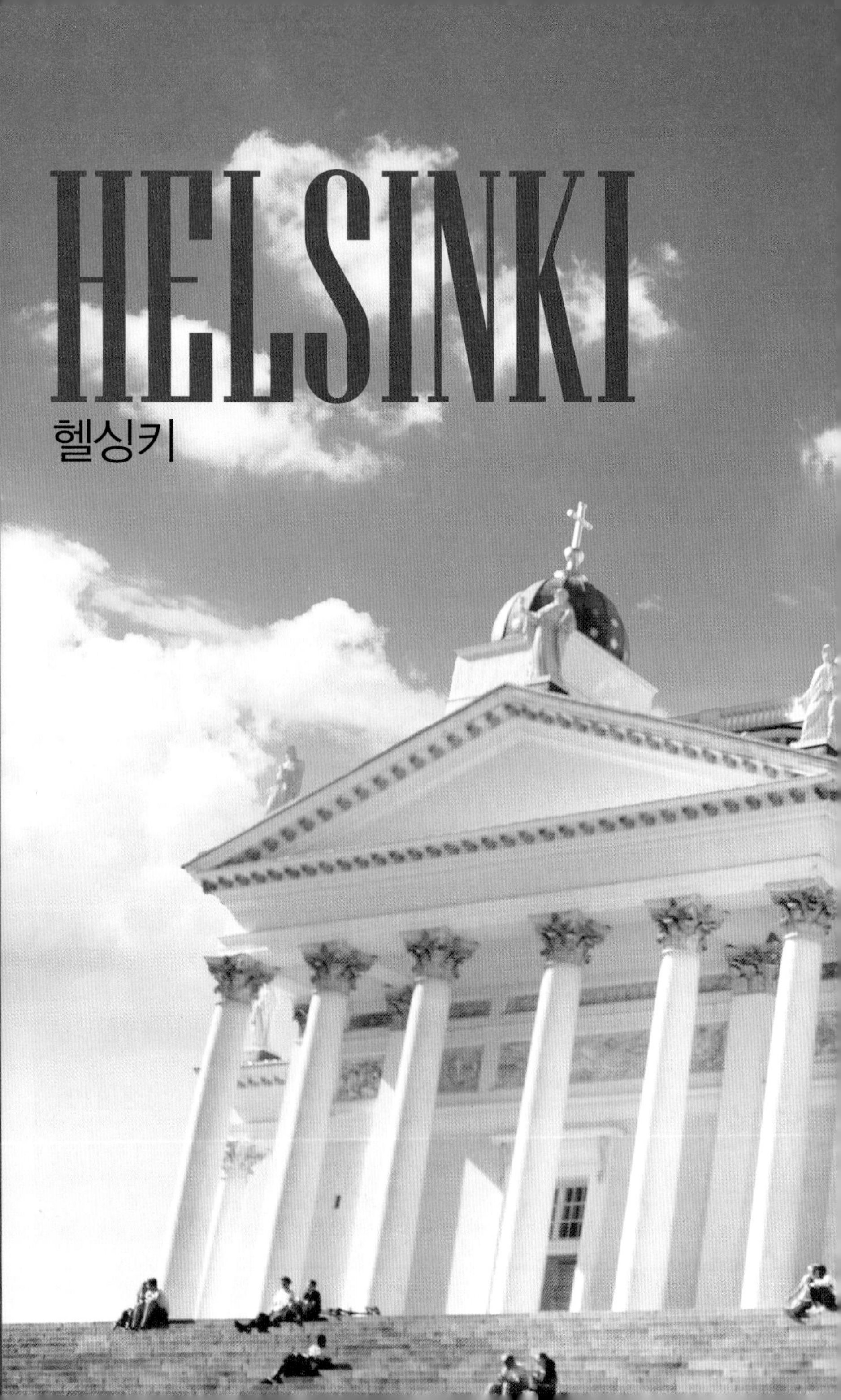

헬싱키 빈타 공항 방향 ↑
올림프
세우라사리 야외 박물관
시벨리우스 기념비
세우라사리 섬
카페 레기타
템펠리아우키
라우타사리
렌시 터미널

리닌마키
빌터리 벼룩시장
쿨로사리 섬
툴로 공원
하카니에미 항
코르케아사리 섬
북항
싱키 중앙역
우스펜스키 교회
에스플라나디 공원
그랜드 마니라 호텔
카나야노카 터미널
올림피아 터미널
헬싱키 중심부
카페
카페
시 호스
카이보푸이스토
공원
카루젤

국립 박물관
헬싱키 뮤직 센터
템펠리아우키오 교회
홀리데이 인 헬싱키 — 시티 센터
국회의사당
국립 현대 미술관 키아스마
중앙우체국 우편 박물관
자연사 박물관
엠 바
키와 카페
소코스 호텔 프레지덴티
헬카호텔
아카데미타
헬싱키 시립 박물관 & 데니스팰리스
중앙 버스터미널
서던 프라이드
캄피 고요의 교회
아모스 앤더스 미술관
래디슨 블루 로열 호텔
키치
구 오페라 하우스

식물원
국립극장
역
헬싱키 대성당
네움 미술관
세밍웨이
소코스 호텔 헬싱키
원로원 광장
캄프
잇&조이
피크닉
지젤 델리
카페 에인젤
파제르 카페
글로 호텔
우스팬스키 교회
아아리카
퓨어
스트린버그
피시 마켓
박픽카
에스플라나디 공원
마켓 광장
카펠리
딕 마스키
루바드 소셜
카페 알토
카나바 터미널
카니나
클라우스 케이
쉐 도미니크
남항
마카시니 터미널
디자인박물관
건축박물관
경찰서
올림피아 터미널

헬싱키 IN

유럽을 가는 항공 노선 중에 핀란드 헬싱키까지 9시간에 도착할 수 있는 장점이 있는 핀 에어로 상당한 수의 한국인 환승객 덕분에 한국어 안내도 잘 된 편이다. 반타 국제공항을 유럽의 환승 거점으로 많이 이용한다. 핀란드의 헬싱키가 인구 100만이 넘는 대도시들 중에서 북극에 가장 가까운 고위도에 위치해 있기 때문에 동아시아에서 유럽으로 넘어갈 때 직항이 아니라면 헬싱키를 경유하는 것이 가장 시간이 적게 걸리는 최단거리이다.

헬싱키 반타 국제공항은 비행기 승객이 한꺼번에 내릴 때를 빼고, 대부분은 공항이 한산하다 보니 체크인, 보안 검사, 출입국 심사를 모두 20~30분 안에 마칠 수 있다. 반타 공항은 한국인에 대한 자동 출입국 심사를 시행하고 있으니 빨리 심사를 마쳐야 할 때는 상당히 도움이 된다. 터미널은 1 터미널과 2 터미널로 나누어져 있지만 실질적으로 한 건물에 있다고 봐도 무방하다.

공항에서 시내 IN

헬싱키 시내로 통하는 교통편은 615번 버스, 핀 에어 공항 리무진, 철도의 3가지 종류가 있다. 모두 헬싱키 중앙역이 종점이므로, 중간에 정차하는 곳의 요금에 따라 편한 것을 이용할 수 있다. 철도역에는 2개의 플랫폼이 있는데, 순환선이므로 어느 쪽을 타든지 헬싱키 중앙역에 도착한다.

헬싱키 반타 국제공항(Helsinki-Vantaa Airport / Helsinki-Vantaan lentoasema)

북유럽에서 4번째로 규모가 큰 헬싱키 국제공항은 핀란드 전체의 국제선 공항으로 반타(Banta) 중심부에서 약 5㎞, 헬싱키 시내에서 약 20㎞ 정도 떨어져 있다. 1952년 헬싱키 하계 올림픽을 위해 건설하기 시작한 공항은 1999년 국제 항공 운송 협회(IATA)가 세계 최고 공항으로 선정될 만큼 커지고 내부 디자인도 상당히 세련되었다. 핀란드에서 규모가 크고 가장 교통량이 높은 공항에 속한다.

핀에어, 플라이비 핀란드 등이 허브로 쓰고 있는 헬싱키 반타 국제공항은 인천 국제공항을 출발해 가는 직항인 핀 에어가 주 5~7회 운항(AY41, 42 / 기종은 A350(기존 A330에서 변경) 중 에 있다.

핀 에어(Finnair) 버스
(편도 6.3€ / 왕복 11.50€)

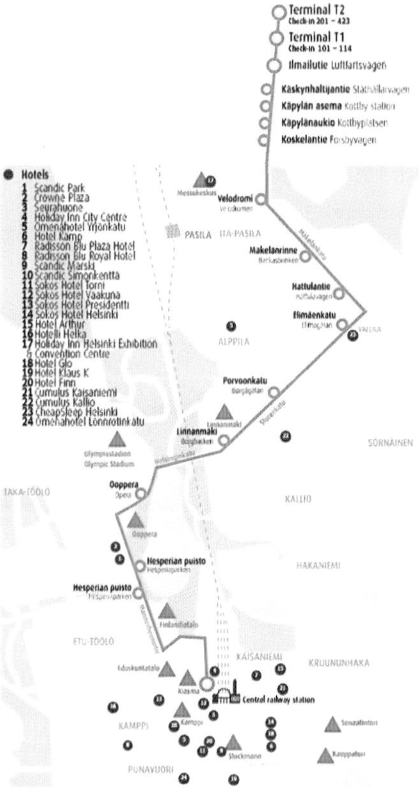

헬싱키 시내까지 가장 많이 이용하는 핀에어Finnair 버스는 새벽인 5시 45분부터 새벽 1시10분까지 운행하고 15분 간격으로 35분이면 도착할 수 있기 때문에 이용률이 가장 높은 방법이다.
버스기사에게 직접 버스티켓을 현금이나 카드로 구입할 수 있으므로 편리하다. 터미널 1에서 내리면 플랫폼 10번, 터미널 2에서 내리면 플랫폼 11에서 탑승해 중앙역 30번 버스 정류장에서 하차하게 된다.

홈페이지 : www.pohjolanliikenne.fi

공항출발 → 중앙역 도착
T2 → (2 min) → T1 → (30 min) → R

DAILY October 1st - May 31st			DAILY June 1st - September 30th		
05.45	12.40	19.20	05.45	13.00	18.40
06.20	13.00	19.40	06.20	13.15	19.00
06.40	13.20	20.00	06.40	13.30	19.20
07.00	13.40	20.20	07.00	13.45	19.40
07.20	14.00	20.40	07.20	14.00	20.00
07.40	14.20	21.00	07.40	14.15	20.20
08.00	14.40	21.20	08.00	14.30	20.40
08.20	15.00	21.40	08.20	14.45	21.00
08.40	15.20	22.00	08.40	15.00	21.20
09.00	15.40	22.20	09.00	15.15	21.40
09.20	16.00	22.40	09.20	15.30	22.00
09.40	16.20	23.00	09.40	15.45	22.20
10.00	16.40	23.20	10.00	16.00	22.40
10.20	17.00	23.40	10.20	16.15	23.00
10.40	17.20	24.00	10.40	16.30	23.20
11.00	17.40	00.20	11.00	16.45	23.40
11.20	18.00	00.40	11.20	17.00	24.00
11.40	18.20	01.10	11.40	17.20	00.20
12.00	18.40		12.00	17.40	00.40
12.20	19.00		12.20	18.00	01.00
			12.40	18.20	

중앙역 출발 → 공항도착
R → (3 min) → H → (25 min) → T1 → T2

DAILY October 1st - May 31st			DAILY June 1st - September 30th		
05.00	11.30	17.50	05.00	11.50	17.10
05.30	11.50	18.10	05.30	12.10	17.30
05.50	12.10	18.30	05.50	12.30	17.50
06.10	12.30	18.50	06.10	12.45	18.10
06.30	12.50	19.10	06.30	13.00	18.30
06.50	13.10	19.30	06.50	13.15	18.50
07.10	13.30	20.00	07.10	13.30	19.10
07.30	13.50	20.30	07.30	13.45	19.30
07.50	14.10	21.00	07.50	14.00	20.00
08.10	14.30	21.20	08.10	14.15	20.30
08.30	14.50	21.40	08.30	14.30	21.00
08.50	15.10	22.00	08.50	14.45	21.20
09.10	15.30	22.20	09.10	15.00	21.40
09.30	15.50	23.00	09.30	15.15	22.00
09.50	16.10	23.20	09.50	15.30	22.20
10.10	16.30	23.40	10.10	15.45	23.00
10.30	16.50	00.00	10.30	16.00	23.20
10.50	17.10		10.50	16.15	23.40
11.10	17.30		11.10	16.30	00.00
			11.30	16.50	

시내버스 615번(5.5€)

공항에서 중앙역까지 약 40~50분 정도가 소요된다. 가격은 저렴하지만 헬싱키 시내까지 시간이 오래 소요되는 단점이 있다. 따로 짐을 싣는 공간이 없으므로 좌석 옆에 놓으면 된다. 공항의 터미널 1에서 출발해 2분 후에 터미널 2에 도착한다.

▶공항 출발

월~금요일 6시30분~0시30분, 토요일 7~새벽1시, 일요일 6시5분~0시30분)

▶시내 출발

월~금요일 5시15분~22시45분, 토요일 5시25분~23시25분, 일요일 5시25분~22시50분)

순환철도(5.5€)

2015년, 7월에 개통한 I 와 P선이 있는데 순환하는 노선이므로 중앙역에 2개의 노선이 모두 경유한다. 철도패스가 있다면 무료로 탑승이 가능하여 비용을 아낄 수 있다.

택시

실제로 이용할 경우는 거의 없다. 미터제인 일반 택시와 정액제인 공항 택시가 있는데, 공항 택시는 미니 밴으로 합승을 하게 된다. 그래서 실제로 빠르다는 생각이 들지 않고 약 30분 정도 소요된다. 대략 요금은 50€ 가까이 나오므로 비용이 상당히 비싸다.

홈페이지 : www.airportaxi.fi

> **헬싱키에서 다른 나라로 이동하기**
>
> 헬싱키에서 배로, 육로로, 철도로, 항공으로 유럽의 어디든 갈 수 있다. 핀란드 헬싱키에서 페리를 타면 에스토니아의 탈린(탈린 부분 참조)으로 이동할 수 있으며, 헬싱키 중앙역에서는 러시아 상트페테르부르크로 가는 열차가 매일 운행이 된다. 고속열차로 이동하므로 불과 3시간 30분이면 상트페테르부르크에 도착하게 된다. 가격은 시기에 따라 격차가 심하므로 사전에 인터넷으로 예매를 하는 것이 좋다.
>
> **예매** https://www.vr.fi/cs/vr/en/frontpage

한눈에 헬싱키 파악하기

독특한 문화의 매력

헬싱키는 활기찬 문화 활동, 아름다운 건물, 수많은 박물관과 갤러리 등을 갖춘 매력적인 도시이다. 헬싱키의 예술과 문화는 유럽의 서부와 동부, 모두에서 영향을 받아 독특한 매력을 지니고 있다. 헬싱키에서 가장 유명한 공공장소인 의사당 광장에 가면 다양한 조각 작품과 건물을 볼 수 있다.
인상적인 헬싱키 대성당은 물론 대통령 궁도 근처에 있다. 건축과 디자인에 관심이 많다면 곳곳에서 카를 루트비히 엥겔, 엘리엘 사리넨, 알바 알토 등의 작품을 볼 수 있다. 헬싱키 시립박물관, 핀란드 건축박물관, 알토 하우스, 디자인 박물관 등에 가면 핀란드와 헬싱키의 디자인 전통에 대배 알 수 있다.

유네스코 세계 문화유산

핀란드의 역사에 관심이 있다면 수오멘리나 바다 요새에 가보자. 18세기에 스웨덴 사람들이 지은 요새는 유네스코 세계 문화유산으로 지정되었다. 지금, 이곳은 박물관과 카페, 레스토랑이 있다. 핀란드 역사에 걸쳐 다양한 유물을 보려면 핀란드 국립박물관에 가면 된다.

다양한 미술관과 갤러리

헬싱키의 문화를 느끼고 싶다면 여러 미술관과 갤러리를 둘러보면 좋다. 아테네움 미술관과 씨네브리초프 미술관에는 핀란드 전통 미술과 유럽 미술 작품을 감상할 수 있다. 현대 미술은 키아스마 현대미술관에서 감상하면 된다.

광장과 시장

올드 마켓 홀과 마켓 광장에 가면 기념품과 먹거리를 쇼핑할 수 있다. 세련된 쇼핑가를 원하면 디자인 디스트릭트나 에스플라나디 공원에 가면 된다. 번잡한 도시에서 잠시 벗어나고 싶다면 페리를 타고 인근의 섬으로 가도 좋다. 세우라사리에는 유서 깊은 집들이 많고 코르케아사리에는 헬싱키 동물원을 만날 수 있다.

세련된 디자인 중심지

헬싱키는 핀란드에서 문화와 경제의 중심지로서, 핀란드 남단의 반도에 자리하며 발트 해로 둘러싸여 있다. 세련된 스타일, 흥미로운 건축물, 무수한 박물관과 갤러리 등을 갖춘 특별한 매력을 지닌 북유럽의 수도이다.

헬싱키 시청

Kaupungintalo / Helsinki City Hall

헬싱키 시청Kaupungintalo은 헬싱키 시장의 집무실이 있는 곳으로 관광객과 현지인들을 위한 유서 깊은 만남의 장소이다. 실내악 연주회 같은 공개 행사에 참석하고 마켓 광장, 청동상이 있는 도시 공원, 아름다운 헬싱키 대성당 등 관광지까지 걸어갈 수 있다. 전시실의 예술 전시를 살펴보고 역사적인 건물의 로비에서 음악 공연과 예술가 모임 같은 행사에 참석할 수 있다.

청사는 19세기 초에 원래 호텔로 지어졌다. 독일 건축가 카를 루빙 엥겔이 건축물을 설계했지만 핀란드 건축가 아르노 루수부오리Aarno Ruusuvuori가 20세기 후반에 건물을 완전히 리모델링했다. 현대적인 유리 외관과 인상적인 건물 내부에 첨가된 장식이 인상적이다.

시청Kaupungintalo은 핀란드 수도의 여행이 시작되는 지점으로 좋은 장소이다. 로비에는 컴퓨터와 무선 인터넷이 제공되며 많은 도시의 서비스와 안내 팜플렛도 있다. 헬싱키 시청의 비르카 갤러리에 들러 저명한 예술가의 작품 전시를 관람할 수 있다. 비르카 갤러리는 모든 관람객에게 헬싱키에 대한 독특한 시각을 제공하고 있다. 갤러리의 주요 전시실에서 쇼케이스에 있는 작품을 감상해 보자. 전시는 다문화, 건축, 역사, 도시 문화 등 헬싱키의 다양한 측면에 초점을 맞추고 있다. 모든 전시는 무료이며 영어, 핀란드어, 스웨덴어로 진행된다.

주소_ Pohjoisesplanadi 1 North Esplanade
위치_ 헬싱키 시청은 헬싱키 공항에서 약 21㎞ 떨어진 크루눈하카Grununhaka 지구의 마켓 광장 옆 위치
시간_ 핀란드 공휴일, 종교 휴일 휴관
전화_ +358-9-1693757

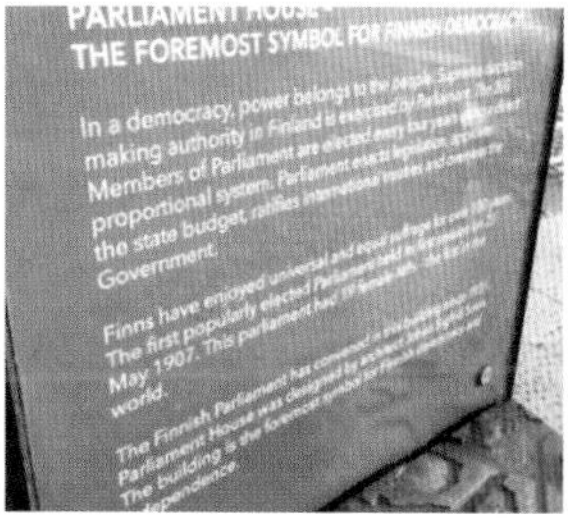

국회 의사당
Parliament

장엄한 신고전주의 양식 외관과 위풍당당한 기둥이 있는 도시에서 가장 크고 가장 눈에 띄는 건물 중 하나인 국회의사당 Parliament은 의회가 열리는 곳이며 1931년에 완공되어 국가적인 중요성을 반영하고 있다. 상징적인 장소에서 발생한 계속 전쟁과 겨울 전쟁 시기 같은 핀란드 역사상 중요한 순간을 함께 했다. 핀란드와 유럽 정치에서 중요한 역할을 하는 고전적인 건물의 방청석에서 개회 중인 의회를 방청할 수 있다.

건물의 닮아진 고전적 디자인이 형성하는 모더니즘과 신고전주의 양식이 조화를 이루고 있다. 이다. 도로를 건너가면 건물 전체를 사진에 담아보고 건물의 전경을 감상할 수 있는 잔디밭 위에서 피크닉을 즐기며 휴식을 취하고 활기 넘치는 장소에서 행위 예술가의 공연을 구경할 수 있다.

화강암 외관의 코린트 양식 기둥머리가 있는 기둥 14개는 대형 야외 계단으로 이어진다. 건물 왼쪽의 관광 안내소로 가면 정보가 나와 있다. 메인 로비와 대리석 계단이 1층에 있다. 스테이트 홀, 리셉션 홀, 위엄 있는 총회실을 둘러볼 수 있다. 유럽 연합, 국제조약, 핀란드 국무총리 선거와 관련된 결정을 내리는 건물의 역할을 알 수 있다.

주소_ Mannerheimintie 30
시간_ 화/금요일에는 역사적인 장소에서 개회 중인 200석 의회를 방청할 수 있음, 월요일~금요일 오전부터 오방후 늦게까지 개방
전화_ +358-9-4322027

헬싱키 중앙역
Helsingin rautatieasema

핀란드에서 사람이 가장 많이 찾는 건물인 헬싱키 중앙역은 핀란드 헬싱키의 철도의 중심으로 하루 이용객만 약 20만 명 정도이다. 헬싱키 공항에서 시내로 들어가는 버스의 최종 종착지도 중앙역일 정도로 중앙역은 헬싱키를 여행하는 중심적인 역할을 한다. 역 건물은 핀란드산 화강암으로 지어졌고, 역 앞의 시계탑은 조각상이 램프를 들고 있는 형태로, 저녁이 되면 조명이 들어온다.
모든 헬싱키 통근열차의 종착역이기 때문에 많은 열차가 중앙역을 기점으로 운행된다. 역 지하에는 헬싱키 메트로Metro와 연결되는 라우타티엔토리Rautatientori 역이 있다. 전체적으로 보았을 때 통근 열차가 바깥쪽, 그 외 열차가 안쪽 선로 및 승강장을 사용한다.
헬싱키 역은 교통의 요충지이다. 역 건물 양쪽에 버스 정류장이 있으며, 핀 에어가 운영하는 헬싱키 반타 국제공항으로 가는 버스가 서쪽에서 출발한다. 이외에도 YTV가 운행하는 공항 버스 노선이 있다. 라우타티엔토리Rautatientori 역은 역 건물 지하에 있으며, 지하보도와 쇼핑센터가 있다. 여러 헬싱키 노면 전차 노선이 역 바로 앞이나 동쪽을 지나간다.

주소_ Kaivokatu 1
전화_ +358-600-419000

승강장

승강장은 총 19곳으로, 1~4번까지는 역 동쪽에서 티쿠릴라샤(Tikurilrasha) 방면으로 가는 열차가 사용한다. 5~10번까지는 역 중앙에 있으며, 티쿠릴라(Tikurilra)를 지나서 탐페레(Thampere), 상트페테르부르크를 비롯한 다른 도시로 가는 열차가 사용한다. 11, 12번 승강장은 에스포(Espo) 경유 투르쿠(Turku)행 열차가 사용한다. 13~19번 승강장은 서쪽에 있으며, 에스포(Espo) 방면 통근 열차가 운행한다.

헬싱키 대성당

Tuomiokirrkko / Helsinki Cathedral

헬싱키 대성당Helsinki Cathedral은 녹색의 돔과 하얀 주랑이 멋진 조화를 이룬 아름다운 핀란드 루터파 성당으로 19세기 중반에 완공되었다. 4개의 더 작은 돔으로 둘러싸인 위풍당당한 녹색 돔을 볼 수 있는 헬싱키 성당은 헬싱키에서 인상적인 건축물이다.

아름다운 핀란드 루터파 성당에서 멋진 건축물을 감상하고 아연 조각 컬렉션을 볼 수 있다. 헬싱키 대성당은 헬싱키의 역사 지구에 있는 매력적인 교회이다. 성당은 신고전주의 건축 양식의 탁월한 성당으로 알려져 있으며 화려한 파사드와 인상적인 코린트식 기둥이 특징이다.

헬싱키 대성당 옆의 대형 광장인 원로원 광장에는 신고전주의 대표적인 건축물이 있다. 헬싱키 대학교의 본관, 정부 청사, 핀란드 국립도서관이 모두 원로원 광장의 가장자리에 둘러 있다.

위치_ 헬싱키의 심장부인 크루눈하카 지역
주소_ Unioninkatu 29
시간_ 9~18시
전화_ +358-9-23406120

성당 파악하기

건축가 카를 루빙 엥겔과 설계자 요한 알브레히트 에렌스트룀이 교회를 설계했다. 현재의 건물은 19세기 중반에 완공되었으며 핀란드의 대공인 러시아의 차르 니콜라이 1세에게 바쳐졌다. 엥겔이 설계한 원로원 광장에 속해있는 커다란 헬싱키 성당 주변의 건물들도 눈여겨 볼 필요가 있다.

해발 약 80m에 이르며 교회에서 가장 눈에 띄는 중앙 돔은 여러 각도에서 성당 안으로 자연광이 들어오도록 설계되었다. 4개의 작은 돔과 가로대에서 볼 수 있는 대칭적인 교회 배치가 인상적이다.

세계에서 가장 큰 아연 조각 컬렉션인 교회 지붕의 12사도 상은 약 3m 높이이며, 기둥 위 박공에 서 있다. 헬싱키 성당의 다른 주목할 만한 특징으로는 티메온 칼 본 네프(Timeon Karl von Neff)의 제단화와 설교단이 있다. 마틴 루터와 필리프 멜란히톤의 동상과 교회의 근엄한 양식은 루터파 종교개혁 당시 가톨릭교로부터의 전환을 반영했다.

원로원 광장
Enaatintori

성당과 박물관으로 둘러싸인 원로원 광장은 인기 있는 만남의 장소이다. 대형 광장에는 독일 건축가 카를 루빙 엥겔의 인상적인 19세기 신고전주의 디자인을 감상할 수 있다. 핀란드의 문화와 역사를 이해할 수 있고, 정치, 종교, 과학의 문화 중심지인 거대한 광장을 둘러싸고 있는 매혹적인 건물들이 있다.

광장에는 콘서트나 정치 집회가 열리고 겨울에는 눈으로 만든 하우스 행사와 스노보드 경기를 볼 수 있다. 늦은 오후에는 광장 주변 건물에서 디지털 카리용 음악이 흘러나온다. 동상 옆에 서있으면 5분 이상 지속되는 선율을 최적의 음향으로 즐길 수 있다.

위치_ 카이사니에미 지하철 역 하차, 헬싱키 대학교 근처

광장의 풍경

광장 북쪽에 있는 헬싱키 성당의 웅장한 녹색 탑과 돔을 올려다보게 광장이 조성되어 있다. 높은 계단 꼭대기에 있는 교회의 하얀 기둥 위에 있는 커다란 기둥을 눈여겨보고 가파른 계단을 올라가 꼭대기에서 광장을 내려다 보면 커다란 광장의 느낌 수 있다.
교회 앞에는 위풍당당한 알렉산드르 2세의 동상이 서 있다. 러시아 황제 알렉산드르 2세 동상은 러시아에 대한 핀란드의 독립 확대로 이어진 개혁 정책과 연관된 인물이다.

광장의 주변 모습

1822~1852년에 엥겔이 대부분을 설계한 헬싱키 심장에 있는 원로원 광장은 도시에서 가장 상징적인 건물들로 둘러싸여 있다. 헬싱키 국립 도서관에서 끝없이 줄지어 있는 두꺼운 책들 찬찬히 둘러보고 노란색 외관, 흰색 기둥, 중앙 원형 홀을 볼 수 있다. 광장의 남동쪽 모퉁이에는 가장 오래된 석조 건물인 제데르홀름 하우스가 있다.

원로원 광장에서 새해를 즐기는 모습

에스플라나디
Esplanadi

에스플라나디Esplanadi는 역사적인 2개의 일방통행로와 대형 공원으로 이루어진 한 폭의 그림 같은 아름다운 산책로이다. 매력적인 자갈길을 따라 거닐면 19세기에 조성된 에스프라나디Esplanadi 공원의 진면목을 알 수 있다. 주말 시장과 문화 행사가 펼쳐진다.

에스프라나디Esplanadi 공원에서 라이브 음악 공연을 관람하거나 패션쇼와 학생 퍼레이드 등 다양한 행사에 참석할 수 있다. 공원은 헬싱키 지역 주민들의 유서 깊은 만남의 장소이며, 카우파토리 마켓 광

요한 루드비그 루네베리의 동상

에스프라나디 공원의 중앙에는 핀란드의 국민 시인으로 여겨지는, 19세기의 유명한 핀란드계 스웨덴 시인 요한 루드비그 루네베리의 동상이 있다. 그의 아들 발테르 루네베리가 19세기 후반에 동상을 조각했다.

스웨덴 극장

에스프라나디 공원의 서쪽 경계에 있는 스웨덴 극장은 19세기 스웨덴어 연극 전용 극장으로 고전, 신극, 뮤지컬, 어린이 연극을 상연하고 있다.

하비스 아만다

에스프라나디 공원의 동쪽 가장자리에 자리해 있는 아르누보 청동상 바다에서 떠오르는 인어를 묘사하고 있다. 거대한 동상은 핀란드 조각가 빌레 발그렌이 파리에서 만들었으며 20세기 초에 헬싱키의 마켓 광장으로 옮겨와 세워졌다.

장과 헬싱키 성당 같은 명소를 방문하는 관광객들이 휴식을 취할 수 있는 훌륭한 공간이다.
에스프라나디 공원에는 레스토랑과 작은 매점이 있다. 매점에는 패스트리와 커피, 여름에는 아이스크림을 판매한다.
에스프라나디 주변 거리에도 레스토랑과 카페들이 많이 있다. 헬싱키의 관광지를 방문할 때 에스프라나디에 들러 잔디밭에서 휴식을 취하고 동상을 살펴보고 핀란드 레스토랑에서 식사를 즐기는 모습을 볼 수 있다.

홈페이지_ www.visithelsinki.fi
주소_ Pohjoisesplanadi

카우파토리(마켓 광장)
Kauppatori

카우파토리(마켓 광장)는 헬싱키의 주요 항구 옆에 있는 공공 광장이다. 카우파토리Kauppatori를 방문하여 문화 행사와 헬싱키 최고의 미식 요리, 별미, 수공예품을 즐길 수 있다. 블루베리, 클라우드 베리등의 과일가게와 그 뒤에는 생선이나 전통 고기 파이, 과자 등 다양한 핀란드 별미와 신선한 음식을 먹어볼 수 있는 기회이다. 광장은 에스프라나디Esplanadi 공원, 헬싱키 시청 등의 관광지와 인접해 있다. 헬싱키 중심의 시장에서 직접 만든 수공예품, 고급 핀란드 식품, 기념품 등 특별한 상품을 만나볼 수 있다.

홈페이지_ www.hel.fi **위치_** 에스프라나디 동쪽 끝
주소_ Kauppatori
전화_ +358 931 023565

올드 마켓

카우파토리(Kauppatori) 옆에 있는 올드 마켓은 헬싱키에서 가장 훌륭한 해산물과 다양한 먹거리와 수제제품을 파는 곳이다. 미각을 키우는 재래시장인 올드 마켓은 19세기 후반에 문을 열었으며 고급 치즈, 신선한 생선과 조개류, 전통 케이크, 향신료를 판매한다. 역사적인 올드 마켓에서 커피와 가벼운 식사를 하면서 여유를 즐길 수 있다.

광장의 계절 모습

여름
매달 첫 번째 금요일 저녁에 활기 넘치는 마켓 광장에는 빈티지 자동차 전시를 볼 수 있다. 기원은 알려져 있지 않지만 관광객과 현지인 모두에게 클래식 자동차를 감상하고 차주들을 만나볼 수 있는 기회를 제공한다.

가을
매년 10월 초에 열리는 발트해 청어 축제가 있다. 카우파토리가 떠들썩한 해양 테마의 공간으로 변화하는 것을 볼 수 있다. 훈제, 회, 튀김, 절임, 발효 등 다양하게 준비된 발트해 청어를 즐길 수 있다.

겨울
난방을 한 천막 카페에서 뜨거운 커피와 달콤한 간식을 판매한다. 광장은 다양한 종류의 맛있는 산딸기 열매, 화려한 꽃, 고급 아이스크림도 유명하다. 헬싱키 시립 박물관, 헬싱키 성당 같은 다른 관광지를 방문하는 동안 카우파토리에서 다양한 행사를 한다.

스토크만
Stokmann

1930년에 처음 문을 연 이후, 2010년에 마지막으로 확장된 스토크만Stokmann은 현재 헬싱키에서 가장 큰 쇼핑센터이다. 다양한 종류의 브랜드와 헬싱키 최고의 식품 매장들로 채워져 있는 스칸디나비아 최대 규모의 쇼핑몰이다.
상점들이 8층 건물의 7개 층에 퍼져 있으며 총면적 50,000㎡ 이상을 차지하고 있다. 헬싱키 최대 규모의 소매점 집결지인 스토크만에서 명품 브랜드의 세련된 옷이나 향수가 주로 판매되는 제품이다. 머리를 하거나 헬스클럽에서 운동을 하거나 사람들로부터 벗어나 식사를 할 수도 있다.
현관을 지나 밝고 화려한 공간으로 들어가면 최신 유행제품과 최대 브랜드들을 볼 수 있다. 아디다스, 나이키 등의 브랜드에서 스포츠 장비를 구입하거나 셔츠나 원피스를 고르기도 하고 향수 매장에서는 기분 좋은 향의 향수를 판매하고 있다. 소프트웨어나 전자 기기가 필요하다면 전자제품 매장에서 최신 컴퓨터, 휴대폰, 기타 최첨단 제품을 구입할 수 있다.
7층의 관광 안내소에서 면세 방법에 대한 정보를 얻을 수 있다. 스토크만Stokmann의 1, 8층에 있는 다양한 레스토랑에서 식사를 즐길 수 있다. 피자부터 아시아 요리와 인기 메뉴까지 다양한 요리가 있다.

홈페이지_ www.stokmann.com
주소_ Aleksanterinkatu 52 B
시간_ 9~21시(토요일 19시까지, 일요일 11~18시)
전화_ +358-358-91211

우스펜스키 대성당
Uspenski Cathedral

헬싱키의 역사적인 카타자녹카 지역의 언덕 꼭대기에 있는 서유럽에서 가장 큰 러시아 정교회 성당은 핀란드에 남아 있는 러시아 제국의 유물이다. 우스펜스키 대성당에서 웅장한 건축 양식을 보고 헬싱키에 끼친 러시아의 영향을 짐작할 수 있다. 대성당의 내부를 둘러보면 헬싱키의 루터파 교회와 다른 점을 발견할 수 있다.

헬싱키 내에서는 멀리에서도 볼 수 있는 녹색 첨탑 꼭대기의 황금빛 양파 모양 돔을 올려다보고 길 건너편에서 찬란한 종교 건축물의 모습을 감상할 수 있다. 황금빛 십자가는 대성당의 꼭대기를 표시하고 있으며 밤에는 따뜻한 조명으로 밝혀진 교회를 볼 수 있다. 교회는 광장과 피크닉을 즐기기에 좋은 잔디밭이 있는 바위 언덕으로 둘러싸여 있다. 탁 트인 전망을 감상할 수 있는 인접한 언덕에 올라가 20세기 초반의 다채로운 긴축 양식이 있는 매혹적인 카타자녹카 지역을 돌아다녀 보자.

대성당에 들어가면 천장이 눈에 띄게 높은 본당의 크기가 놀랍게 다가온다. 러시아 정교회 성당은 헬싱키의 루터파 교회와 비교해서 화려하게 장식되어 있다. 1862년에 착공하여 6년 동안 진행된 교회 건설에는 건축가 알렉세이 고르노스타예프가 설계하였다. 건물은 크림 전쟁에서 파괴된 알란드의 Bomarsud 요새에서 가져온 벽돌로 지어졌다. 대성당 건설에서 기반으로 삼은 모스크바에 있는 16세기 교회의 이미지와 비교해 보는 것도 좋은 방법이다. 우스펜스키 대성당은 운하로 본토와 분리되어 있는, 헬싱키 중심부의 카타자녹카 지구에 위치해 있다.

홈페이지_ www.hos.fi **주소_** Kanavakatu 1
위치_ 헬싱키 기차역에서 동쪽으로 1.6㎞
시간_ 9시 30분~16시
전화_ +358-985-646100

카타자녹카
Katajanokka

작은 섬에 위치한 대 관람차에서 20세기 초반의 아르누보 건축을 볼 수 있다. 헬싱키 도심에서 동쪽에 있는 곳인 카타자녹카Katajanokka는 다채로운 건축 양식과 헬싱키의 러시아 통치 시기의 유물이 있는 중심지이다. 1900년대 초기로 거슬러 올라가는 지역에 서유럽에서 가장 큰 러시아 정교회 성당과 크루즈 페리가 있는 작은 항구가 자리해 있다.

웅장한 우스펜스키 대성당이 북서쪽에서 방문객들을 맞이한다.

초록색 첨탑과 황금빛 돔이 있는 거대한 암적색 외관을 보고 교회 안으로 들어가 헬싱키 대성당이 지닌 단순한 내부와 교회의 화려한 본당이 어떻게 다른지 비교하면서 보는 것이 좋다.

헬싱키 기차역에서 동쪽으로 15분 동안 걸으면 본토와 지구를 분리하는 좁은 운하에 도착할 수 있다. 작은 섬에 있는 많은 정류장이 있어서 버스를 타고 가다가 원하는 장소에서 내리면 된다.

카타자녹카(Katajanokka) 한눈에 파악하기

조용한 잔디밭에서 피크닉을 즐기고 교회가 서 있는 언덕 위로 올라가 카타자녹카(Katajanokka)의 탁 트인 전망을 감상하고 핀 에어 스카이 휠을 타고 40m 공중에서 풍경을 바라볼 수 있다.

옛 해군 막사의 노란색 건물과 스토라엔소 본사의 특이한 정육면체 건물 등이 있다. 아르누보 건물들이 늘어서 있는 루오트시카투(Luotsikatu) 구역을 둘러보자. 검은색 작은 탑과 진홍색 외관이 특징인 탈버그 하우스가 유명하다.

전 핀란드 대통령 마우노 코이비스투와 작곡가 에이노유하니 라우타바라가 살았던 곳은 예술적 분위기가 느껴지는 곳이다. 본토와 분리시키는 인공운하로 연결된 지구는 엄밀히 따지면 섬이다. 3개의 다리 중 하나를 건너서 찾아갈 수 있다.

캄피 광장
Kamppi

도시의 번화한 중앙 지구에는 환상적인 갤러리, 인상적인 건물, 핀란드식 스타일을 즐길 수 있는 8층짜리 백화점이 있다. 핀란드 최대 규모의 회화와 조각 컬렉션을 감상하고 수상 경력에 빛나는 캄피 예배당에서 국가 정부가 자리해 있는 거대한 건물을 구경하고 멋진 지하 공연장의 쇼도 볼 수 있다.
핀란드에서 캄피Kamppi처럼 높은 수준의 다양한 박물관을 찾을 수 있는 곳은 없다. 관광을 시작하기 좋은 곳은 핀란드 국립박물관이다. 선사 시대의 역사를 보여주는 전시물과 반짝이는 동전, 메달, 칼이 있는 지하 금고에 들러보자.

홈페이지_ www.kamppi.fi
주소_ Urho Kekkosen Katu 1
전화_ +358-466-294846

캄피(Kamppi) 광장 바라보기

남쪽으로 걸어가면 아테네움 미술관(Ateneum Museo)에서 훌륭한 전시를 만날 수 있다. 화가 에델펠트, 짐베르크, 할로넨의 작품들이 걸려 있고, 남쪽에 있는 키아스마 현대 미술관은 밝은 색의 독특한 작품과 조각을 전시하고 있다.
1920년대로 거슬러 올라가는 거대한 국회의사당을 볼 수 있는 북서쪽에는 적색 화강암으로 만들어진 고전적인 외관을 하고 있는 큰 기둥을 볼 수 있다.
단단한 돌 안에 들어가 있는 인상적인 건축물은 판유리와 구리줄이 아름다운 돔형 지붕을 형성해 놓았다. 나린카(Narinka) 광장에 있는 캄피 예배당(Kamppi Chapel of Silence)은 복잡한 무늬의 나무로 만들어진 예배당은 국제 건축상을 수상했다.

캄피 예배당
Kamppi Chapel of Silence

현대적인 예배당은 헬싱키의 도심에서 명상을 즐길 수 있는 최고의 장소로 여겨진다. 캄피 예배당Kamppi Chapel of Silence은

독특한 미니멀리즘 목조 디자인의 루터파 교회이다. '침묵의 예배당'이라고 불리는 목조 건물은 다양한 배경과 신앙을 가진 방문객에게 명상의 장소로 열려 있다.

홈페이지_ www.helsinginseurakunnat.fi
위치_ 키아스마 현대 미술관은 캄피 예배당에서 도보로 약 5분, 캄피의 나린카 광장 옆
주소_ Simonkatu 7 **시간_** 10~18시
전화_ +358-923-402018

인상적인 특징

혁신적인 목조 건축 양식을 보여주고 있는 예배당을 눈여겨보면 내벽은 기름을 바른 오리나무 판자로 만들어졌다. 창호는 거대한 물푸레나무 원목을 사용하여 지어졌고, 11m가 넘는 높이의 본당은 예배당의 가장 인상적인 특징 중 하나이다.
1970년대부터 현재까지 약 8,000점의 작품을 포함하는 뛰어난 현대 미술 컬렉션을 보유하고 있다. 신예 현대 미술가와 저명한 현대 미술가들의 사진, 만화, 조각, 설치, 디지털 작품 등을 전시한 캄피 예배당은 대형 쇼핑 엔터테인먼트 단지인 캄피 센터와 아름다운 공공 공간인 에스프라나디 공원에도 인접해 있다.

수오멘리나 요새

Suomenlinna Viaporin Linnoitus

수오멘리나 요새Suomenlinna Viaporin Linnoitus는 인상적인 건축물이 6개의 작은 섬을 가로질러 펼쳐져 있는 18세기 해상 요새이다. 육군 원수 오귀스탱 에렌스베르트 백작이 1748년에 세운 요새는 바다와 인접한 섬들의 절경을 감상할 수 있다. 잘 보존된 요새 안에 자리해 있는 박물관 때문에 헬싱키에서 가장 인기 있고 흥미로운 장소로 알려져 있다. 섬들 사이에서 반짝이는 아름다운 바다의 풍경을 보면서 역사적인 군도의 섬으로 여행을 가고 세계 최대의 해상 요새와 박물관, 주변 건물을 둘러보게 된다.

군도의 중앙에 있는 안내소를 방문해 요새에 대한 정보를 확인하고 건물에서 다양한 도보 투어를 출발할 수 있다. 1700년대의 유물이 전시된 박물관을 방문하고 요새 주위로 자갈길이 구불구불 나 있는 분위기를 즐길 수 있다. 따뜻한 여름밤에 아름다운 장소에서 석양을 감상하며 저녁까지 머물고 본토의 마켓 광장에서 산 음식을 섬으로 가져와서 피크닉을 즐기는 모습도 볼 수 있다.

홈페이지_ www.suomenlinna.fi
이동방법_ 카우파 광장에서 페리가 20분마다 출발
주소_ Suomenlinna C1 **시간_** 10~18시 **요금_** 8€
전화_ +358-295-338410

요새 건축학

적으로 옥외 계단과 정교한 선조 설계가 특징인 킹스 게이트(Kings Gate)와 요새 주위를 수호하는 러시아 통치 시대의 대포를 살펴보고 항공과 해상 교통을 위한 등대의 역할도 하는 수오멘리나(Suomenlinna) 교회의 상징적인 녹색 돔을 볼 수 있다. 바스티언 잰더(Vastian Zender)는 도시의 가장 오래된 건물이다. 깃발은 핀란드 독립을 기념하기 위해 1918년에 처음으로 게양되었다.

헬싱키에서 문화를 즐기자! Best 2

국립 극장(National Theater / Suomen Kansallisteatteri)

19세기 핀란드 문화 운동에서 중요한 역할을 한 역사적인 극장은 신낭만주의 양식으로 지어졌다. 국립 극장은 헬싱키의 극예술 현장의 대부분이 펼쳐지는 4개의 무대가 있는 역사적인 건축물이다. 극장 앞 광장에 서 있는 핀란드 작가 알렉시스 키비의 동상과 극장의 북쪽에 있는 분수가 활기찬 극장 분위기를 만들어준다. 1872년에 처음에는 순회 극단이었던 단원조직은 핀란드어를 사용하는 가장 오래된 극장으로 발전하였다. 빨간 탑, 녹색 돔, 정교한 세부 장식이 인상적이다.
건축가 온니 퇴른크비스트-타르야네가 설계한 건물은 1800년대 핀란드에서 인기 있었던 신낭만주의 디자인의 건물이다. 885석 규모의 메인 스테이지에서 공연을 선보인다. 실내 장식의 메인 공연장에는 황금 발코니가 정교하게 장식되어 있고 붉은 관객석들이 줄지어 있다. 작은 공연장은 307석 규모이고 윌렌 사우나 공연장에는 154명을 수용할 수 있는 공간과 친밀한 분위기의 오마포흐야 스튜디오는 80석 규모의 작은 공연장이다.
국제적인 작품을 관람하거나 옛 그리스나 로마 작품을 감상할 수 있다. 아방가르드 공연이나 핀란드어로 공연하는 현지 연극을 감상할 수도 있다. 핀란드가 러시아 제국의 일부였고 스웨덴어가 지적 엘리트층의 언어였을 때 핀란드어를 유일하게 사용하는 극장으로 시작해 독립을 위한 문화 운동과 연관이 있다.

홈페이_ www.kansallisteatteri.fi **위치_** 헬싱키 중앙역 광장 북쪽 위치, 지하철 하카니에미Hakanniemi 역 하차
시간_ 10~19시(극장 매표소 월~토요일 운영) **전화_** +358-9173-31331

핀란디아 홀(Finlandia - Talo Huset Hall)

홈페이지_ www.finlandiatalo.fi **위치_** 현대 미술관 근처, 깜삐[Kamppi]역 하차 **주소_** Mannerheimintie 13
시간_ 9~19시(월~금요일) **전화_** +358-940-241

핀란디아 홀은 인상적인 현대 건축 양식으로 높이 평가되는 회의장이자 행사장이다. 약 1,700석 규모의 공연, 고급 식당, 툴로 베이의 훌륭한 전망을 볼 수 있는 대형 베란다 등 다양한 구역으로 이루어져 있다. 국제 음악 행사에 참석하고 헬싱키의 다목적 공간을 가이드 투어로 둘러볼 수 있다.
핀란디아 홀에서는 알바 알토 재단과 협력하여 투어를 진행하고 있다. 건물의 독특한 인테리어 디자인은 모든 표면, 가구, 장식 패널이 건축적 기능성에 대한 알바 알토의 비전을 상징하여 디자인 되었다. 툴로 베이의 헬싱키 중심부에 위치한 핀란디아 홀은 연중 내내 이벤트가 개최되어 헬싱키 시민들의 문화생활을 책임지고 있다.

알바 알토
유명한 핀란드 건축가인 알바 알토는 단순함과 기능성을 생각하고 핀란디아 홀을 설계하여 20세기 후반에 완공되었다. 홀의 경사진 지붕은 우수한 음향을 위해 의도된 것이다. 대강당은 국제 정상 회의, 엔터테인먼트 행사, 회의 같은 중요한 행사에 사용되었다.

전시
박물관에는 석기 시대부터 현재까지 핀란드의 역사가 보존되어 있다. 고대 동전, 메달, 장식 등 기타 문화적 중요성이 있는 전시품을 포함하는 박물관의 상설 컬렉션에서 흥미로운 유물을 볼 수 있다.

헬싱키의 특이한 교회 Best 3

템펠리아우키오 교회(Temppelliaukion Kirkko)

화강암 바위의 안을 파내서 건축물을 깎아 만든 템펠리아우키오 교회Temppelliaukion Kirkko는 흔히 '바위 교회'라고 불린다. 교회보다는 바위로 된 은신처처럼 보이는 교회는 자연 그대로의 바위를 깎아 만들었다. 바위 표면에 세워진 템펠리아우키오 교회Temppelliaukion Kirkko는 세계에서 가장 비범한 종교 건물이다. 교회는 암석 노두 속에 지어졌으며 구리선으로 만든 천장은 호화로운 현대적 인테리어를 갖추고 있다. 교회의 기원은 티모 수오말라이넨과 투오모 수오말라이넨이다. 1969년에 문을 연 교회의 이름은 핀란드 어로 '템플 스퀘어Temple Square'를 의미한다.

지상에서 약 12m 솟아있는 원형 구리 돔은 교회의 외부에서 유일하게 눈에 띄는 부분이다. 구리 돔이 있는 상징적인 암반층의 모습을 위에서 보면 돔은 비행접시처럼 보인다. 원형 교회 안으로 들어가면 다듬지 않은 자연 그대로의 돌이 내부 벽을 형성하고 있다. 태양광이 통과할 수 있게 설계된 180개의 창유리는 밝고 상쾌한 분위기를 연출한다. 천연자재와 인공자재가 매끄럽게 조화를 이루고 갈색 발코니로 올라가면 교회의 내부를 감상할 수 있다. 바위벽이 제공하는 뛰어난 음향은 클레식 콘서트를 감상하면 느낄 수 있다. 입구의 정보 게시판에 현재 진행 중인 연주회와 기타 행사에 관한 자세한 정보가 있다.

홈페이_ www.temppelliaukionkirkko.fi **위치_** 캄피Kamppi 역 하차 **주소_** Lutherinkatu 3
시간_ 10~18시 **전화_** +358-923-406320

홈페이지_ www.helsinginseurakunnat.fi **위치_** 캄피[Kamppi]역에서 남쪽으로 걸어서 10분 **주소_** Bulevardi 16 B
시간_ 12~15시(월~금요일, 목요일 21시) **전화_** +358-923-406128

헬싱키 올드 교회(Vanha Kirkko)

1,000명이 넘는 흑사병 희생자가 묻혀 있는 공원에 세워진, 헬싱키에서 가장 오래된 교회는 소박한 매력을 뽐낸다. 헬싱키 올드 교회는 도심의 이름이 같은 공원에 있는 신고전주의 건축물이다. 1826년에 지어진 가장 오래된 교회이며 상징적인 지위를 가지고 있다.
25년 후 헬싱키 성당이 완공되기 전에 임시적인 마음의 고향으로 처음 지어지기도 했다. 건축가 카를 루빙 엥겔이 2년 동안 설계했으며 헬싱키가 핀란드의 수도가 된 이후 건설된 최초로 루터파 교회였다.
18세기 범유행병과 관련 있는 인접한 공원이 어떻게 페스트 공원이라는 별명을 붙인 이유는 흑사병 희생자 중 일부가 이곳에 묻혔기 때문이다. 옛 묘지에 남아 있는 50여 개의 묘비와 기념물을 살펴본 후 공원의 북동부 구역에 있는 옛 지역 상인을 위한 제데르홀름 무덤과 1918년 내전으로 사망한 핀란드 군인과 독일 군인의 무덤도 볼 수 있다.

내/외부 모습

교회 지붕의 목조 기와 꼭대기에 있는 녹색 돔을 올려다보면 하얀 외관의 교회와 아름다운 교회 정원의 우아한 디자인을 감상하면서 쉴 수 있다.
갈색 정문이 두드러지게 하얀 외관과 대조되어 돋보인다. 목조 교회는 눈 덮인 겨울에 특히 매력적이다. 여름에는 교회 현관의 계단에서 피크닉을 즐기고 고요한 분위기를 홀조 맛보는 시민들이 의외로 많다. 건물 안으로 들어가 우아한 하얀 실내를 감상하고 32개의 스톱이 있는 19세기 오르간을 볼 수 있다.

세인트 존스 교회(Johannes Church / Saint Johns Church)

1891년에 완공된 교회는 스웨덴 건축가 A. E. 모란데가 이 인상적인 건축물을 설계했다. 수용 인원으로 핀란드에서 가장 큰 석조 교회인 세인트 존스 교회의 쌍둥이 첨탑은 헬싱키에서 가장 상징적인 특징 중 하나이다. 큰 행사나 콘서트에 참석하면 본당에서 뛰어난 음향을 감상할 수 있다. 언덕을 올라가 녹색 첨탑과 정교한 장미창이 있는 이 커다란 고딕 석조 교회의 매력을 발견할 수 있다.

푸나노코 언덕Punanotko Hill에 서 있는 커다란 교회 입구 옆에는 조각가 카리 유바의 세례자 성 요한 동상이 서 있다. 74m에 달하는 녹색 쌍둥이 탑의 측면에 있는 모자이크 디자인의 인상적인 장미창을 볼 수 있다.

중앙 출입구를 지나 교회로 들어가면 2,600석 규모의 본당에서 엄청난 규모의 교회를 직접 볼 수 있다. 재단화의 그림은 유명한 핀란드 작곡가 장 시벨리우스의 처남인 에로 예르네펠트에 의해 만들어졌다. 웅장한 샹들리에를 감상하고 복도를 장식하고 있는 수많은 보물을 찬찬히 둘러보자.

교회가 서 있는 언덕은 6월 중순에 세인트존스 데이를 기념하기 위한 모닥불을 피우는 장소로 수세기 동안 사용되어 왔다. 울창한 숲 속의 고요한 분위기와 교회 밖의 잔디밭은 피크닉을 즐기기에 더할 나위 없이 좋은 장소이다.

위치_ 남쪽 울란리나Ullanlinna 지구, 중앙역 광장Rautatientori 역에서 남쪽으로 도보로 15분 **주소_** Korkeavuorenkatu 12
시간_ 10~15시 **전화_** +358-923-407730

헬싱키 박물관 Best 5

국립 박물관(Suomen Kansallismuseo / National Museum)

핀란드 국립박물관Suomen Kansallismuseo은 전시와 교육 행사를 통해 핀란드의 풍부한 역사를 보존하는 것을 목표로 하는 박물관이다. 고대 동전, 메달, 장식 같은 흥미로운 전시품을 볼 수 있고 어른과 어린이를 위한 양방향 소통형 전시도 준비되어 흥미를 유발하고 있다. 수많은 희귀한 유물을 소장하고 있고, 쌍방향 소통형 학습을 위해 꾸며진 핀란드 국립박물관Suomen Kansallismuseo은 가족 방문객에게 좋은 곳이다.

박물관 건물은 핀란드의 중세 성과 교회를 반영한 정교한 구조물이다. 20세기 초에 민족낭만주의 스타일의 건축 양식과 아르누보 스타일의 인테리어가 조화로운 건물이다.

홈페이지_ www.kansallismuseo.fi **위치_** 캄피Kamppi역, Rautatientori역 하차 **주소_** Mannerheimintie 34
시간_ 11~18시(월요일 휴관) **전화_** +358-40-128-6469

박물관 입구에 있는 핀란드 조각가 에밀 윅스트롬Emil Wikström의 곰 동상이 인상적이다. 스웨덴어를 구사한 핀란드 화가인 악셀리 갈렌-칼레라의 프레스코화와 석기시대의 엘크 머리 동석 조각 같은 흥미로운 전시품들은 12~20세기 초반까지 핀란드 문화의 발전과 관련된 전시품들이다.

내부사진

고대 중세

쌍방향

워크숍 빈티(3층)

양방향 소통형 전시가 있다. 핀란드의 왕, 왕비, 황제, 대통령의 역사에 대해 알아볼 수 있도록 준비해 어린이의 박물관 방문을 높이고 있다. 워크숍 빈티는 실험과 직접 체험을 통해 학습하는 것에 초점을 맞추고 있으며 자녀와 같이 온 부모나 학교에 호응이 좋다. 20세기 초반 벽돌집과 통나무 집 짓기, 말에 마구 씌우기 등의 활동이 있다.

가이드 투어

박물관을 둘러보면서 선사 시대부터 현재까지 수많은 흥미로운 유물을 둘러보고 핀란드의 역사에 대해 설명해 준다. 전문가의 토론이나 그룹 토론이 있는 특별 가이드 투어 등도 있다.

세우라사리 야외 박물관(Seurasaari Open Air Museum)

세우라사리 야외 박물관은 한국 민속촌을 보는 것 같은 느낌으로 북서쪽의 섬에 위치하고 있지만 섬까지 긴 다리로 연결되어 있다. 헬싱키 서부 해안에 있는 이름의 시조가 된 섬에 있다. 다양한 건축 양식과 핀란드 여러 지방의 생활 방식을 보여주기 위해 조성되었다.
전통 핀란드 농장 구역에는 안티 농장, 이바르스 농장, 쿠르시 농장, 니에멜래 소작 농장이 배치되어 있다. 마지막 농장은 1909년에 최초로 박물관이 이곳으로 가져온 한 무리의 건물들 중 하나였다. 카힐루오토 매너 하우스를 방문하면 빨간색 외관, 당대 가구, 귀족 역사를 확인할 수 있다.
고풍스러운 건물들을 둘러싸고 있는 숲은 겨울에는 눈으로 덮인 매력적인 목조 건축물을 볼 수 있다. 섬에는 작은 해변과 피크닉을 즐기기에 좋은 잔디밭과 녹음이 우거진 섬의 푸른 초원을 따라 산책할 수 있다.

홈페이지_ www.museovirasto.fi **위치_** 버스로 30분 **주소_** Seurasaari **전화_** +358-9-4050-9660

간략한 박물관 역사

18~20세기까지 핀란드의 농촌 생활을 반영하는 87개의 개별 건물이 박물관과 이름이 같은 섬으로 옮겨져 와서 복합 단지를 이루고 있다. 울창한 숲과 예쁜 해변이 있는 경치 좋은 섬에 자리한 역사적인 건물들로 구성된 흥미로운 박물관에서 수 세기에 걸친 핀란드의 생활양식과 풍습을 경험할 수 있다.
박물관에서 가장 오래된 건축물은 카루나 교회이며 1685년에 지어졌고 1912년에 여기로 옮겨져 왔다. 1909년에 악셀 올라이 헤이켈 교수가 박물관을 설립하여 사적인 용도로 개인이 건설했던 교회의 장신구와 장식품도 전시되어 있다.

디자인 박물관(Design Museum)

핀란드와 전 세계 디자인의 역사를 보존하는 것을 목표로 설립된 디자인 박물관은 디자인 도면, 사진, 전시품으로 이루어진 방대한 컬렉션을 소장하고 있다. 19세기 후반부터 운영된 헬싱키 디자인 박물관Design Museum은 유럽에서 가장 오래된 박물관 중 하나이다. 20세기 후반부터 현재의 박물관이 자리해 있는 곳은 구스타프 뉘스트롬Gustaf Njustrom이 설계한 신 고딕 건축 양식의 19세기 학교 건물이다.

고전적인 핀란드 디자인을 감상할 수 있는 상설 컬렉션에는 75,000점 이상의 전시품, 45,000개의 도면, 125,000개의 사진으로 이루어져 있다. 유리, 휴대폰, 독특한 가구와 의류 등 핀란드의 풍부한 디자인 역사를 보여주는 수많은 매혹적인 소장품들이 많다.

현대적인 핀란드 건축에 초점을 맞춘 박물관은 디지털 이미지, 사진, 모형, 도면의 뛰어난 컬렉션으로 이루어져 있다. 박물관에서 본 디자인제품은 다양하게 구비되어 있는 건축 관련 서적, 엽서, 포스터를 둘러보면서 구입할 수 있다.

홈페이지_ www.designmuseum.fi **위치_** 핀란드 건축 박물관까지 도보로 5분

주소_ Korkeavuorenkatu 23 **시간_** 11~18시 **전화_** +358-3-589622-0540

자연사 박물관(Luonnontieteellinen museo)

1913년에 지어진 헬싱키의 자연사 박물관은 박제 모형, 지질학 전시품, 다채로운 정원이 종합적으로 수집되어 있는 복합 전시 단지이며 전 세계의 식물학, 동물학, 지질학, 고생물학 표본을 전문적으로 전시하고 있다. 핀란드의 사계절을 재현한 배경 속에 박제된 곰과 다른 동물들이 분포해 있는 핀란드 자연 전시실에는 핀란드의 고유성을 확인할 수 있다.
헬싱키 대학교의 일부로 포함된 연구 시설 역할을 하고 있는 박물관은 지라프스 인 더 김나지움 전시실이 유명하며 박물관의 시작과 목적에 대한 이야기가 담긴 사진과 안내판을 보면서 관람할 수 있다. 다양한 박제 동물들을 살펴보고 식물원의 아름다운 분수 사이를 거닐면서 지질학적 수집품을 관찰이 가능하다.
자연사 전시가 있는 본관에서 기차역 건너편에 있는 쿰풀라 식물원과 카이사니에미 식물원도 있다. 연못, 다리, 핀란드 국내외의 다채로운 식물로 채워져 있는 경치 좋은 공원을 산책하고 박물관의 주요 지질학적 수집품이 있는 쿰풀라 매너 하우스는 과학적 가치도 상당하다.

홈페이지_ www.luomus.fi **위치_** 캄피Kamppi 역 하차 후 북쪽으로 5분 정도 이동 **주소_** Pohjoinen Rautatiekatu 13
시간_ 10~17시 **전화_** +358-9191-8000

홈페이지_ www.kiasmaa.fi **위치_** Mannerheiminaukio 2 **시간_** 10~17시 **전화_** +358-9173-36501

키아스마 현대 미술관(Kiasma Modern Museum)

핀란드 국립 미술관의 현대 미술 작품 컬렉션은 20세기 후반에 시작되었다. 핀란드와 다른 주변 국가 출신의 현대 예술가들의 작품에 초점을 맞추고 있는 키아스마 현대 미술관을 방문하면 1970년대부터 현재까지의 뛰어난 작품을 감상할 수 있다. 현대 미술관에는 설치 작품, 실험 작품, 디지털 작품, 회화 등이 있다. 키아스마 현대 미술관은 현재를 반영한 새로운 작품을 수집하고 전시하는 것을 목표로 한다.

핀란드 최대의 미디어 아트 컬렉션 중 하나를 전시하고 있다. 뉴욕에 기반을 둔 미국의 건축가 스티븐 홀이 설계한 키아스마 건물은 핀란드 국립 미술관을 구성하는 3개의 박물관으로 다른 시설은 아테네움 미술관과 시네브리코프 미술관이다.

만네르헤임 동상 & 박물관(Mannerheim Mournment & Museo)

키아스마 현대미술관을 방문할 때 인상적인 칼 구스타프 만네르헤임의 동상Mannerheim Mournment을 찾아가보자. 만네르헤임 동상Mannerheim Mournment은 핀란드 군부 지도자이자 정치자인 칼 구스타프 만네르헤임Mannerheim을 묘사하고 있다. 동상은 말을 타고 전투에 나가려고 하는 모습을 보여준다. 국회의사당, 키아스마 현대미술관, 핀란드 국립박물관을 찾으면 볼 수 있다.

만네르헤임 동상Mannerheim Mournment에서 10분 거리인 만네르헤임 박물관Mannerheim Museum을 찾으면 핀란드 지도자에 대해 알 수 있다. 박물관은 만네르헤임Mannerheim이 헬싱키에서 마지막으로 살았던 저택 안에 있다. 사령관의 군사적 업적에 대한 전시가 대부분이다.

홈페이지_ www.Mannerheim-museo.fi **주소_** Kalliolinnantie 14 **시간_** 11~16시 **전화_** +358-358-096-35443

칼 구스타프 만네르헤임(Mannerheim)

1918년 해방 전쟁, 1939~1940년 겨울 전쟁, 1941~1944년 계속 전쟁에서 핀란드 방위군의 최고 사령관으로 참전했고 1944년부터 1946년까지 핀란드 대통령을 지냈다.

만네르헤임 동상에서 가까운 박물관

키아스마 현대미술관

만네르헤임 동상 옆에 키아스마 현대미술관 입구가 있다. 키아스마에는 1970년대부터 현재까지의 현대 미술 작품이 전시되어 있다. 핀란드와 주변 국가의 예술가가 만든 설치예술, 미디어 아트, 회화, 조각 같은 작품을 볼 수 있다. 박물관은 헬싱키에서 건축학적으로 중요성을 지닌 건물로 여겨진다.

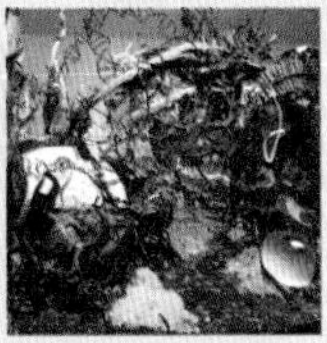

핀란드 국립박물관

걸어서 5~10분이 소요된다. 석기 시대부터 현재까지의 핀란드 역사를 보존하고 있다. 박물관의 전시에는 고대 동전, 메달, 장식, 가구, 보석 등 흥미로운 전시를 볼 수 있다.

시벨리우스 기념비 & 공원
Sibelius Mournment & Park

그림 같이 아름다운 공원에는 600개의 파이프로 된 경이로운 기념비는 핀란드 출신의 음악가인 시벨리우스를 기념하기 위한 것이다. 기념비 주변을 돌아다니면서 관광객과 현지인들은 사진을 찍는다. 나무, 잔디밭, 공원 오솔길로 이루어진 공원은 헬싱키 시민들의 허파역할을 하고 있다.

바람이 부는 날에 기념비를 찾아가면 파이프가 내는 음악 소리를 들을 수도 있다. 시벨리우스 공원의 아름다운 숲 속을 산책하고 잔디밭에 자리를 잡고 피크닉을 즐기는 시민들을 볼 수 있다. 상징적인 핀란드 시의 한 장면을 묘사한 동상인 칼레발라 기념비와 전사자에게 경의를 표하는 제2차 세계대전 기념비도 있다.

홈페이지_ www.visitfinland.fi
위치_ 헬싱키의 톨로 지구에 있는 이름의 시조가 된 공원 중앙, 기념비에서 도보로 약 30분
주소_ Mechelininkatu

시벨리우스 기념비(Sibelius Mournment)

공원의 한가운데에 있는 추상 예술 작품이다. 핀란드의 예술가 엘라 힐투넨이 제작한 후 처음에 파시오 무지카Passio Musicae라는 제목이 붙인 기념비는 1967년 시벨리우스 사후 10주년에 처음 공개된 작품의 추상적인 디자인은 많은 논란의 원인이 되었다.

핀란드의 작곡가 장 시벨리우스Jang Sibelius를 기리는 조형물은 공중에서 떠있는 것처럼 보이는 오르간 파이프로 구성되어 있다. 속이 빈 600개의 강철 파이프들이 조형물은 흐르고 움직이듯이 파이프가 물결 모양을 형상화해 놓았다. 높이가 8.5m이고 너비가 6.5m인 기념비는 크다. 수많은 파이프 중에 오직 3개만 바닥에 닿아 조형물을 지지하고 있으며 추상적인 오르간이 공중에 떠있는 착각을 불러일으킨다. 기념비의 옆면에는 1865년 태어난 작곡가의 젊은 시절 모습을 한 흉상을 볼 수 있다.

헬싱키 교외
Helsinki Suburb

헬싱키 동물원
Korkeasaari Zoo

지구 환경을 탐험하고 세계적으로 몇 안 되는, 헬싱키 동쪽에 있는 섬 코르케아사아리Korkeasaar에 있는 동물원이다. 1889년부터 운영된 헬싱키 동물원에서 희귀한 표범을 감상하고 곰과 사자를 관찰할 수 있다. 머리 위로 날아다니는 앵무새 무리를 살펴보거나 먹이를 잡기 위해 빠르게 내려와 물속으로 뛰어드는 맹금류를 볼 수 있다. 하카니에미에서 페리(5~8월)를 타거나 겨울에는 섬의 북쪽에서 다리를 건너가면 된다.

희귀동물

150종의 동물을 구경할 수 있는 섬 동물원은 시끄러운 도시와 분리된 세계에 들어간 것처럼 느껴진다. 불곰이 어슬렁거리고 순록과 몽고 야생말이 냉지에서 먹이를 찾아다니는 눈 덮인 툰드라로 들어갈 수 있다. 운이 좋으면 현재 야생에 서식하고 숫자가 70마리에 불과한 희귀한 아무르표범을 볼 수도 있다.

호주 구역

에뮤와 캥거루를 구경하고 새 우리로 이동해 마코 앵무새가 공중을 가득 채운 장면을 볼 수 있다. 땅에는 수백 종의 열대 식물로 덮여 있다.

홈페이지_ www.korkeasaar.fi
주소_ Mustikkamaanpolku 12
시간_ 10~16시 **전화_** +358-503-525989

조대현

현재 스페인에 거주하면서 63개국, 198개 도시 이상을 여행하면서 강의와 여행 컨설팅, 잡지 등의 칼럼을 쓰고 있다. MBC TV 특강 2회 출연(새로운 나를 찾아가는 여행, 자녀와 함께 하는 여행)과 꽃보다 청춘 아이슬란드에 아이슬란드 링로드가 나오면서 인기를 얻었고, 다양한 강의로 인기를 높이고 있으며 "해시태그" 여행시리즈를 집필하고 있다. 저서로 아이슬란드, 모로코, 가고시마, 발트 3국, 블라디보스토크, 조지아, 폴란드 등이 출간되었고 이탈리아, 오스트리아, 프랑스, 스페인 북부 등이 발간될 예정이다.

폴라 http://naver.me/xPEdID2t

HASH TAG TRAVEL

아이슬란드 & 헬싱키

초판 1쇄 인쇄 I 2022년 3월 31일
초판 1쇄 발행 I 2022년 4월 15일

글 I 조대현
사진 I 조대현
펴낸곳 I 해시태그출판사
편집 · 교정 I 박수미
디자인 I 서희정

주소 I 서울시 강서구 허준로 175
이메일 I mlove9@naver.com

979-11-91403-87-9 (03920)

• 가격은 뒤표지에 있습니다.
• 이 저작물의 무단전재와 무단복제를 금합니다.
• 파본은 구입하신 서점에서 교환해드립니다.

※ 일러두기 : 본 도서의 지명은 현지인의 발음에 의거하여 표기하였습니다.